现代智能化
农业发展研究

古立刚　程　聪　徐惠敏　著

中国商业出版社

图书在版编目（CIP）数据

现代智能化农业发展研究 / 古立刚，程聪，徐惠敏著. -- 北京 : 中国商业出版社，2025. 6. -- ISBN 978-7-5208-3473-5

Ⅰ. F323

中国国家版本馆CIP数据核字第2025QM4724号

责任编辑：吴　倩

中国商业出版社出版发行

（www.zgsycb.com　100053　北京广安门内报国寺 1号）

总编室：010-63180647　　编辑室：010-83128926

发行部：010-83120835/8286

新华书店经销

北京七彩京通数码快印有限公司印刷

*

710毫米 ×1000毫米　16开　11.25印张　253千字

2025年6月第1版　　2025年6月第1次印刷

定价：50.00 元

* * * *

（如有印装质量问题可更换）

前　言

纵观人类文明演进历程，农业始终在国家发展战略中占据核心地位，其生产活动构成了社会稳定的重要基石。作为国民经济的基础性产业，农业不仅为第二、第三产业的发展提供了必要的物质支撑，也成为其他产业原材料的关键来源。然而，传统粗放式的小农经济模式普遍存在诸多弊端，包括土地资源利用效率低下、农业生产效益不彰、化肥农药污染严重、农产品质量安全难以保障以及农民收入水平偏低等突出问题，这些问题的有效治理与解决已成为推动国家农业现代化转型的重要先决条件。

在全球范围内，以互联网和物联网为代表的新一代信息技术蓬勃发展，正推动着新一轮信息技术革命的浪潮。在此背景下，各国积极推动包括农业在内的各产业与信息技术的深度融合发展，传统农业生产方式正逐步向智能化转型，这一转变标志着现代农业正迈向以智能化为特征的全新发展阶段。

智能化农业的演进路径与互联网产业的数字化转型具有相似性，其发展轨迹始于电子商务模式并逐步向产业链上游延伸至农业生产环节。作为一种高度集成化的现代农业形态，智能化农业深度融合了多学科专业技术，实现了农作物种植、农业经营管理、农产品物流配送及市场营销等环节的系统化整合，通过现代信息技术手段重构了传统农业生产要素的配置方式。该模式不仅显著提升了农业生产效率，保障了农产品质量安全与生态环保属性，同时有效改善了农业从业者与消费者的生活品质，对推动农业产业化进程、促进市场化和标准化发展具有重要作用。鉴于我国是农业大国的基本国情，推进传统农业向智能化转型已成为必然趋势。尽管改革开放以来我国农业取得了显著成就，包括粮食总产量居全球首位、农民收入持续增长和生活水平显著提升等，但在智能化农业发展进程中仍面临诸多制约因素，具体表现为农业扶持政策执行效率不足、专业技术人才匮乏、基础设施现代化程度不高以及信息化建设水平相对滞后等发展瓶颈。

本书立足于现代智能化农业发展的时代背景，系统探讨了农业可持续发展的实现路径。全书采用七章结构进行论述：第一章阐释了现代智能化农业的基本概念与内涵；第二章重点剖析了农业机械化发展现状与水平评估；第三章深入分析了智能化农业生产的关键技术体系；第四章聚焦智慧养殖技术的创新与应用；第五章详细阐述了智能化农业系统的设计原理与方法；第六章探讨了农业科技人才培养与队伍建设策略；第七章提出促进智能化农业发展的政策建议与实践对策。本书旨在为智慧农业发展提供理论参考与实践指导，以期加速推进我国农业现代化进程，实现具有中国特色的农业高质量发展目标。

目　　录

第一章　现代智能化农业概述

第一节　现代智能化农业概念界定及其特征

一、现代智能化农业概念界定

现代智能化农业作为农业产业转型升级的重要方向，其核心在于通过物联网技术与大数据分析的深度融合，实现对农业生产全产业链的智能化管控。从作物品种筛选、栽培管理、精准灌溉、生长监测、科学施肥，直至收获加工与市场销售等环节，均依托智能化技术体系实现精细化管理。这种新型农业生产模式不仅能推动我国农业迈入科学化、智能化的发展新阶段，更有助于提升农业生产效率与产品质量，促进农业产业的高质量可持续发展。

二、现代智能化农业的主要特征

随着科技进步与时代发展而不断演进的现代智能化农业，作为一种创新性的农业生产范式，其显著区别于传统农业形态的特征主要体现在以下五个关键维度。

（一）信息化

基于互联网技术支撑的现代信息技术体系为智能化农业提供了关键基础设施，该体系通过全方位的信息采集、整合与传输机制实现农业生产要素的优化配置。具体而言，该系统整合了农业生产资料采购、生产周期管理、气象数据监测、市场行情分析、消费群体特征以及仓储物流等全产业链数据，并延伸至农产品加工、运输等配套服务环节，最终构建起面向生产者和消费者的双向信息反馈渠道。相较于传统以农户个体或集体经济组织为主导的生产经营模式，现代智能化农业最显著的特征在于其实现了农业生产全流程的信息化转型，这种新型农业形态通过数据驱动的决策机制显著提升了农业生产效率和经济效益。

（二）高准确性

智能化农业作为现代农业技术的重要发展方向，其核心在于通过现代信息技术手段实现农业资源的高效利用与优化配置。相较于传统农业生产模式，该技术体系具有显著的精准化特征，能够对土壤状况、大气环境及其他关键生态参数进行实时监测与数据采集。基于这些精确的环境数据，系统可构建科学的生产管理模型，从而实现对农业资源的合理化分配。这种技术路径不仅显著提升了农业生产效率，更在降低资源投入的同时实现了产出最大化，最终达成环境友好型农业生产的战略目标。

（三）市场化

基于互联网技术的电子商务平台为农产品营销开辟了重要的数字化流通渠道。依托网络平台的智能化农业系统能够持续追踪并精准把握农业发展需求与方向，突破时空限制拓展销售市场，从而促进农业生产的规模化与市场化转型，为农产品销售创造前所未有的市场空间。这种模式不仅有效缓解了大规模智能化农业生产面临的市场风险，更通过市场竞争机制催生了“绿色农产品”和“有机农产品”等新型产业理念，显著推动了农产品市场向健康化、高速化方向发展。值得注意的是，高度市场化特征已成为当代智能化农业发展的核心属性之一。

（四）可复制性

随着农业生产模式从传统经验型向现代科技型转变，智能化农业通过标准化技术方案的推广应用，实现了农业生产方式的革命性变革。相较于依赖个体经验的传统农业模式，基于科学技术的智能化农业具有显著的可复制性优势，这不仅使普通从业者能够掌握专业化的农业生产技术，更推动了农业智能化水平的整体提升。在此过程中，农业经营规模持续扩大，标志着农业生产实现了质的飞跃。

（五）创新性

在当代信息化社会中，创新性已成为一个关键性特征，这一特质在智能化农业领域表现得尤为显著，该领域正是多种现代信息技术深度融合的产物。相较于以土地资源为核心的传统农业生产模式，当前经济全球化背景下涌现的诸多挑战亟须通过创新途径加以应对，唯有如此方能顺应时代发展的必然趋势。

第二节　智能化农业的意义及发展趋势

一、发展智能化农业的意义

（一）智能化农业能够有效改善农业生态环境

将农田、畜牧养殖场、水产养殖基地等生产单位和周边的生态环境视为整体，并通过对其物质交换和能量循环关系进行系统、精密运算，保障农业生产的生态环境在可承受的范围内，如定量施肥不会造成土壤板结，经处理排放的畜禽粪便不仅不会造成水和大气污染，反而能培肥地力等。

（二）智能化农业能够显著提高农业生产经营效率

基于精准的农业传感器进行实时监测，利用云计算、数据挖掘等技术进行多层次分析，并将分析指令与各种控制设备进行联动完成农业生产、管理。这种智能机械代替人的农业劳作，不仅解决了农业劳动力日益紧缺的问题，而且实现了农业生产高度规模化、集约化、工厂化，提高了农业生产对自然环境风险的应对能力，使弱势的传统农业成为具有高效率的现代产业。

（三）智能化农业能够彻底转变农业生产者、消费者观念和组织体系结构

完善的农业科技和电子商务网络服务体系，使农业相关人员足不出户就能够远程学习农业知识，获取各种科技和农产品供求信息；专家系统和信息化终端成为农业生产者的大脑，指导农业生产经营，改变了单纯依靠经验进行农业生产经营的模式，彻底转变了农业生产者和消费者对传统农业落后、科技含量低的认知观念。另外，智能化农业阶段，农业生产经营规模越来越大，生产效益越来越高，迫使小农生产被市场淘汰，必将催生以大规模农业协会为主体的农业组织体系。

二、智能化农业发展趋势

（一）智能化农业推动农业产业链改造升级

升级生产领域，由人工走向智能。在种植、养殖生产作业环节，摆脱人力依赖，构建集环境生理监控、作物模型分析和精准调节于一体的农业生产自动化系统和平台，根据自然生态条件改进农业生产工艺，进行农产品差异化生产；在食品安全环节，构建农产品溯源系统，将农产品生产、加工等过程的各种相关信息进行记录并存储，并能通过食品识别号码在网络上对农产品进行查询认证，追溯全程信息；在生产管理环节，特别是一些农垦区、现代农业产业园、大型农场等单位，智能设施与互联网广泛应用于农业测土配方、茬口作业计划以及农场生产资料管理等生产计划系统，提高效能。

（二）升级经营领域，突出个性化与差异性营销方式

物联网、云计算等技术的应用，打破了农业市场的时空地理限制，农资采购和农产品流通等数据将会得到实时监测和传递，有效解决信息不对称问题。目前一些地区特色品牌农产品开始在主流电商平台开辟专区，拓展农产品销售渠道，有实力的龙头企业通过自营基地、自建网站、自主配送的方式打造一体化农产品经营体系，促进农产品市场化营销和

品牌化运营，预示农业经营将向订单化、流程化、网络化转变，个性化与差异性的定制农业营销方式将广泛兴起。

所谓定制农业，就是根据市场和消费者特定需求而专门生产农产品，满足有特别偏好的消费者需求。此外，近年来各地兴起农业休闲旅游、农家乐热潮，旨在通过网站、线上宣传等渠道推广、销售休闲旅游产品，并为旅客提供个性化旅游服务，成为农民增收新途径和农村经济新业态。

（三）升级服务领域，提供精确、动态、科学的全方位信息服务

现在全国很多地区已经试点应用基于北斗的农机调度服务系统。一些地区通过室外大屏幕、手机终端等灵活便捷的信息传播形式向农户提供气象、灾害预警和公共社会信息服务，有效地解决“信息服务最后一公里”问题，为农业经营者传播先进的农业科学技术知识、生产管理信息，并提供农业科技咨询服务。引导龙头企业、农业专业合作社和农户经营好自己的农业生产系统与营销活动，提高农业生产管理决策水平，增强市场抗风险能力，做好节本增效、提高收益。同时，云计算、大数据等技术也推进农业管理数字化和现代化，促进农业管理高效和透明，提高农业部门的行政效能。

（四）实现农业精细化发展，保障资源节约、产品安全

一方面，借助科技手段对不同的农业生产对象实施精确化操作，在满足作物生长需要的同时，保障资源节约又避免环境污染。另一方面，实施农业生产环境、生产过程及生产产品的标准化，保障产品安全。生产环境标准化是指通过智能化设备对土壤、大气环境、水环境状况进行实时动态监控，使之符合农业生产环境标准；生产过程标准化是指生产的各个环节按照一定技术经济标准和规范要求通过智能化设备进行生产，保障农产品品质统一；生产产品标准化是指通过智能化设备实时精准地检测农产品品质，保障最终农产品符合相应的质量标准。

（五）实现农业高效化发展，提高农业效率，提升农业竞争力

云计算、农业大数据让农业经营者便捷灵活地掌握天气变化数据、市场供需数据、农作物生长数据等，准确判断农作物是否该施肥、浇水或打药，避免了因自然因素造成的产量下降，提高了农业生产对自然环境风险的应对能力；通过智能设施合理安排用工用时用地，减少劳动和土地使用成本，促进农业生产组织化，提高劳动生产效率。互联网与农业的深度融合，使诸如农产品电商、土地流转平台、农业大数据、农业物联网等农业市场创新商业模式持续涌现，大大降低了信息搜索、经营、管理的成本。引导和支持专业大户、家庭农场、农民专业合作社、龙头企业等新型农业经营主体发展壮大和联合，促进农产品生产、流通、加工、储运、销售、服务等农业相关产业紧密连接。农业土地、劳动、资本、技术等要素资源得到有效组织和配置，使产业、要素集聚从量的集合到质的激变，从而再造整个农业产业链，实现农业与二、三产业交叉渗透、融合发展，提升农业竞争力。

（六）实现农业绿色化发展，推动资源永续利用和农业可持续发展

智能化农业作为集保护生态、发展生产于一体的农业生产模式，通过对农业精细化生产，实施测土配方施肥、农药精准科学施用、农业节水灌溉，推动农业废弃物资源化利用，达到合理利用农业资源、减少污染、改善生态环境，既保护好青山绿水，又实现产品绿色安全优质。借助互联网及图像识别等技术，建立全程可追溯、互联共享的农产品质量和食品安全信息平台，健全从农田到餐桌的农产品质量安全过程监管体系，保障人民群众“舌尖上的绿色与安全”。利用卫星搭载高精度感知设备，构建农业生态环境监测网络，精细获取土壤、墒情、水文等农业资源信息，匹配农业资源调度专家系统，实现农业环境综合治理、全国水土保持规划、农业生态保护和修复的科学决策，加快形成资源利用高效、生态系统稳定、产地环境良好、产品质量安全的农业发展新格局。

（七）作为新模式，需要政府支持，重点突破

智能化农业具有一次性投入大、受益面广和公益性强等特点，需要政府的支持和引导，实施一批有重大影响的智能化农业应用示范工程和建设一批国家级智能化农业示范基地。智能化农业发展需要依托的关键技术（如智能传感、作物生长模型、溯源标准体、云计算大数据等）还存在可靠性差、成本居高不下、适应性不强等难题，需要加强研发，攻坚克难。同时，智能化农业发展要求农业生产的规模化和集约化，必须在坚持家庭承包经营基础上，积极推进土地经营权流转，因地制宜发展多种形式的规模经营。与传统农业相比，智能化农业对人才有更高的要求，因此要将职业农民培育纳入国家教育培训发展规划，形成职业农民教育培训体系。另外，要重视相关法规和政策的制定和实施，为农业资金投入和知识产权保驾护航，维护智能化农业参与主体的权益。

（八）作为新业态，需要规划引领，资源聚合

智能化农业发展必然经过一个培育、发展和成熟的过程。当前要科学谋划，制定出符合我国国情的智能化农业发展规划及地方配套推进办法，为智能化农业发展描绘总体发展框架，制定目标和路线图，从而打破我国智能化农业虽然发展多年但却各自为政所形成的资源、信息孤岛局面，将农业生产单位、物联网系统集成企业、运营商和科研院所相关人才、知识科技等优势资源互通，形成高流动性的资源池，形成区域智能化农业乃至全国智能化农业发展一盘棋局面。

第二章 现代智能化农业机械化水平分析

本章介绍了农业机械化的概念和相关研究，构建了农业机械化水平评价指标体系，运用客观赋权方法中的熵权法对各省级行政区域的农业机械化水平进行量化评估，从而获得各地区农业机械化发展的综合得分。在此基础上，以马铃薯这一典型农作物为研究对象，重点探讨其机械化收获技术的应用现状与发展特征。

第一节 农业机械化概述

一、农业机械化概念界定

从本质层面而言，农业机械化体现为运用现代化机械设备逐步取代传统人工劳作的技术转型过程，这一变革不仅显著提升了农业生产技术水平，更在确保国家粮食安全、推动乡村全面振兴以及加速农业农村现代化进程等方面发挥着关键性支撑作用。依据2004年正式实施的《中华人民共和国农业机械化促进法》之规定，凡应用于农业生产、农产品初级加工等农业相关活动的各类机械设备均可纳入农业机械范畴。具体而言，农业机械化系统主要涵盖三大组成部分：其一是农林牧副渔等产业的生产作业机械化，典型如种植业领域的耕作、灌溉与收获环节，以及渔业中的养殖与捕捞作业；其二是农产品运输与加工环节的机械化，包括畜禽屠宰流水线、果蔬包装生产线等设施；其三则涉及农业基础设施建设的机械化施工，诸如农业示范基地建设、农田水利工程以及田间管理作业的机械化实施等。

本章聚焦于种植业领域的农业机械化问题，重点探讨如何通过现代化农业机械装备完成土地耕作、作物播种及收获等关键生产环节，同时系统考察农业机械的研发制造、性能测试、市场流通以及售后维护等全产业链环节，旨在通过替代传统人力劳动的方式显著提升单位土地面积的农业生产效率。

二、农业机械化相关研究

（一）农业机械化内涵及现状研究

1. 农业机械化内涵研究

当前学术界对农业机械化概念的界定主要依据《中华人民共和国农业机械化促进法》中的定义，即“运用先进适用的农业机械装备农业，改善农业生产经营条件，不断提高农业的生产技术水平和经济效益、生态效益的过程”①。从研究视角来看，农业机械化的内涵可分为两个层面：狭义层面聚焦于农业生产过程本身，强调农业机械装备及相关技术对提升农业生产力和改善农民劳动环境的关键作用②；广义层面则延伸至农业生产全产业链，涵盖产前准备、产后处理、种子与农产品加工，以及农业机械的研发设计、制造维护等配套环节③。

国际学术界对农业机械化的概念界定主要强调其动力传导特性，将其定义为基于内燃机或机动装置的农业生产系统中能量在人力与物质资源间的传递过程。研究表明，相较于自主购置农机设备，农户群体普遍倾向于选择第三方机械化服务，这种模式不仅有效降低了劳动强度，而且通过弥补人力资源不足显著提升了农业生产效率，同时对缓解气候变化引发的农业风险具有积极作用④。

2. 农业机械化发展现状研究

农业机械化的历史演进与蒸汽拖拉机的早期应用密不可分，这一技术革新可追溯至18世纪英国纺织业对蒸汽动力的首次工业应用。值得注意的是，法国在约一个世纪后率先实现了农业领域的突破性进展，其研发的蒸汽拖拉机通过绳索牵引犁田系统显著降低了农耕作业的劳动强度。随着内燃机技术的突飞猛进，19世纪美国研发的内燃拖拉机凭借其卓越的便携性迅速取代了蒸汽动力装置，这一技术迭代标志着农业生产正式步入机械化替代传统人畜力的新时代。就中国农业机械化进程而言，2001年标志着政策推进阶段的开始，至2015年实现发展模式的战略转型，虽然在此期间取得了显著的技术进步，但仍面临着机械装备性能不足与农户接受度偏低等现实挑战⑤。

在经济发展、政策扶持与财政补贴等多重因素的协同作用下，农业机械化水平呈现出

---

① 中华人民共和国全国人民代表大会常务委员会．中华人民共和国农业机械化促进法（2018年修正）［M］．北京：法律出版社，2004（2018年修正）：第二条．

② 曹阳，胡继亮．中国土地家庭承包制度下的农业机械化——基于中国17省（区、市）的调查数据［J］．中国农村经济，2010（10）：57-65+76.

③ 方师乐，卫龙宝，伍骏骞．农业机械化的空间溢出效应及其分布规律——农机跨区服务的视角［J］．管理世界，2017（11）：65-78+187-188.

④ Negrete J C. Trends and perspectives of mechanization and agricultural machinery in Mexico for the 21st century［J］. Journal of Agricultural &Crop Sciences：Open Access，2018（1）：29-38.

⑤ 许欣．农业机械化赋能工农协调发展效果研究［D］．郑州：河南农业大学，2021.

持续提升态势，并逐步构建起完善的社会化服务体系。从经济维度分析，依据林毅夫提出的诱致性技术变迁理论，要素相对价格变动与市场需求共同构成了驱动农业技术革新的双重机制①，有效促进了农业机械装备的投入增长。特别值得注意的是，在农业经济向高质量发展转型过程中，农业生产要素的优化配置与技术升级尤为关键，这为推进农业机械化进程提供了重要路径②。从政策层面而言，政府主导的宏观调控对机械化发展具有决定性意义，其中连续十余年聚焦“三农”问题的中央一号文件作为指导性纲领，系统性地确立了农业机械化的战略地位，发挥着至关重要的政策引领作用。财政支持方面，自 2004 年实施农机购置补贴政策试点以来，通过技术溢出效应、市场需求激发以及农业内部分工深化等机制，不仅显著提升了农机市场化水平，更推动了农事综合服务体系的完善，最终促使农业机械化发展形成稳定成熟的市场化运作范式。

进一步分析表明，当前我国农业机械化进程虽取得显著进展，但仍面临发展不均衡、产业结构性矛盾以及技术创新能力不足等深层次问题。具体而言，我国农业机械化发展现状调研数据显示，2021 年全国农业机械化综合水平已达 70%，其中小型农业机械占比高达 70%，但相较于发达国家普遍超过 90%的机械化率仍存在明显差距③。在服务体系构建方面，现有农机服务网络尚未形成完善的市场化运作机制，难以满足现代农业对高端农机装备的专业化需求。更为关键的是，在农机装备制造领域，由于基础共性技术研究投入不足，关键核心部件长期受制于国外技术垄断，致使我国虽已成为全球最大的农机生产与消费市场，但在自主创新能力方面与国际领先水平相比仍存在 30 年以上的代际差距，这种“规模扩张型”发展模式直接制约了产业由大变强的转型升级进程④。

研究表明，农户作为农业生产的主要实施者，其种植决策行为对机械化推广程度具有显著影响。Huo 等学者基于微观调查数据的实证分析揭示，尽管华北平原与东北平原的农业经营者均表现出较高的农机使用意愿，但制约因素存在区域差异性：前者受限于土地细碎化问题，后者则面临农机操作技能培训不足的困境。值得注意的是，随着农业技术持续革新，选择专业化农机服务的经营主体数量呈现上升趋势，这一现象有效促进了我国不同区域农业机械化水平的整体提升⑤。

（二）农业机械化影响效应研究

1. 农业机械化与农业生产关系研究

基于国际学术界的实证研究数据，多数学者通过跨区域比较分析证实农业机械化对农

① 闫周府，吴方卫，袁凯彬．劳动禀赋变化、技术选择与粮食种植结构调整［J］．财经研究，2021，47（04）：79-93.

② 孙学涛．农业机械化能否缩小城乡收入差距？［J］．首都经济贸易大学学报，2021，23（01）：81-93.

③ 覃梅萍．论如何提高农业机械化水平，促进农业可持续发展［J］．南方农机，2019，50（08）：27.

④ 孙凝晖，张玉成，石晶林．构建我国第三代农机的创新体系［J］．中国科学院院刊，2020，35（02）：154-165.

⑤ Huo Y，Ye S，Wu Z，et al. Barriers to the Development of Agricultural Mechanization in the North and Northeast China Plains：A Farmer Survey［J］．Agriculture，2022，12（2）：287.

业生产效率具有显著促进作用，这种技术革新不仅能够有效降低单位农产品的生产成本，更能在产值增长、经济效益提升以及投资回报率改善等方面产生系统性影响。从微观机制来看，Sayed 等学者的研究表明农业机械技术的应用具有双重效应，既能增强农业生产体系的可持续性，又可实现作物单产潜力的充分释放①；而 Sang 与 Kumar、Alamgir 等研究则进一步揭示，机械化程度的提高有助于缩小不同经营规模农户间的收入分配差距②③。

现有研究表明，国内学术界普遍采用计量经济模型对农业机械化与农业生产效率的关系进行实证分析。基于 C-D 生产函数等计量模型的测算结果显示，农业机械化对农业经济增长具有显著促进作用④，其贡献率可达 28.30%，格兰杰因果检验进一步证实了机械化水平是农业总产值增长的重要影响因素⑤。然而，部分研究结论存在分歧，如于扬等学者通过构建向量自回归模型对比分析发现，在资本投入、劳动力数量和机械化水平三大要素中，资本要素对中国农业经济发展的推动作用最为显著。尽管存在不同观点⑥，但现有研究总体上支持农业机械化对提升农业生产效率具有积极影响这一结论。

既有研究在粮食生产领域深入探讨了农业机械化对农业生产体系的多维度影响机制。Ming Yang 的实证研究表明，农业机械化技术能够显著提升粮食单产水平⑦；伍骏骞等学者进一步揭示了农机跨区作业不仅对本地粮食增产具有促进作用，还能通过空间溢出效应带动邻近区域的产量提升⑧。在要素替代效应方面，周振与孔祥智、耿宇宁与刘婧的研究证实了农业机械化对劳动力的有效替代作用及其对粮食生产率的提升效果⑨⑩。更为重要的是，刘超等研究者系统论证了农业机械化技术推广的双重效应：一方面显著提高了劳动力和土地要素的配置效率，另一方面通过全程机械化作业的规模效应，客观上导致了农作物种植结构呈现出向粮食作物集中和区域同质化发展的特征⑪。

---

① Sayed Hassan A. A. et al. Application of Machine Learning to Study the Agricultural Mechanization of Wheat Farms in Egypt［J］. Agriculture，2022，13（1）：70-70.

② Sang X，Luo X，Razzaq A，et al. Can agricultural mechanization services narrow the income gap in rural China?［J］. Heliyon，2023，9（2）：1-10.

③ Kumar S，Alamgir M. Constraints of Farm Mechanization and Subsidies Distribution in the Agriculture Sector of Bihar［J］. 2022，9（2）：1-14.

④ 代海涛．吉林省农业机械化对农业生产贡献率及发展对策研究［J］．中国农机化学报，2014，35（06）:300-303.

⑤ 李平，王蓓，王维薇．农业机械化促进美国农业经济增长的实证分析［J］．中国农机化学报，2019，40（04）：195-201.

⑥ 于扬，吴鸣然，吴兆丹．中国农业经济增长的动力分析［J］．统计与决策，2019，35（16）：120-124.

⑦ Ming Yang. Analysis of the Impact of Agricultural Mechanization on Grain Output［J］. International Journal of Intelligent Information and Management Science，2021，10（4）2307-0692.

⑧ 伍骏骞，方师乐，李谷成，等．中国农业机械化发展水平对粮食产量的空间溢出效应分析——基于跨区作业的视角［J］．中国农村经济，2017（06）：44-57.

⑨ 周振，孔祥智．农业机械化对我国粮食产出的效果评价与政策方向［J］．中国软科学，2019（04）：20-32.

⑩ 耿宇宁，刘婧．劳动力转移与技术进步对粮食产量的门槛效应分析［J］．经济问题，2019（12）：96-103.

⑪ 刘超，朱满德，陈其兰．农业机械化对我国粮食生产的影响：产出效应、结构效应和外溢效应［J］．农业现代化研究，2018，39（4）：591-600.

2. 农业机械化与劳动力转移关系研究

在我国现行严格的户籍制度框架下，农业机械化对农村剩余劳动力转移问题产生了显著影响。研究表明，机械化生产通过提升农业生产效率，有效降低了农业部门对劳动力的需求强度，这一现象在县域和省级行政层面均得到实证验证。值得注意的是，劳动力转移在农业机械化与农民收入增长之间发挥着关键的中介效应。改革开放后，随着工业经济的快速发展，市场对非技术型劳动力的需求激增，进而推高了劳动力成本。与此同时，农业机械化程度的提高不仅减少了传统农业生产对劳动力的依赖程度，使耕作、播种和收割等环节的人力投入大幅降低，还间接促进了非农产业的协同发展。

3. 农业机械化与农民收入关系研究

现有研究表明，农业机械化水平与农民收入之间存在双向互动效应，二者呈现显著的长期均衡关系。实证分析显示，农民收入水平的提升会显著推动农业机械化进程及相关固定资产投资的增长，同时农业机械化发展对农民收入产生明显的正向促进作用，构成农民增收的重要驱动因素。具体量化研究表明，农业机械化对农民人均纯收入的直接贡献度稳定维持在9.5%左右①，这一效应对于缓解城乡收入差距具有显著的积极作用。

基于中介效应理论框架，现有研究对农业机械化促进农民增收的作用机制可归纳为两个主要路径：其一是通过提升农业生产效率直接增加农业经营收入，其二是通过推动农业劳动力向非农产业转移间接提高农村居民整体收入水平。从农业生产效率维度分析，农业机械化通过优化种植技术显著提升了单位产出效率，进而通过农产品市场价值实现机制带动农民农业收入增长。值得注意的是，农村人力资本要素在机械化促增收过程中呈现显著的调节效应，这种效应具体表现为：一方面通过提升非农就业能力显著增加工资性收入，另一方面通过优化农业经营模式适度提高经营性收入，从而有效缓解城乡收入差距。实证研究表明，劳动力转移效应对工资性收入的提升作用具有统计显著性，但对家庭经营性收入的影响系数未达到显著水平。

4. 农业机械化与环境污染关系研究

农业机械化的大规模推进对提升农业生产效率具有显著效益，然而不当的机械化实践可能引发农业碳排放激增及规模效益递减等问题。基于可持续发展理念，美国等机械化程度较高的国家已实施将传统农业生产补贴转向农业污染治理补贴的政策转型，我国亦明确提出发展“绿色农机”的战略导向，旨在降低农业基础设施碳足迹并释放可持续农业的发展潜能。由此可见，环境污染问题既构成农业机械化深度发展的主要约束，同时也为推动其向环境友好型模式转型提供了内在驱动力。

（三）农业机械化水平衡量指标研究

现有研究对农业机械化水平的测度方法主要可归纳为四大类：其一，农用机械总动力

① 胡汪洋，刘东林，刘涛，等．农业机械化对安徽省农民增收贡献率实证分析［J］．南方农业学报，2018，49（02）：403-410.

指标被广泛应用于多数实证研究；其二，部分学者基于生产环节视角，采用机耕率、机播率和机收率等分项指标进行测算；其三，少量研究通过构建包含多维度指标的综合评价体系来反映机械化水平；其四，亦有学者创新性地采用机械投入成本这一经济指标作为衡量标准。

在现有研究中，农业机械总动力作为核心评价指标已被学界广泛采纳，其具体测算方式主要包括两种路径：一是直接采用研究区域内农机总动力数据，或进一步细分为大中型与小型农用拖拉机动力指标；二是如孙学涛等学者提出的修正方法，鉴于县域耕地面积与农业机械配置存在显著的空间异质性，故采用单位耕地面积的农业机械动力密度作为更精确的量化标准①。

鉴于研究对象的特殊性和视角的差异性，部分学者倾向于采用农业部制定的农作物耕种收综合机械化率作为核心测度指标。该指标通过整合机耕率、机播率与机收率进行加权计算，有效克服了传统测算方法的精确性不足问题。值得注意的是，在具体权重分配方面存在学术分歧：一部分研究者采用标准加权平均算法，而另一部分学者则遵循40%、30%、30%的特定权重配比方案，这种差异主要源于不同研究对机械化各环节重要性的差异化考量。

现有研究表明，关于农业机械化测度指标体系的研究虽相对有限，但已形成若干重要共识。学术界普遍指出单一指标存在局限性，主张构建涵盖机械化数量与质量维度的综合评价体系。在具体测度维度上，主流观点主张从作业水平、保障水平和效益水平三个核心层面进行综合考量。值得注意的是，部分学者基于区域研究特性对指标体系进行了创新性拓展，例如汪艳涛研究团队在保障水平维度中创造性引入了农户受教育年限指标②；钱巍等学者则构建了包含作业能力、动力配置和智能化程度的三维评价框架，并将其作为关键解释变量运用于实证分析③。

最终，少数研究主张基于机械投入成本的计算方法更具科学性。相关实证研究主要采用两类测算方式：其一是利用全国农村固定观察点微观数据集，将机械作业费用作为衡量农业机械化程度的核心指标④；其二则构建了包含机械作业费、燃料动力费以及固定资产折旧三分之二价值的综合性投入核算体系⑤。

---

① 孙学涛，于婷，于法稳．数字普惠金融对农业机械化的影响——来自中国1869个县域的证据［J］．中国农村经济，2022（02）：76-93.

② 汪艳涛，张娅娅，金炜博．农业机械化是否促进普惠金融的发展——基于2006—2016年时间序列的实证检验［J］．农村经济与科技，2019，30（17）：133-135.

③ 钱巍，王永胜，潘方卉．农民合作社对农业机械化水平的影响研究——基于土地流转的调节效应［J］．农林经济管理学报，2022，21（02）：178-187.

④ 彭超，张琛．农业机械化对农户粮食生产效率的影响［J］．华南农业大学学报（社会科学版），2020，19（05）：93-102.

⑤ 徐建玲，储怡菲，周志远．农业机械化对玉米生产的影响：促进还是抑制？——基于20个省际面板数据［J］．农林经济管理学报，2020，19（05）：559-568.

第二节 农业机械化水平评价指标体系构建及测度

为系统量化农业机械化发展程度，本书基于科学性原则构建多维度评价指标体系，运用熵权法这一客观赋权方法进行指标权重测算，进而从全国整体视角、三大粮食主产区层面以及省级行政单位维度展开多尺度综合评价与比较分析。

一、农业机械化水平评价指标体系构建

（一）指标选取

本书基于农业系统工程理论框架，在构建农业机械化综合评价指标体系过程中，严格遵循科学性、可量化性、系统性和数据可获得性等基本原则，同时参考国家标准化管理委员会 2007 年颁布的《农业机械化水平评价第 I 部分：种植业》行业标准。通过系统分析农业机械化发展的内生性因素，本书从保障能力、作业实施水平和综合效益三个维度构建了多层次评价指标体系，该体系全面覆盖了农业机械化发展的关键要素。各评价指标的具体定义及其内涵详见表 2-1 所示。

农业机械保障能力的核心构成要素可归纳为人力资源、物质资源及资金投入三个维度，其中劳均农机总动力作为衡量农业机械化发展水平的关键人力投入指标，直接反映了农业生产中机械化作业的人力资源配置状况；农机化作业服务人员在从业人员中的占比则从结构层面揭示了人力资源向机械化领域转移的程度，这一指标具有重要的保障性意义；与此同时，农机购置投入在总投入中的占比作为综合性指标，系统性地展现了农业机械化发展过程中的资金配置与投入强度。

从作业维度的综合考量来看，农业机械化程度可通过农机机耕、机播、机收、机电灌溉及机械植保等多重指标予以系统表征，这些关键性指标共同构成了衡量农业机械化作业水平的完整评价体系。

研究表明，农业机械化的经济效益评估需构建多维指标体系，涵盖直接经济收益与间接产出效应两大维度。从直接效益层面分析，农业人均收入增长率与单位功率农机具的产值贡献率可作为核心量化指标；从间接效益层面分析，粮食单产水平的提升能够有效反映机械化技术应用的产出弹性；此外，劳均耕作面积的扩展趋势亦可作为衡量农机化发展程度及其规模经济效益的重要表征参数。

表 2-1 农业机械化水平综合指标体系

研究目标	一级指标	二级指标	指标解释	单位
农业机械化水平	农业机械化保障能力 A	劳均农机总动力 A_1	农机总动力/第一产业就业人数	千瓦/人
		农机化服务人员占比 A_2	农机化作业服务人员/农机化从业人员	%
		农机购置投入占比 A_3	农业机械购置金额/农业机械化总投入	%
	农业机械化作业水平 B	机耕水平 B_1	机耕面积/农作物播种面积	%
		机播水平 B_2	机播面积/农作物播种面积	%
		机收水平 B_3	机收面积/农作物播种面积	%
		机电灌溉水平 B_4	机电灌溉面积/农作物播种面积	%
		机械植保水平 B_5	机械植保面积/农作物播种面积	%
	农业机械化经济效益 C	农业人均收入 C_1	第一产业 GDP/第一产业就业人数	万元/人
		单位千瓦农机经营收入 C_2	农机化经营总收入/农机总动力	元/千瓦
		人均粮食产量 C_3	粮食总产量/总人口	吨/人
		单位面积粮食产量 C_4	粮食总产量/粮食播种面积	吨/平方公里
		农业劳均播种面积 C_5	农作物播种面积/第一产业就业人数	平方公里/万人

（二）数据来源

本书构建的农业机械化水平评价体系所采用的农业机械化相关指标数据主要引自2012—2021年度《中国农业机械工业年鉴》，而社会经济维度的数据则整合自同期《中国农村统计年鉴》《中国统计年鉴》及各省级行政区统计年鉴，针对个别年份存在的数据缺失问题，研究团队采用线性插值法进行了合理的数据填补。

二、农业机械化水平测算方法及结果

（一）农业机械化水平测算方法

本书严格遵循客观性原则，运用熵权法对构建的农业机械化综合评价指标体系实施客观权重分配，进而计算出2011—2020年我国各省级行政区域的农业机械化发展水平综合评价值，具体测算流程如下所述。

第一步：极差标准化。

为确保不同量纲和单位的指标数据具备可比性，本书采用归一化处理方法将各指标值映射至［0，1］区间。鉴于所选指标均为正向指标，定义 $x_{\theta ij}$ 为原始数据 $X_{\theta ij}$ 经标准化处理后的数值，其转换公式可表示为：

$$x_{\theta ij}=\frac{x_{\theta ij}-\min(X_j)}{\max(X_j)-\min(X_j)}\ (i=1,\ 2,\ \cdots,\ n;\ j=1,\ 2,\ \cdots,\ m) \tag{式 2-1}$$

第二步：计算每个标准化指标值的占比 $y_{\theta ij}$：

$$y_{\theta ij}=\frac{x_{\theta ij}}{\sum_{i=1}^{n}x_{\theta ij}} \tag{式 2-2}$$

第三步：计算第 j 项指标的熵权 e_j：

$$e_j=-k\sum_{i=1}^{n}y_{\theta ij}\mathrm{In}(y_{\theta ij}) \tag{式 2-3}$$

其中，一般令 $k=1/\mathrm{In}m>0$

第四步：计算第 j 项指标的信息效用 g_j：

$$g_j=1-e_j \tag{式 2-4}$$

第五步：计算第 j 项指标的权重 ω_j：

$$\omega_j=\frac{g_j}{\sum_{j=1}^{m}g_j} \tag{式 2-5}$$

第六步：计算第 θ 年、第 i 个省市的农业机械化综合水平 $h_{\theta i}$：

$$h_{\theta i}=\sum_{j=1}^{m}\omega_j\times x_{\theta ij} \tag{式 2-6}$$

通过熵权法的计算流程分析可知，该方法最终测算结果体现为各评价指标标准化数值的加权综合得分，其数值区间限定在 0~1，且得分越高越能反映农业机械化发展水平的优越性。

（二）全国层面的农业机械化水平分析

依据熵权法的基本计算原理，本书采用各省级行政区历年数据的均值作为衡量指标，从而得出全国农业机械化发展的整体水平。

基于宏观数据分析表明，我国农业机械化发展整体仍处于相对滞后状态，但呈现出显著的持续提升态势。根据表 2-2 的统计数据，2011—2020 年的观测周期内，全国农业机械化综合水平由初始的 0.2315 稳步增长至 0.3330，实现了约 0.1 个单位的显著增长，这一变化趋势充分印证了农业机械化进程的持续推进。

表 2-2 全国及三大粮食功能区的农业机械化综合水平

年份	全国	粮食主产区	粮食主销区	粮食产销平衡区
2011	0.2315	0.2824	0.2386	0.1668
2012	0.2453	0.3038	0.2435	0.1774
2013	0.2570	0.3214	0.2487	0.1863
2014	0.2682	0.3378	0.2506	0.1972

续表

年份	全国	粮食主产区	粮食主销区	粮食产销平衡区
2015	0. 2773	0. 3522	0. 2548	0. 2030
2016	0. 2850	0. 3586	0. 2682	0. 2087
2017	0. 2925	0. 3692	0. 2728	0. 2143
2018	0. 3012	0. 3852	0. 2722	0. 2203
2019	0. 3118	0. 3985	0. 2835	0. 2272
2020	0. 3330	0. 4230	0. 3009	0. 2470

数据来源：笔者根据实证结果整理而得。

（三）三大粮食功能区层面的农业机械化水平分析

本书通过计算各省级行政区历年数据的算术平均值，对三大粮食主产区的农业机械化综合发展水平进行了量化评估。

基于三大粮食功能区的比较分析结果表明，各区域的农业机械化水平均呈现持续提升的发展态势，其中粮食主产区在综合质量指标和增长速度方面均显著优于其他区域，形成粮食主产区、主销区、产销平衡区依次递减的梯度格局。具体而言，表 2-2 的实证数据显示，粮食主产区的农业机械化综合水平从 2011 年的 0. 2824 稳步攀升至 2020 年的 0. 4230，增幅达 0. 1406，其十年增长率高达 49. 76%，这两项指标均显著领先于其他功能区。相较之下，粮食主销区的表现优于产销平衡区，其综合水平值由 0. 2386 提升至 0. 3009，而产销平衡区 2020 年的水平值仅为 0. 2470；值得注意的是，尽管产销平衡区的绝对水平较低，但其 48. 12%的增长率显示出良好的发展潜力。

当前农业领域呈现出劳动力成本攀升与转移并存的态势，在此背景下，农业机械化对劳动力的替代效应日益凸显并保持良好发展势头。从政策层面来看，三大粮食功能区凭借其明确的战略定位与显著优势，已形成各具特色的发展方向与重点任务布局。

（四）各省级行政区层面的农业机械化水平时空演变分析

1. 时序演变特征

通过对全国 31 个省级行政区农业机械化发展状况的实证分析发现，农业机械化水平整体呈现显著提升态势，但存在明显的区域差异性特征。具体而言，粮食主产区表现出最为突出的农机化发展优势，其 2020 年平均水平值达 0. 4230，其中黑龙江以 0. 654 的指标值位居全国首位，创下 2011—2020 年各省级行政区最高纪录；粮食产销平衡区同样保持良好发展势头，新疆 2020 年农机化综合水平突破历史峰值，达到 0. 382，且该区域未出现发展倒退现象；值得注意的是，虽然粮食主销区整体仍维持缓慢增长趋势，但北京、上海等个别地区出现了农机化水平下滑的反常现象。统计数据显示，全国范围内仅 2 个省级行政区农机化水平下降，其余 29 个省级行政区均实现不同程度的提升，这一结果充分印证了我国农业机械化发展的整体向好态势。

表 2-3　2011—2020 年我国各省级行政区农业机械化水平

地区		2011	2012	2013	2014	2015	2016	2017	2018	2019	2020
粮食主产区	河北	0.314	0.328	0.339	0.349	0.354	0.355	0.371	0.384	0.397	0.425
	内蒙古	0.320	0.344	0.363	0.382	0.398	0.383	0.397	0.436	0.464	0.488
	辽宁	0.267	0.280	0.300	0.300	0.314	0.317	0.320	0.341	0.341	0.353
	吉林	0.303	0.356	0.379	0.391	0.413	0.435	0.447	0.444	0.466	0.483
	黑龙江	0.468	0.501	0.520	0.549	0.563	0.561	0.580	0.601	0.627	0.654
	江苏	0.365	0.426	0.495	0.533	0.566	0.575	0.591	0.609	0.619	0.629
	安徽	0.267	0.285	0.301	0.318	0.333	0.350	0.355	0.360	0.372	0.429
	江西	0.212	0.230	0.220	0.236	0.256	0.265	0.277	0.297	0.311	0.329
	山东	0.321	0.327	0.340	0.347	0.354	0.354	0.364	0.395	0.405	0.422
	河南	0.290	0.300	0.312	0.322	0.338	0.343	0.358	0.381	0.392	0.406
	湖北	0.223	0.236	0.254	0.275	0.289	0.299	0.305	0.318	0.328	0.354
	湖南	0.196	0.198	0.203	0.229	0.237	0.250	0.250	0.261	0.272	0.331
	四川	0.127	0.139	0.152	0.159	0.165	0.174	0.183	0.181	0.186	0.195
粮食主销区	北京	0.307	0.315	0.295	0.267	0.269	0.269	0.283	0.271	0.281	0.260
	天津	0.356	0.355	0.369	0.366	0.385	0.396	0.398	0.407	0.421	0.485
	上海	0.348	0.335	0.333	0.335	0.340	0.337	0.352	0.359	0.320	0.338
	浙江	0.233	0.244	0.257	0.270	0.268	0.290	0.300	0.297	0.324	0.348
	福建	0.134	0.139	0.150	0.159	0.161	0.194	0.189	0.183	0.224	0.244
	广东	0.152	0.165	0.172	0.180	0.186	0.209	0.212	0.214	0.226	0.236
	海南	0.141	0.153	0.163	0.178	0.175	0.184	0.177	0.174	0.189	0.195
粮食产销平衡区	山西	0.215	0.236	0.251	0.261	0.268	0.267	0.272	0.285	0.290	0.295
	广西	0.131	0.139	0.152	0.160	0.161	0.174	0.178	0.181	0.181	0.223
	重庆	0.181	0.186	0.188	0.197	0.200	0.200	0.202	0.215	0.218	0.215
	贵州	0.067	0.077	0.078	0.087	0.092	0.109	0.117	0.116	0.126	0.138
	云南	0.087	0.097	0.103	0.110	0.114	0.118	0.124	0.128	0.134	0.139
	西藏	0.170	0.185	0.192	0.200	0.204	0.214	0.211	0.210	0.214	0.221
	陕西	0.194	0.205	0.213	0.222	0.223	0.228	0.229	0.235	0.236	0.264
	甘肃	0.146	0.157	0.165	0.174	0.182	0.191	0.206	0.210	0.216	0.237
	青海	0.153	0.154	0.167	0.168	0.179	0.179	0.183	0.196	0.212	0.253
	宁夏	0.216	0.230	0.241	0.250	0.261	0.272	0.288	0.298	0.310	0.352
	新疆	0.276	0.286	0.301	0.340	0.348	0.344	0.347	0.349	0.362	0.382

数据来源：作者根据实证结果整理而得。

实证分析表明，我国粮食主产区的农业机械化发展呈现显著的区域差异性与持续增长特征。表 2-3 与图 2-1 的统计数据显示，各省级行政区农机化水平均呈现逐年提升趋势，其中黑龙江与四川分别位居农机化发展程度的两极。具体而言，就绝对增长量分析，江苏以 0.264 的增幅位居全国首位，显著高于四川 0.068 的增长水平；从相对增长率维度考察，江苏以 72.51%的增速领先于山东省 31.67%的增长率，展现出明显的区域发展不均衡特征。值得注意的是，粮食主产区不仅维持了稳定的农机化发展态势，更集聚了全国范围内机械化水平最高且增长最为显著的优势区域。

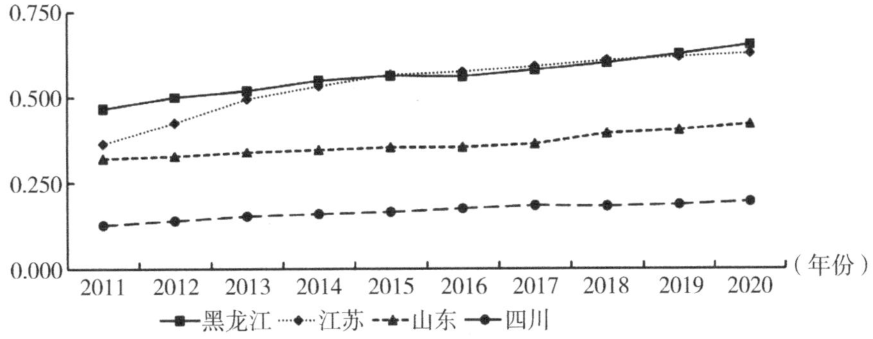

图 2-1　2011—2020 年粮食主产区农业机械化综合水平（部分省级行政区）

粮食主销区农业机械化发展态势的实证分析表明，该区域多数省份的农机化综合水平呈现缓慢增长特征，同时存在局部地区的逆向发展现象。表 2-3 与图 2-2 的统计数据显示，除北京、上海两个直辖市外，其余省级行政区的农业机械化进程整体趋缓，其中天津与海南分别构成农机化发展程度的两极。具体而言，在综合水平变化维度，天津以 0.129 的增幅居首位，而北京则以 0.047 的降幅成为衰退最显著地区；在发展速率维度，福建以 83.09%的增长率成为发展最快的区域，与之形成鲜明对比的是北京 15.37%的负增长，这一数据进一步印证了区域农机化发展的非均衡性特征。

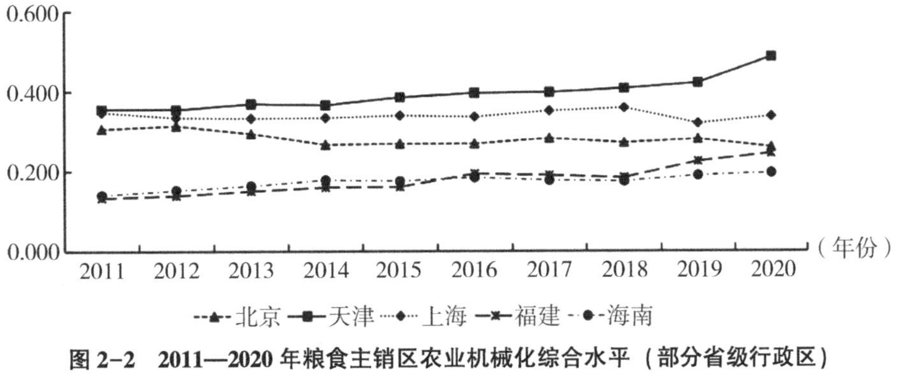

图 2-2　2011—2020 年粮食主销区农业机械化综合水平（部分省级行政区）

表 2-3 与图 2-3 的实证分析表明，我国粮食产销平衡区农业机械化发展呈现整体提升态势，且该区域囊括了全国农机化增速最为显著的若干省份。从区域比较视角来看，新疆与贵州分别代表了当前农机化发展水平的两极，但值得注意的是后者展现出更为迅猛的增长势头。具体而言，宁夏和重庆在农机化水平绝对增量方面差异显著，十年间分别实现了 0.136 和 0.034 的增幅；而在相对增速维度，贵州以 104.21%的增长率位居全国首位，显

著高于西藏 30.09%的增速水平，凸显出区域间农机化发展的不均衡特征。

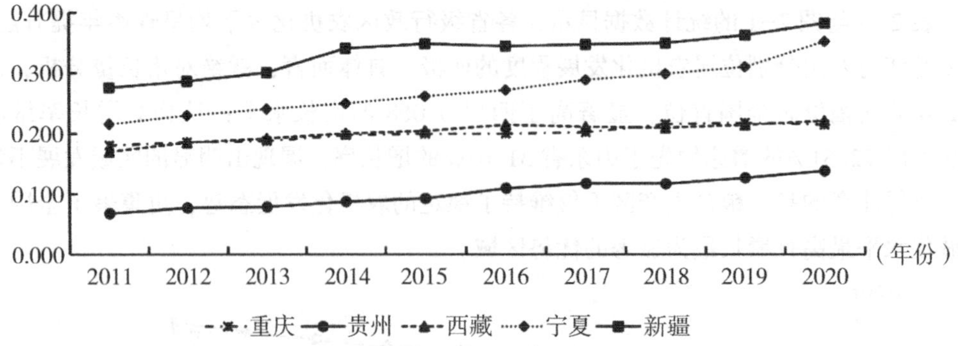

图 2-3　2011—2020 年粮食主销区农业机械化综合水平（部分省级行政区）

2. 空间演变特征

通过对农业机械化空间分布特征的历时性分析发现，我国各省级行政区农机化发展呈现出显著的集聚态势演变。2011 年监测数据显示，农机化水平较高的省份主要集中于粮食主产区，其中东北地区的黑龙江、辽宁、吉林以及东部沿海的江苏表现尤为突出；值得注意的是，部分非主产区省级行政区如天津和新疆也展现出良好的农机化发展潜力，表明当时农机化优势区域尚呈分散分布格局。随着工业化、城镇化进程加速推进，农机装备产业政策调控与农机化快速发展之间的结构性矛盾日益凸显，导致农机化优势区域逐渐向粮食主产区集中，呈现出空间集聚范围缩小但集聚强度增强的双重特征。至 2020 年，粮食主产区的农机化综合发展水平已显著超越非主产区，其中黑龙江和江苏继续保持领先地位。

研究结果表明，区域农业机械化综合水平呈现显著的空间集聚特征，表现为高值区域与高值区域相邻、低值区域与低值区域相邻的空间分布格局。这种空间正相关性可能源于相邻地区在自然地理条件方面的相似性，以及农业机械化技术在区域间的扩散效应。

三、小结

基于全国范围及三大粮食生产功能区的宏观分析表明，农业机械化综合发展水平呈现持续提升态势，且各功能区均保持增长趋势。具体而言，不同区域的机械化发展程度存在显著梯度差异，其排序依次为粮食主产区、粮食主销区和产销平衡区。值得注意的是，粮食主产区不仅在机械化综合质量方面表现突出，其增长速度亦显著优于其他区域，展现出明显的领先优势。

基于时序演变视角的实证分析表明，我国各省级行政区农业机械化综合水平普遍呈现显著提升态势。具体而言，粮食主产区表现出持续稳定的快速增长特征，其中黑龙江农机化水平位居区域首位，江苏则展现出最为突出的增长幅度；相较之下，粮食主销区整体呈现平缓上升趋势，但值得注意的是，北京和上海出现了机械化水平下滑的异常现象；对于粮食产销平衡区而言，全域农业机械化发展同样保持正向增长，特别值得关注的是，贵州在该区域中展现出最为迅猛的发展速度。

从空间分布演变的视角分析，我国各省级行政区农业机械化水平呈现出显著的集聚特征，这种集聚效应随时间推移日益强化，且空间分布格局逐步向粮食主产区域集中。具体而言，黑龙江、辽宁、吉林和江苏等长期保持着农业机械化发展的领先地位，同时实证研究表明，区域间农机化发展程度存在明显的空间正向关联性。

第三节 农作物机械化收获——以马铃薯为例

在实施马铃薯主粮化战略的背景下，得益于该作物对高寒贫瘠环境的强适应性，其种植范围已扩展至全国各地区。统计数据显示，2021 年我国马铃薯种植总面积达到 463.5 万公顷，年产量突破 9000 万吨①，这两项指标均居世界首位。然而，现有收获方式仍以人工操作或半机械化作业为主，相关农业机械化统计资料表明，当年马铃薯生产综合机械化水平仅为 50.76%，其中收获环节的机械化率更是不足 32%②。这种传统收获模式不仅劳动强度大、人工成本高昂，还因收获周期短促导致后期易受霜冻危害，严重制约了产业可持续发展，因此突破机械化收获技术瓶颈已成为推动产业升级的关键所在。

马铃薯机械化收获技术主要分为两种作业模式：一是集杀秧、挖掘、分离、收集及提升装运等功能于一体的联合收获技术；二是采用分段式作业流程，包括杀秧、挖掘、分离、捡拾、收集和装运等环节的机械收获技术。发达国家如德国、美国、意大利和波兰早在 20 世纪 90 年代就已实现马铃薯一体化联合收获，然而其大型整机尺寸、较高的鲜薯收获损伤率以及昂贵的设备价格等因素，导致这些技术难以适应我国马铃薯机械化收获的实际需求。我国在该领域的研究虽起步较晚，但发展迅速，针对丘陵山区小块地种植和个体农户小规模种植的特点，已成功研制出包括杀秧机、轻简型挖掘机械和薯块捡拾机械在内的系列分段收获装备。特别值得关注的是，在高速仿垄杀秧、减阻挖掘、低损分离以及低位缓冲条铺等关键技术领域取得显著突破，技术水准已逐步逼近国际先进水平。当前，随着我国收获装备研发能力的持续增强和制造业水平的整体提升，马铃薯联合收获装备的研发正朝着中高端方向稳步发展。

本书系统梳理了我国马铃薯主产区的空间分布特征及其机械化收获作业现状，重点剖析了国内外典型马铃薯收获装备的关键技术参数与整机性能指标。通过量化分析当前机械化收获水平，基于我国马铃薯收获作业的特殊农艺要求与技术瓶颈，以降低收获损失率与提升作业效率为双重目标，提出了未来马铃薯机械化收获装备的优化路径与技术发展方向，旨在为推进我国马铃薯机械化收获技术的创新研究提供系统的理论支撑与实践指导。

---

① 李彦彬．手扶自走式马铃薯收获机设计与试验［D］．昆明：昆明理工大学，2022.

② 周建国．丘陵山区马铃薯联合收获与初选分级关键技术研究［D］．杨凌：西北农林科技大学，2022.

一、马铃薯产业现状

（一）马铃薯种植分布与规模

根据国际马铃薯中心的最新统计数据，马铃薯作为全球性重要农作物，其产业布局已覆盖亚洲、欧洲、美洲及非洲等130余个国家和地区。从生产规模来看，当前全球马铃薯种植总面积突破2000万公顷，年总产量达到约3.5亿吨①。值得注意的是，2021年中国马铃薯产量在全球总产量中占比高达23%，这一数据充分彰显了中国在全球马铃薯生产领域的主导地位②。

马铃薯作为我国广泛种植的重要作物，其地理分布覆盖我国除港澳地区外的所有省份。基于各地区自然条件差异及栽培制度特点，我国马铃薯主产区可划分为四大典型区域：北方一作区、西南混作区、中原二作区和南方冬作区。其中，北方一作区涵盖黑龙江、吉林全省及辽宁北部，延伸至河北北部、山西北部、内蒙古全境以及西北地区的陕西北部、宁夏、甘肃全境、青海东部和新疆天山以北区域，该区域种植面积约占全国总量的50%。西南混作区主要包括四川、贵州、云南、西藏、重庆等，以及湖南、湖北的部分地区，其种植规模达到全国总面积的38%。中原二作区涉及辽宁、河北、山西、陕西四省南部，湖北、湖南两省东部，以及河南、山东、江苏、浙江、安徽和江西等，种植面积占比为7%。南方冬作区则包含广东、福建、广西、海南和台湾等，其种植面积约占全国总量的5%③。

（二）不同区域农机农艺相融合的机械化程度

我国境内马铃薯种植区域分布广泛，受南北纬度差异及东西部地理特征影响，各地在地形地貌、气候条件、土壤特性以及农业经济政策等方面存在显著异质性，这种区域差异性促使马铃薯种植形成了与当地环境相适应的多样化栽培技术体系。

从地形特征来看，北方一作区与中原二作区主要分布于丘陵和平原地带，同时存在部分山区地貌，整体地势相对平缓。在农业生产方面，这两个区域呈现出显著差异：北方一作区的大型农场和企业发展迅速，机械化播种水平高达95%，普遍采用大垄双行和大垄单行等规范化种植模式，并广泛实施地膜覆盖与膜下滴灌技术，实现了较高的农机农艺融合水平，其耕种收综合机械化率约为60%；相较而言，中原二作区由于优质耕地主要用于水稻、小麦和玉米等主粮作物生产，马铃薯种植多集中于零星地块和边角地，规模化种植程

① FAN J, LI Y, LUO W, et al. An experimental study of stem transported-posture adjustment mechanism in potato harvesting [J]. Agronomy, 2023, 13 (1): 234.

② LIN F. Study on the optimization of market competition of potato planting industry to agricultural products economic management based on intelligent system management [J]. Journal of Intelligent & Fuzzy Systems, 2021, 40 (4): 5935-5944.

③ 唐建昭，柏会子，郑艳东，等. 未来升温情景下中国马铃薯产量和水分利用变化 [J]. 农业工程学报，2023，39 (7): 157-166.

度较低，导致机械化收获率相对偏低①。

中国西南混作区主要分布于盆地及丘陵山区地带，该区域普遍存在田块规模较小、种植布局分散、土壤质地黏重以及农机装备保有量不足等特征，导致农业生产仍以传统人工作业为主导，呈现出多样化的种植模式，其中部分区域采用兼作套种方式，机械化收获作业比例低于5%。与此同时，南方冬作区马铃薯种植主要集中在丘陵山区及冬闲稻田区域，采用垄作或畦作栽培方式，受限于田间道路狭窄、土壤黏重以及种植模式复杂等因素，其耕整地、播种及收获环节的机械化作业水平尚不足3%②。

二、马铃薯机械化收获关键技术

（一）马铃薯机械化杀秧技术

作为马铃薯收获前的重要预处理环节，杀秧作业能够有效促进块茎表皮木质化进程，从而显著降低机械挖掘过程中对薯块表皮造成的物理损伤，同时有效解决秧蔓缠绕、壅塞及分离困难等操作性问题。当前主流的杀秧技术主要包含人工收割、化学杀秧和机械化杀秧三种形式，其中机械化杀秧因其作业效率优势已成为普遍采用的方式，该技术通过专用设备对地表秧蔓进行切割或粉碎后均匀铺放于垄沟。从作业模式来看，机械化杀秧可根据收获方式差异划分为两种典型形式：其一为分段式收获模式，需在挖掘前由拖拉机牵引专用杀秧机进行独立作业；其二则采用联合收获方式，通过马铃薯联合收获机前端集成杀秧装置实现杀秧与挖掘工序的同步完成。

国际马铃薯杀秧机械研发领域具有显著的技术先发优势，以德国GRIMME公司研发的KS75-2、KSA75-2、KS3600及KS-4500系列机型为代表，配合德国ROPA公司开发的KS-475与KS490机型，以及荷兰APH公司研制的2 LKB-190至8 LKB-610系列产品，加之比利时AVR公司推出的Rafale系列设备，构成了技术特征相近的现代化马铃薯杀秧装备体系。以GRIMME KS3600机型为例，该设备具备3600mm作业幅宽，适配850/900mm标准垄距，可同步完成四行作业；其核心部件采用92片异型甩刀按双螺旋对称排布，转速达1300r/min，通过仿垄形刀轴设计与高强度负压系统，实现了倒伏秧蔓的高效粉碎与均匀受力；创新性双侧驱动系统配备单向离合装置，有效预防机构反转损伤；优化设计的导流式上颚板排草口确保碎秧均匀分布于垄沟；采用丝杠螺母无极调节机构的两组限深轮可精确控制留茬高度，整机质量1150kg，需匹配51.5kW以上拖拉机进行前置或后

① 李紫辉，温信宇，吕金庆，等．马铃薯种植机械化关键技术与装备研究进展分析与展望［J］．农业机械学报，2019，50（3）：1-16.

② 李紫辉，温信宇，吕金庆，等．马铃薯种植机械化关键技术与装备研究进展分析与展望［J］．农业机械学报，2019，50（3）：1-16.

置式高速作业①。GRIMME 公司其他 KS 系列机型的详细技术参数可参见表 2-4 所列。

表 2-4　GRIMME 公司 KS 系列马铃薯杀秧机基本参数

型号	适应行距	行数	甩刀数量	抛秧形式	配套动力
75-2	75/90	2	46	均匀地撒到垄沟	35
75A-2	75/90	2	82	传输带向左/右抛出	35
4500	75	6	116	均匀地撒到垄沟	65

我国马铃薯杀秧机械的研发历程相对较短，但近年来在农业高等院校、科研机构及农机生产企业的共同努力下，该领域已取得显著进展。其中，甩刀杀秧辊的优化设计构成技术核心，涉及甩刀几何构型、空间布局、转速参数、动平衡特性及传动系统等关键要素。在具体研究方面，冯斌等创新性地采用 Y 形甩刀交错排布方案，显著提升了杀秧作业效率②；吕金庆等则基于马铃薯垄作特征，通过仿垄形结构设计和双螺旋线排列方式优化甩刀系统，不仅改善了切割性能，还增强了作业稳定性，并通过系统试验确定了最优转速与行进速度参数③④。从产品应用维度看，当前主流机型主要适配大垄单行和大垄双行两种栽培模式，这些设备普遍配置仿垄形刀辊结构，采用双螺旋对称排布的甩刀系统，并配备防反转超越离合器与导流板式抛秧装置。现有技术体系已使国产马铃薯杀秧机械整体性能达到国际领先水平，具体技术参数详见表 2-5。

表 2-5　国内马铃薯杀秧机代表机型基本技术参数

品牌/型号	技术特点
美诺/1804	后置悬挂式，配套动力 66.2~88.3kW，拖拉机输出转速 760r·min^{-1}，适用于大垄单行栽培模式，行距 80/90cm，一次作业 4 行，双侧带传动形式，通过限位轮和拖拉机三点悬挂调节留茬高度，工作效率 1~1.5 hm^{2}·h^{-1}
希森/4JM-360B	后置悬挂式，配套动力 73.6~132.4kW，拖拉机输出转速 760r·min^{-1}，适用于大垄单行栽培模式，行距 90cm，一次作业 4 行，双侧带传动，5 种刀片组合仿垄形刀辊，通过限位轮和拖拉机三点悬挂调节留茬高度，工作效率 1.4~2.5hm^{2}·h^{-1}
洪珠/1JH-110	后置悬挂式，配套动力 18.4~33.1kW，工作幅宽 1000mm，刀辊工作转速 2000rmin^{-1}，适用于大垄双行栽培模式，一次作业 1 垄 2 行，单侧带传动形式，多种甩刀排列仿垄形刀辊，转速高，吸力大，工作效率 0.26~0.33 hm^{2}·h^{-1}

① 吕金庆，尚琴琴，杨颖，等．马铃薯杀秧机设计优化与试验［J］．农业机械学报，2016，47（5）：106-114，98.

② 冯斌，孙伟，王蒂，等．甩刀式马铃薯杀秧机的设计与试验［J］．干旱地区农业研究，2014，32（4）：269-274.

③ 吕金庆，于晶，李忠远．马铃薯杀秧机关键部件的设计［J］．马铃薯产业与绿色发展，2021（2021）：306-314.

④ 竹筱歆，吕伊宁，于晶，等．马铃薯全垄仿形式茎叶切碎刀辊设计与试验［J］．农业机械学报，2022，53（6）：140-150.

（二）挖掘装置及关键技术

作为马铃薯收获机械的核心工作部件，挖掘装置由挖掘铲、防堵装置及限深装置等关键组件构成，其功能在于高效完成薯块—土壤—茎蔓混合物的起掘作业，并将物料稳定输送至后续分离装置。

1. 挖掘铲

作为挖掘作业中与土壤直接接触的核心部件，挖掘铲的减阻性能优化对于降低机组能耗、提升土壤破碎效率以及改善薯土分离效果具有决定性作用，这使其成为该领域重点研究的技术方向。当前主流的挖掘铲类型包括固定式和激振式两大类别，其中固定式铲可细分为整体平面铲、分体式平面组合铲、分体式仿生铲以及振动挖掘铲等具体结构形式。在材料应用方面，我国普遍选用65Mn钢及硼合金钢作为制造材料，这类材料不仅展现出优异的耐磨特性和抗疲劳性能，同时具备刃口敏感性较低的显著优势。

（1）整体式平面铲。在小型薯类收获机械领域，整体式平面铲因其结构简洁、生产成本低廉且安装便捷等优势而得到广泛应用，典型代表包括青岛洪珠4U系列及希森天成4UX系列等机型。如图2-4所示，此类挖掘铲具有小于24°的入土角度设计，其铲面宽度通常控制在200mm以内，并在铲体后端与分离装置衔接处设置有分石栅结构，该装置能有效阻隔石块等硬质异物进入，从而避免分离机构发生卡滞现象。

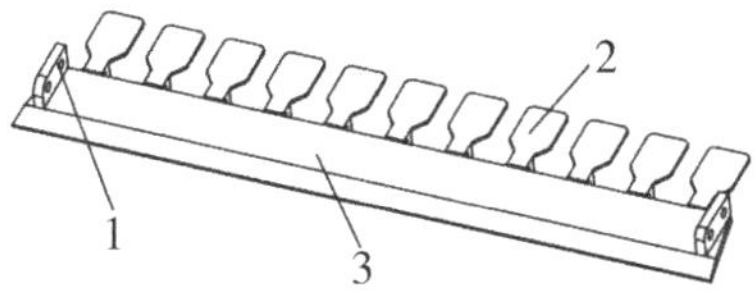

1. 机架连接点　2. 分石栅　3. 挖掘铲

图2-4　整体式平面铲

（2）分体式平面组合铲采用模块化设计结构，其入土角度可在30°~42°范围内进行调节，从而有效适应不同土壤类型的耕作需求。该设计不仅实现了显著的减阻与碎土效果，同时通过优化铲身长度与入土角度的匹配关系，确保了耕作器具具备优良的入土性能。

如图2-5所展示，该平面铲采用独立安装方式固定于悬臂托架之上，其安装角度可根据实际需求进行调节，且通过多种平面铲的组合配置实现功能多样化；特别值得注意的是，铲体前端设计为尖角斜刃结构，这一特征显著提升了其滑切性能，从而有效降低了挖掘作业过程中的阻力。此外，相邻铲体间预留的滑草间隙设计确保了杂草和残秧能够顺畅通过，避免了缠绕和堵塞现象的发生。此类创新性设计已在国内外多款马铃薯收获机械中得到成功应用，包括德国GRIMME公司、比利时AVR公司以及德国ROPA公司研发的大型联合收获设备，以及国内科研机构研制的MZPH-820型单行收获机、4U2A型双行挖掘机和4U-1000型大垄双行收获机等典型机型。

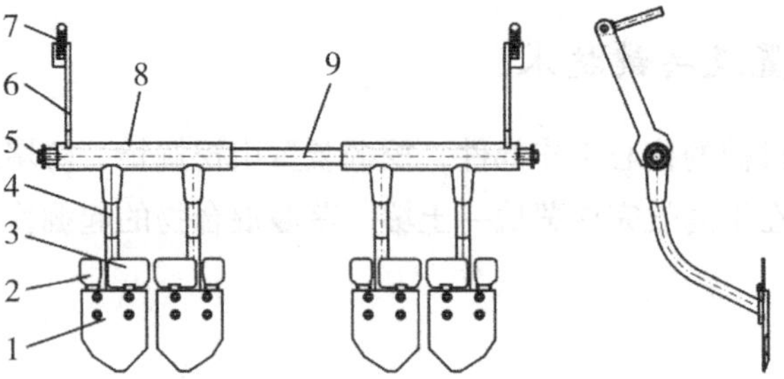

a.主视图　　　　b.侧视图

1. 平面铲　2. 分石栅Ⅰ　3. 分石栅Ⅱ　4. 悬臂托架　5. 轴端定位螺丝
6. 角度调节杆　7. 角度调节丝杆　8. 挖掘装置主梁　9. 铰接轴

图 2-5　分体式平面组合铲

（3）分体式仿生铲设计。长期栖息于地下环境的土壤动物，其进化形成的特殊体表结构能显著降低挖掘阻力、减少土壤黏附并缓解运动磨损，这为农业机械触土部件的减阻性能优化、抗黏附特性提升及耐磨性改进提供了重要的仿生学参考。作为典型农机触土部件的马铃薯挖掘铲，目前普遍面临作业阻力过高、土壤黏附严重及表面磨损剧烈等技术难题。针对这些共性技术瓶颈，国内外研究团队已开展大量基础性研究工作，为仿生挖掘铲的优化设计奠定了理论基础。石林榕等通过仿生蝼蛄爪趾轮廓特征，成功开发出新型马铃薯仿生挖掘铲①。表 2-6 详细列出了相关仿生结构的具体参数特征及其性能优势。

表 2-6　典型的仿生实例及参数特点

名称	结构示意图	性能特点
马铃薯曲面仿生铲	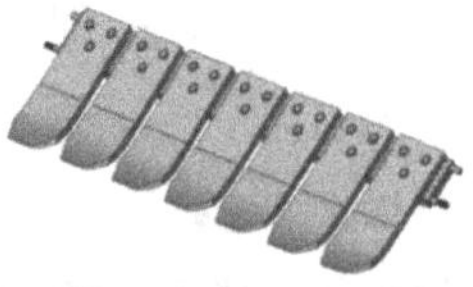	仿蝼蛄爪趾轮廓设计仿生曲面铲片，较普通铲片水平阻力减小 11.36%，垂直向受力减小了 17.65%；对土壤颗粒间黏结力的破碎率为 62.76%，较普通铲片曲率变化大，有利于碎土和排土②
仿生自磨锐马铃薯铲		仿家兔下门齿外形结构，与普通平铲相比，油耗降低 8.80%，自磨锐效果提升 8.33%，减阻效果提升 12.82%③

① 石林榕，赵武云，孙伟，等．马铃薯仿生挖掘铲减阻性能研究［J］．干旱地区农业研究，2018，36（3）：286-291.

② Zhao J，Lu Y，Guo M，et al. Design and Experiment of Bionic Stubble Breaking-deep Loosening Combined Tillage Machine［J］. International Journal of Agricultural and Biological Engineering，2021，14（4）：123-134.

③ 张兆国，薛浩田，王一驰，等．基于离散元法的三七仿生挖掘铲设计与试验［J］．农业机械学报，2022，53（5）：100-111.

续表

名称	结构示意图	性能特点
马铃薯曲面仿生铲	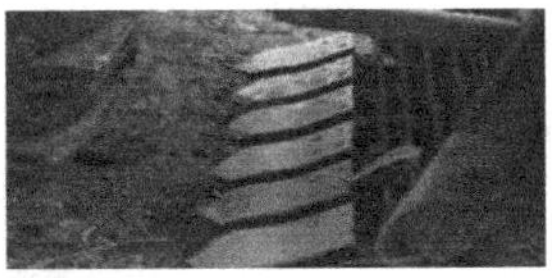	仿鼹鼠的手指制成曲面仿生挖掘铲，与平面铲相比，牵引力和油耗分别下降13.33%和9.18%，更容易对土壤造成破碎①
表面仿生处理挖掘铲		将普通挖掘铲表面设计成穿山甲鳞片状，减阻性能优于普通挖掘铲，土槽试验阻力减少22.26%②
三七仿生挖掘铲	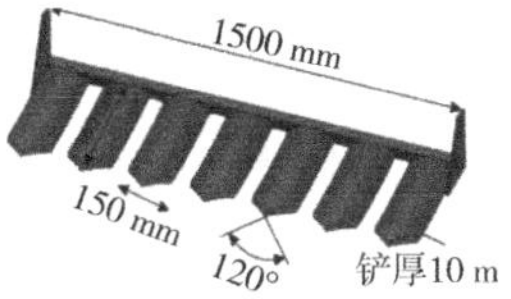	采集野猪头三维模型的点云数据确定仿生铲的结构曲线，仿生挖掘铲的仿真试验减阻率为19.15%，土槽试验减阻率为24.29%③

（4）振动挖掘装置作为农机触土作业的关键减阻技术，其减阻机理主要体现在当激振频率与土壤固有频率达到共振状态时，系统可实现挖掘阻力最小化与能耗最优化的作业效果。相较于传统挖掘方式，振动冲击不仅显著提升土垡破碎效率，更有效改善了土壤与农作物的分离性能。国际研究方面，大型联合收获装备占据主导地位，而针对马铃薯振动铲式挖掘机的专项研究相对匮乏，仅见BAYBOB-OEV团队基于丘陵山区种植特性开发的小型铲筛联合振动装置，以及意大利Spedo公司推出的Model-CPP-M薯类收获机，后者采用曲柄摇杆驱动的铲筛一体化激振系统，适配手扶拖拉机挂接模式，特别适用于山区小规模作业场景。国内研究则集中于激振式挖掘铲的优化设计，以吕金庆等研发的4U1Z型振动式马铃薯挖掘机为代表的铲筛激振机型已形成技术体系④。在中小型马铃薯振动挖掘装备领域，青岛洪珠4U-90D/160D系列、青岛鸿雷4UX-120/140等机型通过曲柄摇杆机构实现固定铲向活动铲的技术转型，其高频低幅激振模式不仅显著降低挖掘阻力，同时兼具优异的碎土性能与分离筛工作效率，对拖拉机动力需求较低，特别适配我国东北黏重土壤区及西南、南方等典型种植区域的应用需求，具体机型结构如图2-6所示。

① Yu J, Ma Y, Wang S, et al. 3D Finite Element Simulation and Experimental Validation of a Mole Rat's Digit Inspired Biomimetic Potato Digging Shovel [J]. Applied Sciences, 2022, 12 (3): 1761.

② 吕金庆，张航，李紫辉，等．一种适用于壤土的马铃薯收获机挖掘铲：CN213694858U [P]．2021-07-16.

③ 张琰，乔超雄，王天琪，等．蝼蛄前足爪趾三维几何构形的减阻机理 [J]．农业工程学报，2021，37 (19)：309-315.

④ 吕金庆，田忠恩，吴金娥，等．4U1Z型振动式马铃薯挖掘机的设计与试验 [J]．农业工程学报，2015，31 (12)：39-47.

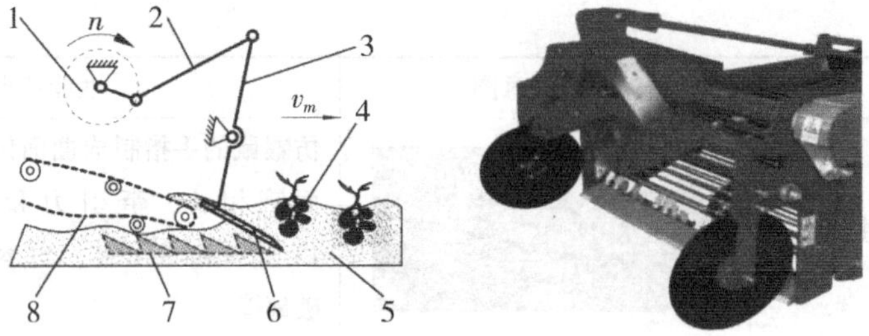

a.结构原理　　b.实体产品

1. 偏心轴承　2. 连杆　3. 往复式铲架　4. 马铃薯　5. 垄体
6. 挖掘铲　7. 挖掘铲运动轨迹　8. 升运链

图 2-6　振动铲式薯类收获机

2. 防堵限深技术

在马铃薯机械化收获作业过程中，机具前端的壅塞现象主要由垄沟内残留的碎秧、杂草及残膜等杂物引发，这不仅会导致设备运行故障或卡滞，还会造成薯块损伤及作业效率下降等问题。为确保收获质量，保持稳定的挖掘深度至关重要，过浅的挖掘深度易损伤薯块，而过深则会影响土薯分离效果。基于此，在马铃薯挖掘设备前端加装防堵限深装置具有显著必要性。当前轻简型马铃薯挖掘机主要采用立辊旋转式、切秧盘式以及往复运动甩刀式等防堵装置，其限深控制则通过拖拉机三点悬挂系统与后置限深轮的协同作用实现。对于中大型马铃薯收获机械，根据结构特征及控制机理，其防堵限深装置可划分为机械式与自适应式两大技术类型。

机械式防堵限深装置的结构与功能如图 2-7 所示，该装置在中大型马铃薯挖掘机中主要由切秧盘、仿垄形限深辊、压草轮以及输送分离筛前端等关键部件构成。在作业过程中，切秧盘与压草轮协同输送分离筛前端，通过切割、碾压及拉伸等复合作用，实现对缠绕碎秧和杂草的高效清除。值得注意的是，切秧盘和压草轮均配备有弹簧仿形预紧机构及自动清洁系统。限深装置则整合了仿垄形限深辊、自动清洁装置和仿形预紧装置三大模块，其功能不仅体现在维持稳定的挖掘深度和调控掘土量方面，还能有效抑制机械偏移现象，同时对垄面土壤进行适度松碎和微调，从而显著提升薯土分离效率。在调节机构方面，切秧盘与仿垄形限深辊的高度采用手动调节方式，而仿形预紧装置则基于机械式弹簧预紧机构设计。目前市场上具有代表性的机型包括德国 GRIMME WH200、中机美诺 1600/1700/1710 系列，以及青岛洪珠 4U-170 系列、希森天成 4U-165/4U-170 系列等。

自适应防堵限深装置在传统机械结构基础上，通过融合机电液仪一体化智能技术实现功能升级。液压驱动式切秧盘具备双重调速模式，既可手动调节转速，也可采用与行走速度联动的自适应控制策略，当作业过程中出现秧膜缠绕导致入口堵塞时，系统可自动提升圆盘转速以快速清除堵塞物，该技术已在德国 ROPA 公司 Keiler 系列马铃薯收获机中得到了成功应用。在限深控制方面，采用基于自动垄面减压原理的挖掘深度自适应调控技术，典型代表为德国 GRIMME 公司开发的 TerraControl 电子液压深度控制装置，该装置整合了可调式垄压自适应系统。通过实时监测垄面压力参数的传感技术，结合液压系统与智能测控单元，实现恒压浮动作业模式，有效避免垄体压实现象，其操控终端支持 0%～100%连续可调的垄压调节功能，以适应多样化土壤工况。该技术的应用显著提升了机具在复杂作业环境中的适应性，在防堵效果与深度控制精度方面均取得显著提升，同时大幅简化了操作流程。

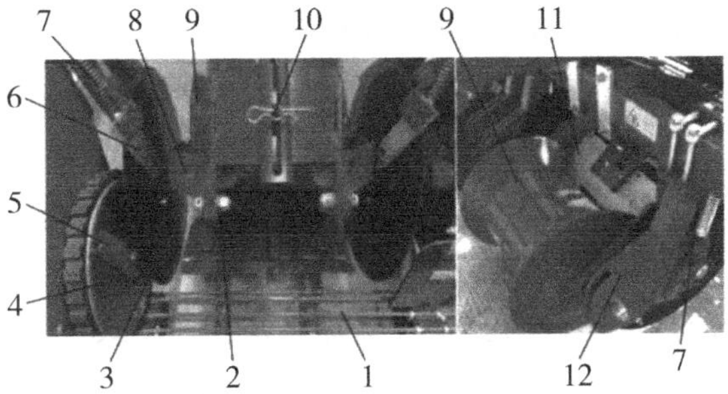

1. 升运链　2. 挖掘铲　3. 切秧盘　4. 压草轮　5. 压草轮自动清洁装置　6. 切秧盘自动清洁装置
7. 切秧盘弹簧仿形机构　8. 限深辊架　9. 仿垄形限深辊　10. 限深辊弹簧仿形机构
11. 限深辊自动清洁装置　12. 切秧盘架

图 2-7　限深防堵装置

在防堵限深技术领域，国内研究已取得显著进展，以魏忠彩等的马铃薯联合收获机为例，该设备创新性地整合了多段分离工艺与自适应限深系统，通过机电液协同控制机制实现动态调节，其限深轮可依据垄面地形变化自主完成仿形运动，同时驱动液压缸活塞杆进行精确伸缩，从而确保限深装置与耕作层之间的相互作用力维持恒定状态①。

3. 自动对行挖掘技术

随着马铃薯机械化收获集成技术的持续升级，农业机械设备的体积呈现显著增大的趋势，这导致传统人工操作方式在田间转向和对行作业过程中面临较大困难。为了有效解决地头区域压伤薯块、作业行距偏差以及漏挖等常见问题，现代农业装备领域已研发出具有自动对行功能的智能挖掘技术。

在根茎类作物自动对行挖掘系统的研究领域，欧美发达国家具有显著的技术优势并已实现产业化应用。以德国 GRIMME 公司研发的 EVO 系列和 SE 系列侧牵引式联合收获机为例，该设备通过在限深辊前端配置非接触式角度传感器，实时检测限深辊与行进方向的夹角变化，进而由控制系统驱动液压执行机构完成转向调节。此外，荷兰 PLOEGER OXBO AR-4BX 和 GRIMME VARITRON 系列自走式马铃薯收获机则采用垄沟滑橇与角度传感器协同工作的方式，实现了作业过程中的实时检测与自动导航功能。这些先进技术的应用不仅显著提升了作业精度，降低了收获损耗，同时有效减轻了操作人员的劳动强度。

我国在自动对行技术领域的研究相对滞后，但伴随智能农业装备的快速发展，该领域已取得显著进展。李涛等通过集成角度传感器、垄侧弧形探测板、PID 控制算法及电磁液压技术，成功开发出适用于根茎类作物的自动对行系统，该系统在 4UGS2 型双行甘薯收

① 魏忠彩，李洪文，孙传祝，等．基于多段分离工艺的马铃薯联合收获机设计与试验［J］．农业机械学报，2019，50（1）：129-140，112.

获机上的应用试验取得了理想效果①。杨然兵等于2011年中国农业工程学会学术年会上首次阐述了根茎作物对行收获技术，并基于花生收获机开展了初步试验验证②。王申莹等则通过软件仿真与台架试验相结合的方法，对土下作物自动对行收获机构进行了系统研究，最终研制出牵引式甜菜联合收获机自动对行系统③。当前，国内根茎作物自动对行收获技术正处于试验优化与产品转化并行的关键发展阶段。

（三）马铃薯低损高效分离输送技术

国内外马铃薯机械化发展进程中的关键制约因素在于分离输送技术的优化程度，该技术性能的评估主要基于含杂率、损伤率及运行可靠性等核心指标。现阶段主流的分离输送装置系统包括杆条升运链结构、振动栅条分离筛系统、摆动式分离机构、滚筒筛分装置、输送带式网筛系统、刷辊式分离组件、气吸式分选设备以及复合式刷辊—输送带分离装置等多种形式，其中部分设备主要承担辅助分离或物料输送功能。

1. 中小型马铃薯挖掘机低损高效分离技术

当前马铃薯分段收获作业中，中小型挖掘设备主要采用杆条升运链与振动式栅条分离筛两种主流结构形式。其中，杆条升运链系统由若干杆条构成，这些杆条通过橡胶带或滚子链进行固定，并配备支撑轮、导向轮、振动轮及驱动轮等关键部件组成完整传动系统。振动式栅条分离筛因其结构简单、操作便捷的特点，特别适用于与手扶拖拉机配套的微型挖掘设备，在我国西北、西南等山区小块田地作业场景中具有广泛应用价值。

国际马铃薯机械化技术发展较为成熟，主要集中于大田规模化作业领域，其中德国GRIMME公司研发的WH200和WR200系列机型具有代表性。该系列设备采用高强度钢材制造的杆条升运链作为分离输送装置，并配备特殊硫化橡胶材料，既确保了装置的耐磨性和抗老化性能，又有效降低了马铃薯收获过程中的机械损伤风险。以WR200高端机型为例，其创新性地配置了电控液压驱动的一级分离筛摇摆振动系统，通过电液推杆实现旋转振动器振幅的精确调节，同时所有振动参数均可通过驾驶室终端实现无级调控。此外，分离筛工作倾角的调节则通过电控液压缸控制地轮高度来实现。这种模块化设计显著提升了关键作业参数的调节便捷性，不仅增强了设备对不同田间条件的适应性，更确保了薯土分离过程的高效性与稳定性。

针对我国不同区域复杂土壤环境下马铃薯收获作业中薯土分离效率与低损伤要求的技术难题，国内科研团队开展了系统性研究。在东北黏重土壤区，吕金庆等通过分析直杆式输送装置存在的薯块输送效率低、滚动擦伤等问题，创新性地提出直—弯—弯—直构型的杆条升运链结构，深入研究了马铃薯块茎在输送过程中的损伤机制，并对关键作业参数进

---

① 李涛，周进，徐文艺，等.4UGS2型双行甘薯收获机的研制［J］.农业工程学报，2018，34（11）：26-33.

② 杨然兵，尚书旗，王家胜，等.根茎类作物收获机械自动对行技术的研究［C］//.中国农业工程学会2011年学术年会论文集，重庆，2011：138-142.

③ 王申莹，胡志超，陈有庆，等.土下作物自动对行挖掘收获试验台研制［J］.农业工程学报，2020，36（5）：29-37.

行了优化设计①②。魏忠彩等针对传统马铃薯收获机存在的分离效率不足、损伤率偏高等技术瓶颈，系统研究了高频低幅振动分离、双重缓冲减速分离、两级波浪形分离输送等新型工艺，开发出具有薯秧分离与侧输出功能的低损伤高效收获装备③。针对西北旱作区特殊作业环境，冯斌等基于马铃薯块茎碰撞动力学特性分析，通过台架试验揭示了机械损伤形成机理，成功研制出全膜覆土垄播式和小型振筛式等适应西北地区的低损伤挖掘装置④。张兆国等针对云南山地黏重土壤特性，采用多级振动分离与多重缓冲技术相结合的设计思路，开发了具有低位侧铺功能的多级分离缓冲收获机，并通过试验确定了分离筛最佳工作参数⑤。针对南方冬作区高湿度黏土条件下的稻草覆盖栽培模式，陈学深团队研制了集成剪切、松碎、抛送、清洗等多功能于一体的马铃薯分离装置⑥。值得注意的是，当前以中机美诺、青岛洪珠等为代表的国产中小型马铃薯收获设备在分离输送技术方面已逐步达到国际先进水平，但面对我国多样化的土壤条件，仍需在核心参数智能调节、电液控制等关键技术领域实现突破，以进一步提升装备的工况适应性。

2. 马铃薯联合收获机械低损高效分离技术

依据国家相关标准规定，马铃薯联合收获机械的作业质量需满足伤薯率≤2%、破皮率≤3%以及含杂率≤4%的技术指标要求⑦。研究表明，机械损伤现象主要产生于物料分离输送阶段，而含杂率指标则直接取决于分离装置的工作效能。基于此，开发低损伤条件下的薯土分离、薯秧清除、薯膜剥离及薯石分选等关键技术，对于提升马铃薯联合收获机械的作业性能具有重要的研究价值，这也是该领域核心技术攻关的重点方向。

（1）薯土分离技术。

在作业过程中，马铃薯薯土分离装置需承受较大的工作负荷，其单位宽度喂入量可达到100~150kg/（s·m）的范围。值得注意的是，在马铃薯联合收获机械的运行过程中，薯土分离作业贯穿于物料输送的整个路径。目前主流的薯土分离技术体系主要包含以下几种典型形式：采用前端多级升运链结构、配置刺猬筛组合分离单元、应用辊轴式分离机构以及搭载自动化分拣清洁装置等。

---

① 吕金庆，孙贺，兑瀚，等．双行牵引式马铃薯挖掘机的设计与试验［J］．农机化研究，2019，41（6）：98-103.

② 吕金庆，孙贺，兑瀚，等．粘重土壤下马铃薯挖掘机分离输送装置改进设计与试验［J］．农业机械学报，2017，48（11）：146-155.

③ 魏忠彩，李洪文，苏国粱，等．缓冲筛式薯杂分离马铃薯收获机研制［J］．农业工程学报，2019，35（8）：1-11.

④ 冯斌，孙伟，孙步功，等．收获期马铃薯块茎跌落冲击特性及损伤规律研究［J］．振动与冲击，2019，38（24）：267-274.

⑤ 张兆国，王海翼，李彦彬，等．多级分离缓冲马铃薯收获机设计与试验［J］．农业机械学报，2021，52（2）：96-109.

⑥ 陈学深，陈涛，武涛，等．覆草冬种马铃薯收获机稻草分离机构设计与试验［J］．吉林大学学报（工学版），2020，50（2）：749-757.

⑦ 中华人民共和国农业部．NY-T648-2015 马铃薯收获机质量评价技术规范［S］．北京：中国农业出版社，2015-05-01.

当前马铃薯联合收获机械普遍采用两级及以上升运链作为核心薯土分离装置。在技术应用方面，欧美发达国家普遍采用液压独立驱动系统，以德国 GRIMME 侧牵引式机型为例，其配备的 Vario Drive 无级变速驱动系统可实现一、二级升运链线速度与振动频率的无级调节，并具备反转功能以应对壅塞情况；同时通过电液推杆控制振幅支撑轮高度实现振幅的无级调节，并在升运链下方集成自动清泥及土块破碎装置以降低黏结风险。值得注意的是，部分高端机型如德国 GRIMME Turbo Clean 已实现自动甩泥清洁功能，该技术通过离心原理实现黏土快速清除，操作人员可通过一键启动确保分离单元持续高效运转。此外，现代设备普遍加装打滑监控系统，该系统基于压力传感器实时监测运行参数，在异常情况下可自动调节运行速度并向终端发送预警信号。

刺猬筛组合分离单元作为马铃薯联合收获机的关键部件，在欧美发达国家已得到广泛应用，主要功能在于对初级升运链未能有效分离的土块、石块及作物残秧进行二次分选，同时显著提升薯块表面清洁度。该装置由刺猬筛与多种功能组件构成模块化系统，包括橡胶辊、旋转指状棒、排刷及分拣排辊等核心部件。国际知名农机企业如德国 GRIMME、ROPA 以及比利时 AVR 等均采用此类技术方案。根据作业需求差异，系统可灵活配置为刺猬筛与橡胶辊组合、刺猬筛配合旋转指状棒、刺猬筛集成排刷等多种工作模式，亦可采用大倾角后置式刺猬筛结构。各技术方案的具体特征及其对应机型详见表 2-7 所列。

表 2-7　国外刺猬筛组合分离单元结构及技术特点

<table>
<tr><th>序号</th><th>组合模式</th><th>技术特点</th><th>应用机型</th></tr>
<tr><td>1</td><td>刺猬筛+橡胶辊</td><td>一般位于前端两级升运链之后，具有定向输送、二次分离、清洁马铃薯表面黏土等功能，一般地，平滑辊和螺旋线辊配合使用，螺旋线辊位于下方，可以更有效地破碎土块、分离残秧，且对马铃薯具有更高的输送效率。此外，刺猬筛线速度、橡胶辊转速、橡胶辊与筛面间隙、筛面倾斜度等参数均可液压无级调节，增强土壤条件适应性</td><td>德国 GRIMME EVO 系列，ROPA keiler 系列</td></tr>
<tr><td>2</td><td>刺猬筛+指状棒+橡胶辊</td><td>一般位于人工分拣平台之前，在刺猬筛上方安装旋转指状棒机构，运转方向与刺猬筛输送方向交错分布，主要用于土块多、石头少的土壤条件，可以将未分离的土块、石头自动分拣出来，并配合橡胶辊定向输送到排杂输送链，刺猬筛线速度、旋转指状棒线速度均可液压无级调节，当遇到斜坡作业时，可以自动调平</td><td rowspan="2">GRIMME SE、EVO 等系列，VENTOR4150</td></tr>
<tr><td>3</td><td>刺猬筛+排刷+橡胶辊</td><td>可以根据实际土壤条件进行选配，主要用于石头较多的土壤条件，可以将未分离石头自动分拣出来，并配合橡胶平滑辊定向输送到排杂输送链，在刺猬筛上方安装 3~5 组旋转排刷，核心参数可液压无级调节，具有自动调平功能</td></tr>
</table>

续表

序号	组合模式	技术特点	应用机型
4	后置刺猬筛+橡胶辊	一般用于联合收获机最后端，刺猬筛下端可以选装1~2根橡胶辊，一方面降低马铃薯跌落高度，另一方面可以继续将未分离土块、杂秧排出机外。大倾角刺猬筛分离原理，即运用马铃薯、土块、残秧在刺猬筛的不同摩擦性能，将土块和残秧分离出去，必要时可以反转排除壅塞等故障	GRIMME VARITRON470，GT170、AVR puma 系列，Lynx

辊轴分离装置作为根茎类作物联合收获机的关键部件，其结构设计具有显著的适应性特征，能够有效应对复杂土壤环境及残秧等杂物的分离需求。该装置通常配置于升运链后方，在欧美等农业机械化发达地区已广泛应用于马铃薯、甜菜等作物的联合收获作业。从结构形态来看，现有辊轴分离机主要呈现三种典型布局：横向高低差分布式、纵向平行排列式以及横纵复合交错式，这些结构形式各具特点，可满足不同作业条件下的分离要求。

在薯土分离装置中，螺旋线橡胶辊组采用螺旋线橡胶辊与平滑辊交替排列的配置方式，通过高低错落布置实现土壤破碎与后向输送功能，其反向旋转特性可有效实现土块与残秧的下拉作用，特别适用于黏重土壤条件下的分离作业。针对轻质土壤条件，纵向型橡胶辊组由反向旋转的螺旋线橡胶辊构成，其倾斜向下的安装方式有利于马铃薯的后向滚落输送；为延长薯土混合物分离时间并防止马铃薯因滚落速度过快造成机械损伤，部分机型在纵向辊组上方增设了多排柔性垂帘结构。横纵交错型分离装置整合了上述两种结构的优势，显著提升了薯土分离效果。国际学术界对橡胶辊组分离单元的研究应用较为深入，通过融合机电液一体化技术，实现了包括转速、间隙及纵向分布辊倾角等参数在内的无级调节功能。典型应用案例包括德国 GRIMME 公司开发的 Mul-tiSep 多功能分离器，该装置采用高低错落式橡胶分离辊组结构，广泛应用于其提升臂式与自走式马铃薯联合收获机；此外，比利时 AVR 公司的 CR 清洁单元以及 Ploeger 公司 AR-3BX、AR-4BX 系列收获机的 PSHS 清洁单元等产品也采用了类似的橡胶辊组分离技术。

自动分拣清洁装置。当前主流马铃薯联合收获机械普遍配置人工拣选输送平台，其主要功能在于清除未完全分离的土块、石块及作物残秧等杂质，从而显著降低人工分拣作业强度并有效提升马铃薯表皮的清洁效果。该装置通常部署于拣选平台的前端或中部区域，主要采用片状辊轴筛与星形拨指辊轴筛两种典型结构。以德国 GRIMME 公司 SE 系列产品为例，其创新性地采用柔性橡胶片按特定间距包铸成片状橡胶辊轴，并通过等距或非等距方式装配于拣选平台，在保持同向旋转的同时兼具高效输送与杂质分拣功能，尤其对土块清除和马铃薯表皮清洁具有显著效果。该装置配备智能控制系统，可实现辊轴转速的精确调节及故障时的反向运转功能。美国 Double L 公司研发的 7340、973 等型号则采用星形拨指辊轴筛作为除杂单元，其核心部件采用特殊聚氨酯材料制成，不仅具备优异的耐磨性、弹性和防黏土特性，还能确保马铃薯在输送过程中免受机械损伤，同时实现理想的杂质分离效果。

（2）薯秧、薯膜分离技术。

在马铃薯机械化联合收获作业中，有效分离残留秧苗和地膜是实现高效收获的关键环节。当前主流的分离技术主要包括基于重力球挡杆与除杂辊组合的简易分离装置、采用粗秧网结构的分离系统以及基于气流动力学原理的清选装置等多种技术方案。

在谷物提升系统的一、二级输送链末端通常配置有重力球挡杆式除杂机构，该装置如图 2-8 所示，其核心组件包括重力球挡杆、除杂辊以及光辊等部件。其中除杂辊表面采用螺旋线状硫化橡胶包覆层设计，其旋转方向与转速均与输送链主动轴保持同步，而光辊则设置为反向旋转。在作业过程中，重力球挡杆对残留茎秆等杂质形成机械阻挡，随后这些杂质在除杂辊与光辊形成的反向旋转间隙中被有效分离排出。

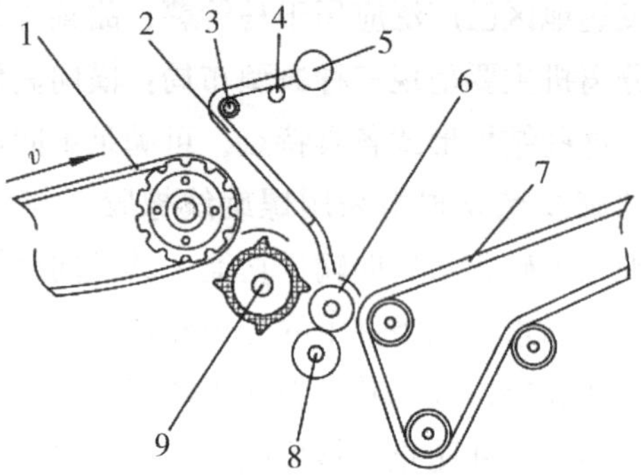

1. 升运链　2. 挡杆　3. 铰接轴　4. 限位杆　5. 重力球

6. 光辊Ⅰ　7. 后升运链　8. 光辊Ⅱ　9. 除杂辊

图 2-8　简易型分秧装置

粗秧网分离装置作为残秧、残膜及杂草等杂质的分离机构，其结构组成如图 2-9 所示，主要包括一级升运链、二级升运链、分秧网、刺猬筛组合分离单元、扭簧挡板以及挡秧板等关键部件。该装置采用分秧网环绕二级升运链与刺猬筛分离单元外部的结构设计，在运行过程中，分秧网的运动方向与线速度均与二级升运链保持完全同步。

在薯块收获工艺中，一级升运链首先将薯块、土壤、茎秧及地膜等混合物输送至分秧网筛分平台，其中符合尺寸要求的薯块通过大孔径筛网落入二级升运链系统，而体积较大的茎秧、地膜及杂草等杂质则在橡胶刮板装置的协同作用下被强制输送至设备后方并排出机外，该分秧网筛孔规格通常设计为 150～280mm 的长方形结构。值得注意的是，经过硫化工艺处理的横向杆条配合柔性钉齿结构，显著提升了残秧与地膜等杂质的牵引输送效率。研究显示，当二级升运链倾角较小时可省略刮板装置。该技术方案已在国内青岛洪珠、丹阳荣嘉等企业生产的牵引式马铃薯联合收获机，以及德国 GRIMME、比利时 AVR Spirit 等国际知名品牌设备中得到广泛应用。

气流清选技术作为物料分离的关键手段，其应用范围已从传统谷物联合收获领域扩展至马铃薯联合收获作业。以美国 Double L 公司研制的 7340、973 系列机型，以及 SPUDNIK 公司开发的 6621 AirSep、6631 AirSep 系列牵引式马铃薯联合收获机为例，这些设备均在尾部区域配置了专门的鼓风系统。该系统的核心功能在于将高速气流精准导入升运链末端与机尾输送筛的物料抛落区域，通过定向气流冲击实现对下落马铃薯与残秧混合物的有效分离，其中轻质残秧等杂质在气流作用下被高效清除至机体外部。

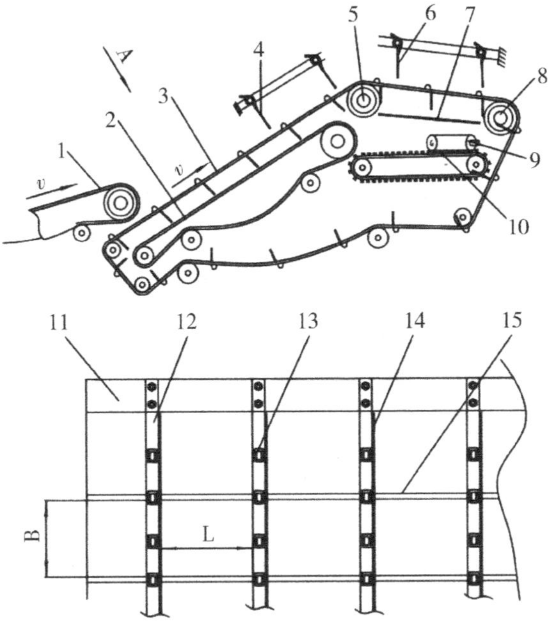

1. 一级升运链　2. 二级升运链　3. 分秧网　4. 扭簧挡板　5. 驱动轮　6. 扭簧刮秧板　7. 挡秧板　8. 驱动轮　9. 清泥辊　10. 刺猬筛组合分离单元　11. 橡胶带　12. 杆条　13. 杆条钉齿　14. 橡胶刮板　15. 纵向柔性胶条

图 2-9　分秧网结构图

注：L 为分秧网孔长，mm；B 为秧网孔宽，mm。

（3）联合收获低损保护技术。

依据现行国家标准规范，马铃薯联合收获作业中机械损伤薯块的比例需控制在 2% 以下，同时表皮破损率不得超过 3%①。研究表明，分离输送环节中马铃薯需经历较长且复杂的运动轨迹，这一过程构成机械损伤产生的主要诱因。为了有效降低收获损伤，当前技术解决方案主要涵盖以下方面：采用具备柔性处理功能的多重缓冲挡帘分离输送装置、实施基于可视化技术的智能监控系统，以及运用低位集装式卸料方法等。

在收获机械的设计中，分离装置普遍采用柔性处理技术以降低薯块损伤风险，具体表现为：二级及以上杆条升运链、辊轴分离机及清洁装置等关键部件均实施橡胶包覆工艺，所选用的硫化橡胶材料具备优异的耐磨性和抗老化特性；针对分离输送单元中大倾角区域及易发生跌落损伤的关键位点，特别设置了多级缓冲柔性挡帘系统，通过减速防护机制有效保障马铃薯的运输安全性。

欧美发达国家在降低马铃薯机械损伤方面普遍采用机电液一体化技术方案，该技术体系通过集成可视化监测、终端参数动态调节以及多级缓冲装置等关键技术手段，实现对分

① 中华人民共和国农业部．NY-T648-2015 马铃薯收获机质量评价技术规范［S］．北京：中国农业出版社，2015-05-01.

离输送全过程的精准控制。以德国 GRIMME 公司开发的 Visual Protect 系统为例，该系统基于 CAN-Bus 总线技术构建可视化保护监控网络，通过在联合收获机关键工位部署多组视频监控设备，使操作人员能够通过驾驶室终端实时观察马铃薯分离作业状态。当系统检测到输送通道堵塞等异常工况时，不仅会立即触发声光报警装置，还能快速定位故障位置并指导排除操作，这种主动防护机制既有效避免了马铃薯持续受损，同时也显著降低了设备因过载导致的机械故障风险。

国际先进的大型联合收获机在料仓装载环节普遍配置了智能化辅助提升系统与自动填充优化装置，其技术特征主要体现在：通过安装在输送平台末端的非接触式光学传感元件或超声波探测装置，实时监测料仓内马铃薯的堆积高度，从而维持稳定的低位填充作业模式，有效降低块茎因自由落体造成的机械损伤，其中超声波传感技术特别适用于多品种马铃薯的皮色差异识别。该系统的核心控制逻辑在于，当检测到料仓局部区域的物料堆积达到预设阈值时，料仓的滚动底板随即启动渐进式前移机制，直至实现料仓容积的完全利用。

为了降低马铃薯在装车卸料环节因高空跌落造成的机械损伤风险，国际先进的马铃薯联合收获机普遍配置了可调节式卸料口下探装置，该装置通过液压系统动态调控卸料高度，确保物料始终处于低空位卸放状态。部分机型在卸料口区域加装了弹性缓冲结构，通过物理缓冲作用有效降低薯块下落速度，从而避免高速冲击导致的品质劣变。系统还集成有智能化提升臂转速自适应调节功能，配合卸料口顶部安装的实时视频监控系统，可对车厢内马铃薯堆积状态进行全过程可视化监测。

（四）多功能底盘行走系统

从马铃薯联合收获机的结构分类来看，其底盘行走系统主要可划分为自走式与牵引式两大类型。其中，自走式系统在具体实现形式上包含轮式底盘、履带底盘以及履带与轮式相结合的复合型底盘等多种配置方案；而牵引式系统则普遍采用轮式底盘设计，并进一步细分为驱动轮式与从动轮式两种典型结构。

当前学术界对丘陵山区复杂地形条件下的农用底盘技术已展开较为广泛的研究，然而针对马铃薯联合收获机专用底盘的系统性研究仍显不足。值得注意的是，包括青岛洪珠、黑龙江德沃、绥化心语机械等企业，以及农业农村部南京农业机械化研究所和甘肃农业大学等科研机构，已相继开发出多款适应丘陵山区作业环境的马铃薯联合收获机。其中部分机型创新性地采用了静液压传动履带底盘技术，实现了无级变速行走功能，但该技术在长期使用过程中的可靠性问题仍需进一步优化提升。

国际马铃薯联合收获机械普遍采用机电液一体化底盘系统，该技术方案整合了坡地自动调平、后轮自动校正及自动驾驶等智能化功能模块，其创新性地运用液压控制的可伸缩式对行轮轴结构，不仅显著提升了设备在狭窄路面的通过性能，还能有效规避行距偏差导致的薯块机械损伤问题，此外，基于静液压单轮驱动技术的应用，使整机具备优异的防滑特性，从而确保在潮湿环境等复杂工况下的作业稳定性。

（五）智能化技术

作为融合土壤学、植物学、农艺学等多学科知识，并整合机械工程、电子技术、信息科学及自动控制等多项高新技术的综合系统，智能农机装备代表了现代农业先进生产力的发展方向。特别是在马铃薯收获作业中，智能化技术的应用对提升作业效率与收获品质、降低生产成本具有显著效果，其优势主要体现在减少挖掘与分选过程中的机械损伤率及杂质含量、实时监测设备运行状态、实现参数自适应调节以及改善驾驶舒适性等关键环节。然而，我国马铃薯机械化收获的普及程度仍有待提高，智能化技术应用尚处于初级阶段，与欧美及日韩等农业发达国家相比存在明显差距。当前国内已实际应用的智能化技术主要涵盖以下几个领域。

在智能化挖掘装置研发方面，重点突破了收获机械前端的自动对行挖掘技术以及垄上作业深度自动调控技术，通过集成高精度传感器与电磁液压控制系统，实现了限深辊在垄面作业过程中的自动定心功能，同时确保了挖掘装置在恒定作业压力与预设挖掘深度条件下的精准对行作业。

智能化分离输送装置的研发主要体现在功率自平衡、智能分拣、过载保护监控及低位填充等关键技术领域。以 GRIMME SE 和 EVO 系列马铃薯联合收获机为例，其采用全液压驱动系统配合负载敏感比例控制技术，能够根据实际作业工况动态调节转速，实时监测各分离输送部件的负载状态并作出响应，从而确保分离装置运行的稳定性。在智能分拣系统方面，当前主流技术方案包括刺猬筛与指状棒分离装置的组合、刺猬筛与刷排的配合以及柔性片状辊轴筛等机电液一体化系统，这些系统可有效实现土块和石块等杂质的分离。值得注意的是，基于机器视觉的智能分拣技术正处于从实验室研究向实际应用过渡的关键阶段，同时过载保护监控与低位集装卸料等智能化技术已在相关文献中得到详细阐述和技术验证。

智能视图系统通过部署多组影像设备和传感器，实现了对机外环境及各运行单元的全面监测，该系统不仅具备机器运行状态的实时监控功能，还集成了自动报警机制和故障画面自动切换等智能化特性。特别值得注意的是，该系统支持视频画面的变焦调节、慢速回放等操作功能，并通过 Wi-Fi 网络实现实时数据传输，从而确保工作人员能够及时掌握机具工作状态。典型应用案例包括 GRIMME 4150 和 AVR Puma 4 等机型，这些设备充分体现了该系统的技术优势。

振动监测与产量自动测定技术。为实现马铃薯低损伤收获，本书采用配备三轴加速度传感器的碰撞检测记录仪，通过实时追踪薯块运动轨迹获取振动与碰撞数据，并经由蓝牙/USB 接口输出检测结果，据此动态调整作业参数以优化减损效果。在产量测定方面，集成质量传感器、倾角补偿模块、高精度 GPS 定位装置及数据处理软件的智能称重系统，可精准记录田间产量空间变异特征，通过分区产量制图技术生成产量分布图，进而结合农场信息管理系统实现变量施肥、精准施药、智能灌溉及播种决策支持，典型应用包括 GRIMME 公司的质量映射系统和 AVR Puma4 收获机搭载的产量监测系统。

针对丘陵山地马铃薯收获作业的特殊需求，当前国内外主流马铃薯联合收获机械普遍采用基于电磁液压控制技术的自适应调平底盘系统，典型机型包括 GRIMME 4150、SE/EVO 系列以及 AVR Puma4 等高端配置设备。该技术方案通过集成传感器检测与液压执行机构，不仅能够实现分离装置、清选系统及集料箱等关键部件在斜坡工况下的动态姿态调整，还能有效保障各功能模块在限定坡度范围内的稳定作业性能。

人机交互技术作为机电液仪等多学科交叉融合的产物，其核心特征在于通过整合计算机的数据存储、处理与传输功能，构建基于 PDA/GPS/GPRS/GIS 等先进技术的驾驶室终端操作系统，实现以简洁的人机对话为媒介的高效信息交换与任务分配机制。

基于 ISOBUS 农用机械串行控制与数据通信标准总线技术，德国 GRIMME 公司与比利时 AVR 公司实现了对多单元工作状态的实时监控与精准调控，该技术体系通过 CCI 多点触控操作终端予以实施。为完善该技术架构，相关企业还开发了包含 SmartView 智能视图监测辅助系统、agrirouter 农业路由器以及质量映射数据平台在内的综合解决方案。

AVR 公司通过整合 Connect 智能农业系统与 WatchItGrow 平台，实现了对田间地理空间数据与作物生长参数的动态采集，该系统具备多维度作业监测功能，包括但不限于收获时序记录、燃油效率分析、产量统计等关键指标。如图 2-10 所示，该平台支持远程设备诊断与参数配置、可视化作业监控、基于地理信息的路径优化与实时定位、安全围栏动态调整以及异常状态预警等智能化管理功能。

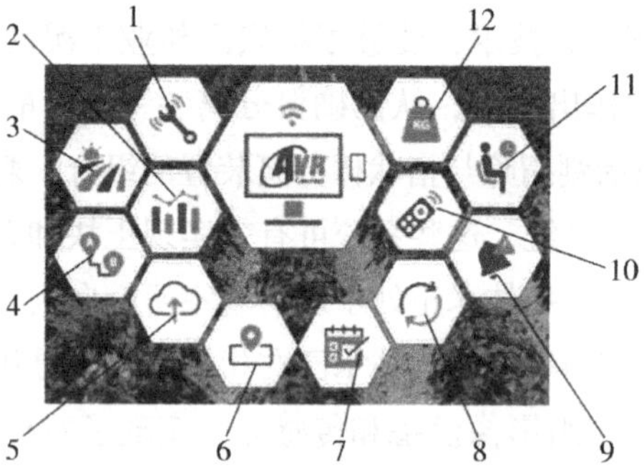

1. 远程诊断 2. 数据统计 3. 田间管理 4. 实时位置及路线 5. 数据交换 6. 地理围栏 7. 维护计划优化 8. 远程软件更新 9. 故障报警 10. 远程概述及历史记录 11. 等待时间记录及优化 12. 产量测量

图 2-10 AVR connect 智能平台

三、国内外马铃薯收获装备

（一）中小型马铃薯挖掘机

从国内马铃薯种植格局来看，其规模化生产主要集中于新疆、内蒙古及东北等特定区域，而广大丘陵山区则普遍呈现地块零散、种植规模偏小的特征，且主要由个体农户和小规模种植主体主导生产。

基于我国马铃薯种植的农艺特征，科研机构与生产企业主要围绕分段式收获技术路线开展装备研发，该技术体系涵盖土壤挖掘、薯土分离、薯块铺放及人工捡拾等关键作业环节。在此技术框架下，已成功开发出系列适应国内生产需求的中小型马铃薯挖掘设备，这些机型凭借其良好的作业适应性已成为当前马铃薯机械化收获的主导机型。表 2-8 系统呈现了具有代表性的中小型马铃薯挖掘机及其主要技术特征。

表 2-8 典型中小型马铃薯挖掘机结构及技术特点

名称/型号	结构示意图	技术特点
4U1Z 型振动式马铃薯挖掘机	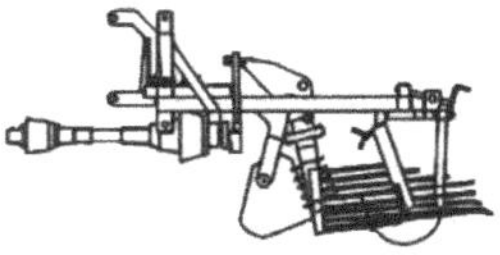	运用偏心振动原理，使铲、筛激振作业，适用于西南地区小地块区域及小区育种等马铃薯收获，采用偏牵引结构，用于小垄单垄挖掘作业，配套动力 14.7~18.4kW，作业幅宽 480mm，挖掘深度 100~200mm，适应行距 750~900mm①
残膜回收型马铃薯挖掘机	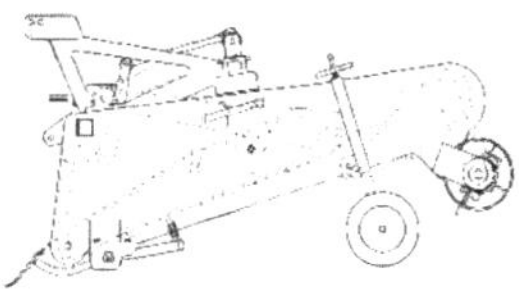	采用分体式仿生挖掘铲、杆条升运链分离装置和卷轴式残膜回收机构，作业幅宽 1000mm，配套动力 22.1~29.4kW，挖掘深度为 80~300mm，挖掘铲入土角度可调，卷膜幅宽 1000mm，生产率为 0.15~0.27hm²·h⁻¹，适用于西北旱区大垄双行覆膜栽培马铃薯挖掘作业，并附带残摸捡拾功能②
拨辊推送式马铃薯收获机	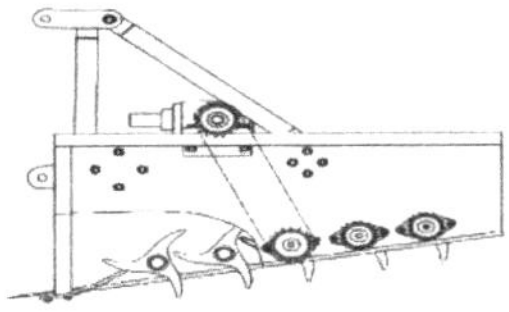	分离装置由 5 个橡胶拨辊组成，每个拨辊由 3 齿橡胶拨轮间隔构成，橡胶拨轮半径 230mm，且相邻拨辊拨齿交错排列。配套动力为 8.8~14.7kW 的小型拖拉机，作业幅宽 800mm，单垄作业，作业速度 0.8~1.2m·s⁻¹，作业深度 120~240mm③
动铲薯类收获机		采用偏心轮机构振动挖掘条形铲减少阻力，碎土效果明显，防止堵土，通过性好，配套动力 25.7~44.2kW，该系列马铃薯挖掘机作业幅宽 0.9~1.6m，一次作业 1~2 垄，适于大垄双行和大垄单行等种植模式收获④

① 吕金庆，田忠恩，吴金娥，等.4U1Z 型振动式马铃薯挖掘机的设计与试验［J］. 农业工程学报，2015，31（12）：39-47.

② 孙伟，王虎存，赵武云，等. 残膜回收型全膜覆土垄播马铃薯挖掘机设计与试验［J］. 农业机械学报，2018，49（9）：105-114.

③ 杨然兵，杨红光，尚书旗，等. 拨辊推送式马铃薯收获机设计与试验［J］. 农业机械学报，2016，47（7）：119-126.

④ 杨红光，胡志超，王冰，等. 马铃薯收获机械化技术研究进展［J］. 中国农机化学报，2019，40（11）：27-34.

续表

名称/型号	结构示意图	技术特点
低位铺放双重缓冲马铃薯收获机		为降低马铃薯碰撞损伤问题，采用低位铺放形式，并且安装多重缓冲装置降低马铃薯跌落速度。整机配套动力 92～118kW，一次收获两垄，适应垄宽小于 700mm，挖掘深度 150～300mm，属中型马铃薯挖掘机①
4U2A 型双行马铃薯挖掘机		该机具采用悬挂式，配套动力为 88kW 以上轮式拖拉机，薯土分离装置采用直弯杆升运链，避免薯块往复滚动擦伤。作业幅宽 1650mm，一次作业两垄，作业深度 0～300mm，纯工作生产率 0.4～0.8 $hm^2 \cdot h^{-1}$②
1600B 马铃薯收获机		采用组合挖掘机构，保证挖掘深度一致，浮动圆盘刀设计，更有效切断杂草，减少挖掘阻力，独立液压驱动的镇压装置，可将收获后的垄面压实压平，马铃薯置于压实表面，明薯率进一步提高，工作幅宽 1600mm，一次作业两垄，作业垄距 800～900mm
4U1600 型集堆式马铃薯挖掘机		采用半悬挂牵引式挂接方式，两级杆条升运链薯土分离装置，附带液压自卸薯块集装箱，配套动力 58.8～88.2kW，作业幅宽 1600mm，一次作业两垄，适用于大垄双行模式③

（二）马铃薯捡拾装备

当前我国马铃薯收获作业仍普遍采用传统挖掘条铺方式，这种人工捡拾模式不仅劳动强度大、作业成本高昂，而且在收获季节常面临劳动力短缺的严峻问题。鉴于马铃薯联合收获技术尚未实现产业化应用，开展机械化捡拾装备的研发工作具有重要的现实意义。

当前国内马铃薯捡拾机械的研发主体呈现多元化态势，包括中机美诺、勇猛机械、享锐科技等企业已成功开发出自走式马铃薯捡拾机并进入试验推广环节，与此同时，甘肃洮河拖拉机制造有限公司联合黑龙江省农业机械工程科学研究院等科研机构则专注于小型牵引式马铃薯捡拾装备的研制工作。相关机型的具体结构特征与技术参数详见表 2-9。

① 魏忠彩，李洪文，苏国粱，等．低位铺放双重缓冲马铃薯收获机设计与试验［J］．农业机械学报，2019，50（9）：140-152.

② 吕金庆，田忠恩，杨颖，等．4U2A 型双行马铃薯挖掘机的设计与试验［J］．农业工程学报，2015，31（6）：17-24.

③ 杨小平，魏宏安，赵武云，等．4U1600 型集堆式马铃薯挖掘机设计与试验［J］．农业机械学报，2020，51（6）：83-92.

表 2-9　典型的马铃薯捡拾机结构及技术特点

名称/型号	结构示意图	技术特点
4UZ-P160A 自走式马铃薯捡拾机		采用静液压四轮驱动底盘，可无级变速，捡拾系统采用防缠绕切碎圆盘+可调捡拾铲刀+双导流辊结构，降低铲前壅土及转动部件缠绕。分离筛液压驱动，速度可调，杆条包胶处理。采用间隙可调拉秧辊+梳理爪，有效去除杂草茎蔓；硫化杆带分离筛+抖动轮，有效分离土壤，且降低了分离过程中机械损伤。配置人工拣选平台，进一步去除残秧和土块等，卸料装置采用液压控制，吨包自动卸至地面。整机长×宽×高为 7980 × 2580 × 3190 （mm），作业幅宽 1600mm，轴距 2.51m①
4UJ-150 型马铃薯捡拾机		采用拖拉机牵引作业，配套动力 29.4~44.1kW，整机长×宽×高为 4510×1565×2165（mm），作业幅宽 1500mm。适于西北丘陵山区马铃薯捡拾，整机由圆形栅条盘喂入机构、一级杆条升运链薯土分离装置、大倾角栅条提升机构、液压自卸式收集箱等组成
4UJD-110 型马铃薯捡拾分级机	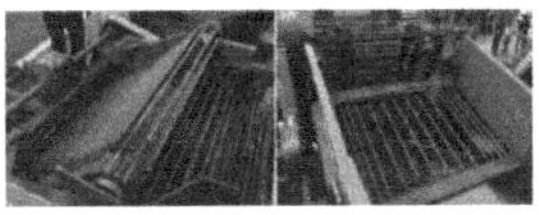	拖拉机牵引作业，作业幅宽 1100mm，一级杆条升运链采用双层夹持输送模式，二级升运链采用大角度刮板输送形式，后端配置有栅条分级装袋机构，一次作业完成薯块捡拾、薯土分离、分级装袋等作业工序
4UJ-1400 型马铃薯捡拾机		拖拉机悬挂作业，配套动力 51.5kW 以上，作业幅宽 1400mm，采用小角度带栅格捡拾挖掘铲，配合切秧圆盘，避免作业时壅塞。使用大角度升运链与柔性夹持链相结合的输送装置，应用梳理齿和夹持辊组合机构，清除残秧。后方设计人工拣选平台，辅助分离石头、土块等，薯袋自卸托盘通过液压升降机构来控制②

（三）中小型马铃薯联合收获机械

针对丘陵山区马铃薯机械化收获领域存在的作业周期短、劳动力短缺及生产成本高等突出问题，国内外学者已开展了广泛的中小型联合收获机械研发工作。在技术装备方面，

① 勇猛机械．勇猛机械推出自走式马铃薯捡拾机，最高优惠 3 万元［J］．农业机械，2021（6）：31.
② 杨金砖，李国民，刘兴博，等．4UJ-1400 型马铃薯捡拾机的研制［J］．农机使用与维修，2019（2）：5-7.

国际知名品牌如意大利 SPEDO-Junior、日本 TOYONOKI 与 SANEI、德国 GRIMME 等均开发了采用先进机电液一体化技术的机型，这些设备兼具操作便捷性与系统可靠性优势。相较而言，我国马铃薯联合收获机械化发展相对滞后，由农业农村部南京农业机械化研究所、甘肃农业大学、昆明理工大学等科研院所及青岛洪珠、中机美诺等企业研发的相关设备目前尚处于性能优化与试验验证阶段。表 2-10 系统呈现了当前国内外主流中小型马铃薯联合收获机械的结构特征与技术参数对比情况。

表 2-10　国内外典型的中小型马铃薯联合收获机械结构及技术特点

名称/型号	结构示意图	技术特点
GRIMMEKT-75 马铃薯收获机		拖拉机半悬挂牵引作业，作业幅宽 750mm，一级分离筛宽度 750mm，拣选平台宽度 400mm。主要包括挖掘装置、直弯杆分离提升装置、横向人工拣选平台、液压自卸式托板等组成。整机分离输送装置采用全液压驱动，可通过流量控制阀无级调节运行速度，分离筛振动机构振幅通过液压缸电控调节，单垄作业，集装形式为吨包或箱体
东洋农机 TPH179 自走式马铃薯收获机		整机长×宽×高为 5700×2500×2900（mm），采用橡胶履带静液压无级变速底盘，行走速度：0~5.5km·h^{-1}，发动机功率 40.5kW。轨距可通过液压缸调整，调整范围：2170~2670mm，单垄作业，适应垄距 720~850mm，具备自动对行和自动仿形限深功能。全车采用全液压驱动，分离输送机构速度、振动频率均可无级调节。采用立式环形输送机构，配置人工捡拾平台。料斗容量 700kg，采用底板自动输送卸料形式①
韩国 SHI-1500 自走式马铃薯收获机		整机长×宽×高为 5600×2100×3100（mm），属小型自走式马铃薯收获机，采用四轮驱动底盘，100 马力柴油发动机，额定转速 2400r·min^{-1}。主要由整体式挖掘铲、杆条升运链、橡胶梳齿型刮板提升装置、人工拣选平台、吨包液压升降托板。作业幅宽 1.5m，一次挖掘两垄，采用吨包集装方式②

① 李彦彬．手扶自走式马铃薯收获机设计与试验［D］．昆明：昆明理工大学，2022.

② 张兆国，王海翼，李彦彬，等．多级分离缓冲马铃薯收获 机设计与试验［J］．农业机械学报，2021，52（2）：96-109.

续表

名称/型号	结构示意图	技术特点
遥控自走式马铃薯收获机		一种遥控自走式马铃薯收获机，整机长×宽×高为 5700×2000×1900（mm），作业幅宽为 1100mm，适于大垄双行种植模式，发动机动力 36.75kW，行走系统采用橡胶履带底盘，配置人工拣选平台，吨包集装形式，整机尺寸小，结构简单，通过性能好，适于西北旱区丘陵山地马铃薯收获作业①
自走式马铃薯挖掘及残膜回收联合作业机		一种自走式马铃薯挖掘及残膜回收联合作业机，整机长×宽×高为 6050×2150×2500（mm），作业幅宽为 1100mm，适于大垄双行种植模式，发动机动力 77kW，行走系统采用橡胶履带底盘，采用 HST 静液压传动，能够无级变速行走，分离输送装置采用全液压无级变速驱动，遇到卡滞，能够反转。配置人工拣选平台，吨包集装形式，适于西北旱区丘陵山地马铃薯收获作业②
4UZL-1 型小型自走式薯类联合收获机		该机具采用自走式履带底盘，发动机动力为 55kW，整机长×宽×高为 5300×1900×1900（mm）单垄收获，作业幅宽 600mm，挖掘深度≤300mm（可调），作业效率 0.16～0.33$hm^2 \cdot h^{-1}$，采用仿形镇压限深、浮动防缠绕切草、低损薯土分离、弹性摘辊式薯秧分离、可调式三段提升输送等关键技术，可一次完成挖掘、输送、去土、去残秧、清选和集薯等收获工序③

① Jia B, Sun W, Zhao Z, et al. Design and Field Test of a Remotely Controlled Self-propelled Potato Harvester with Manual Sorting Platform [J]. American Journal of Potato Research, 2023 (4): 1-17.

② Ju Y, Sun W, Zhao Z, et al. Development and Testing of a Self-propelled Machine for Combined Potato Harvesting and Residual Plastic Film Retrieval [J]. Machines, 2023, 11 (4): 432.

③ 小型自走式薯类联合收获机取得新突破 [J]. 中国农机化学报, 2020, 41 (12): 237.

续表

名称/型号	结构示意图	技术特点
山地马铃薯联合收获机		该机具通过履带拖拉机悬挂作业，配套动力36.7～51.5kW，整机由偏心振动及斜扒辅助装置、两级分离装置、清选除装置、清石除杂装置、立式环形分离装置、传动保护装置等组成，整机长×宽×高为3100×800×1200（mm），作业幅宽为600mm，适应垄宽小于800mm，单垄作业模式，适于西南山区黏重土壤下马铃薯收获作业①
4UL-170C小型马铃薯联合收获机		通过拖拉机牵引作业，配套动力73.5kW，整机长×宽×高为6300×3750×2560（mm），作业幅宽1700mm，适应垄宽800mm，一次可收获两垄，作业效率达到0.33$hm^2 \cdot h^{-1}$以上，采用等高线深轮进行马铃薯松土和开挖深度限制，可与侧输出收获机联合使用，实现2+2模式，共收获4垄马铃薯。整机可实现马铃薯的挖掘、薯土分离、薯秧分离、集中装车输送等作业②
1700型马铃薯联合收获机		通过拖拉机牵引作业，配套动力73.5～103kW，整机长×宽×高为6300×3800×2600（mm），作业幅宽1700mm，适应垄距800900mm，一次可收获两垄，作业效率达到0.53$hm^2 \cdot h^{-1}$以上。采用两级输送分离装置、强制振动、两级除秧装置、组合式挖掘机构等技术，提升臂采用四级折叠，运输更便利。一次作业实现马铃薯的挖掘、薯土分离、薯秧分离、升运装车等工序③
4ULHZ-840自走式薯类联合收获机		该机具采用自走式履带底盘，HST静液压驱动，无级变速，发动机额定功率88kW，额定转速2400$r \cdot min^{-1}$。作业幅宽900mm，适用于大垄双行作业模式，整机包括一级杆条升运链、重力球配拉茎辊除秧装置、清杂输送分离筛、循环提升装置、人工拣选平台、底板输送式集装料斗等组成④

① 王海翼．山地自走式马铃薯联合收获机设计与试验［D］．昆明：昆明理工大学，2021.

② 杨曦．丘陵山地马铃薯收获机的设计与试验研究［D］．昆明：昆明理工大学，2020.

③ 王海翼．山地自走式马铃薯联合收获机设计与试验［D］．昆明：昆明理工大学，2021.

④ 张兆国，王海翼，李彦彬，等．多级分离缓冲马铃薯收获机设计与试验［J］．农业机械学报，2021，52（2）：96-109.

续表

名称/型号	结构示意图	技术特点
4ULZ-76 型马铃薯联合收获机		整机长×宽×高为 6250×2150×2600（mm），采用自走式履带底盘，发动机动力 74kW，工作幅宽 760mm，生产率为 0.13~0.27$hm^2 \cdot h^{-1}$，挖掘深度范围 150~300mm，采用杆条升运链分离输送装置，配置人工拣选平台，可实现单垄马铃薯挖掘、薯土分离、升运输送、集箱装运一体化作业，适用于丘陵山区及小地块马铃薯收获
4U-95DH 型马铃薯联合收获机		整机长×宽×高为 3000×2410×2400（mm），采用悬挂式作业，配套动力 88.2~132.3kW，工作幅宽 950mm。采用后置环形提升结构、人工拣选平台，运用振动式挖掘铲，减小拖拉机动力损耗，适用于丘陵山区小地块作业，转场灵活
4U-165LH 型马铃薯联合收获机		整机长×宽×高为 7810×3310×3000（mm），采用半悬挂牵引作业，配套动力 80.9~95.6kW，作业幅宽 1650mm，生产率 0.2~04$hm^2 \cdot h^{-1}$。采用杆条升运链分离输送装置、循环提升装置、分秧网装置，配置人工拣选平台，液压驱动底板输送链式料斗

（四）国内外大型马铃薯联合收获机

根据结构特征分析，当前国内外主流马铃薯联合收获机械可划分为三大类型：提升臂牵引式、自带料斗侧牵引式以及自走式。在提升臂牵引式类别中，典型机型包括 GRIMME GT170、AVR Lynx、Standen T3、Double L 7340 和希森天成 4ULZ-170 等；自带料斗侧牵引式则以 GRIMME EVO、SE 系列、AVR Spirit 系列、ROPA Keiler 系列、青岛洪珠 4UQL-170DC 和黑龙江德沃 4UML-180 为代表；而自走式机型则涵盖 GRIMME VARITRON 系列、VENTOR 4150 和 AVR Puma 系列、Ploeger AR-4BX 和 Dewulf Kwatro 等产品。

表 2-11 系统呈现了国际主流马铃薯联合收获机械的典型结构特征及其关键技术参数。

表 2-11　典型的国外大型马铃薯联合收获机械结构及技术特点

名称/型号	结构示意图	技术特点
4ULZ-170		后置提升臂牵引式结构，整机长×宽×高为 9795×3300×3360（mm），配套动力 92kW 以上，作业幅宽 1700 mm，适应垄宽小于 700 mm，纯工作生产率 ≥ 0.33hm^2h^{-1}，该马铃薯联合收获机能实现马铃薯挖掘、薯土分离、薯秧分离、收集输送等作业，一次作业两垄，集薯类型为跟随装车形式，分离输送动力通过液压马达驱动，可以无级调节分离输送装置速度①
4UQL-170DC		后置牵引式结构，整机长×宽×高为 11000×2350×2800（mm），配套动力为 88.2～132.3kW，作业幅宽 1700mm，适应垄宽 ≤ 700mm，纯工作生产率 0.2～0.4hm^2h^{-1}。采用阶梯式四级提升清选结构，减小提升坡度，增大筛土面积，振动更轻柔，减小伤薯率，设计双级除秧耙装置，提高除秧除草效果液压、机械复合驱动形式，一次作业两垄，集薯类型为即时装袋
4UML-180		整机长×宽×高为 8800×3400×3500（mm），拖拉机半悬挂牵引作业，配套动力 80.9kW 以上，作业幅宽 1600～1800 mm，适应垄距 800～900 mm，一次作业两垄，工作效率为 0.1～0.2 hm^2h^{-1}。整机设计 5 级分离输送装置，3 级分秧系统，设计轻柔型循环提升系统，配置人工拣选平台，2.5t 液压自卸式料斗，配置机电液一体化智能操作系统，操作更加简便②
Standen T3		后置提升臂牵引式结构，整机长×宽×高为 11350×3400×3800（mm），配套动力在 147 kW 以上，12V 直流电源电气系统。挖掘幅宽 2.5m，适应垄距为 800～900mm，一次作业 3 垄，跟随装车或者侧铺放两用。整机采用全液压驱动形式，可以通过车内控制终端无级调节分离装置、提升装置等各部件工作参数。挖掘装置具有自动限深和自动垄压调节功能；分离装置配置橡胶螺旋辊轴分离机且可逆转后轮底盘具有液压驱动、自动回正、可变轮距等功能③

① 张兆国，王海翼，李彦彬，等．多级分离缓冲马铃薯收获机设计与试验［J］．农业机械学报，2021，52（2）：96-109.

② 杜木军，王晋，王伟刚，等．马铃薯联合收获机发展现状及趋势［J］．农机使用与维修，2019（8）：15-17.

③ 张兆国，王海翼，李彦彬，等．多级分离缓冲马铃薯收获机设计与试验［J］．农业机械学报，2021，52（2）：96-109.

续表

名称/型号	结构示意图	技术特点
Double L 7340		前置提升臂牵引式结构，整机长×宽×高为 11480×6530×3710（mm），配套动力 217kW 以上，一次作业 4 垄，采用机械与液压复合传动，运用鼓风机气流排杂和聚氨酯星形指轮辊轴分离技术，降低薯块含杂率。利用传感器技术实时监测机具关键部件工作状态，驾驶室安装可视化监控终端，且能将工作数据及故障信息保存并通过蓝牙控件传输到外部电脑①
ROPA Keiler Ⅱ		自带料斗侧牵引式结构，整机长×宽×高为 11800×3500×3990（mm），配套动力为 66 kW 左右，作业幅宽 1600 mm，适应垄距 750～900 mm，一次作业 2 垄，拥有 8t 超大容量料斗。采用全液压驱动形式，分离筛网和清洁单元工作参数可通过驾驶终端无级调节，挖掘装置有自动对垄、垄上减压、液压调节挖掘深度等功能，后轮底盘具有液压驱动、自动回正、可变轮距等功能②
AVR Puma 3		轮式自走底盘结构，静液压四轮驱动，整机长×宽×高为 15450×3500×4000（mm），配套 345 kW 的Ⅳ沃尔沃发动机，适应垄距 750 mm 或 900 mm，一次作业 4 垄，配置 8t 液压输送底板超大容量料斗，能够持续作业，此外，前端配置 4 行侧向输送杀秧机。整机采用全液压驱动形式，各部件工作参数可以通过驾驶终端无级调节，各工作环节进行全域影像监控和传感器监测，发生故障能够及时报警处理挖掘过程可以进行 ACC 全条件自动控制、辅助驾驶等功能。底盘具有自动回正、可变轮距等功能，料斗填充采用传感器恒定低位填充技术，卸料装置具有自适应调整高度及卸料速度等功能③

① 杨曦．丘陵山地马铃薯收获机的设计与试验研究［D］．昆明：昆明理工大学，2020.
② 王海翼．山地自走式马铃薯联合收获机设计与试验［D］．昆明：昆明理工大学，2021.
③ 李彦彬．手扶自走式马铃薯收获机设计与试验［D］．昆明：昆明理工大学，2022.

续表

名称/型号	结构示意图	技术特点
Ploeger AR-4BX		轮履组合自走底盘结构，静液压无级变速驱动，配套405 kW的斯堪尼亚发动机，履带选用890 mmClass橡胶履带及驱动轮、惰轮，适应黏重潮湿等复杂作业工况下行走。一次作业4垄，配置14t液压输送底板超大容量料斗，能够持续作业，此外，后端配置鼓风机气流清杂装置，可将残秧及细碎土壤分离出去。具有自动对垄、深度感应控制等辅助驾驶功能，也能视频全域监控机具工作状态，可通过驾驶终端调整关键参数①
GRIMME VENTOR 4150		轮式自走底盘结构，采用静液压独轮驱动，配置梅赛德斯奔驰390kW发动机，一次作业4垄，适应垄距750 mm或者900 mm，配置15t自动卸料超大料斗，挖掘装置配置TerraFloat液压支撑板限深控制系统，安装ISOBUS操控终端-CCI1200、SmartView智能视图显示器，此外，配置可视化保护监测功能、筛网和分离单元转速自动匹配功能，Turbo Clean自动高速甩泥功能，自动驾驶功能等智能化辅助作业系统②

（五）国内外马铃薯收获装备特点

基于对国际马铃薯收获装备与技术特征的比较研究，本书发现我国现有马铃薯收获机械在性能指标与功能设计方面与欧美日韩等农业机械化程度较高的国家相比仍存在显著差距，具体表现为以下几个方面。

（1）从产品结构特征来看，国际马铃薯机械化生产呈现出明显的区域差异化特征：欧美发达国家已实现马铃薯全程机械化作业的全面普及，其标准化、规模化的种植模式促使大型联合收获装备成为主流机型，此类设备不仅具有较大的整机尺寸，更展现出高度的机械化和智能化特征；与此形成对比的是，受丘陵山地地形制约的日韩等国，则以发展中小型分段收获和联合收获机械为主要方向，其产品虽规模较小但技术集成度与先进性表现突出；反观国内马铃薯生产现状，由于普遍存在丘陵山地地形和小规模分散经营的特点，当前研发重点集中于轻简化中小型挖掘条铺机械，但存在高端技术产品匮乏、联合收获机具研发尚不成熟等问题，具体表现为机具性能稳定性不足以及机械化与智能化程度较低的整体态势。

（2）核心部件技术性能不足且区域适应性有限。尽管我国学者在马铃薯机械化收获技术领域开展了大量基础性研究，但存在科研成果转化率低、创新性研究匮乏等问题，多数

① 杨曦．丘陵山地马铃薯收获机的设计与试验研究［D］．昆明：昆明理工大学，2020.
② 王海翼．山地自走式马铃薯联合收获机设计与试验［D］．昆明：昆明理工大学，2021.

研究仍集中于低层次技术重复探索。具体而言，在挖掘机构、减损分离系统和清选装置等关键部件的基础研究中，虽取得部分性能改良，却普遍存在参数调节机制不完善、难以适应多样化土壤环境等缺陷，其技术指标与国际先进水平相比仍显滞后。

（3）现有马铃薯收获机械在制造工艺方面存在显著缺陷，导致设备使用寿命普遍较短。具体表现为：关键部件如挖掘铲、切秧盘及升运链杆等，其材料选择与热处理工艺的不足严重制约了部件的耐磨性能、冲击韧性以及减黏脱土特性。同时，升运链采用的橡胶带及其柔性缓冲包胶工艺的缺陷，对材料的耐磨性、耐老化特性以及柔韧性能产生不利影响。此外，主要传动部件等精密零件的加工工艺精度不足，这一技术短板直接造成了整机可靠性降低和使用寿命缩短的问题。

（4）智能化水平亟待提升。现阶段我国马铃薯收获机械的研发仍以传统机械设计为主，尽管部分科研机构与企业已在关键部件智能化研究领域取得阶段性进展，但尚未实现技术成果的产业化应用。相较之下，国际先进马铃薯收获装备已成功将智能化控制、自动化操作及人性化驾驶等理念转化为成熟的产品功能。

（5）多功能化应用存在显著障碍，导致农机设备使用效率低下。以德国 GRIMME 公司与比利时 AVR 公司研发的马铃薯联合收获设备为例，其通过更换前端挖掘装置及调整分离输送系统参数，即可实现甜菜、洋葱等多种根茎类作物的机械化收获，显著提升了设备综合利用率。相较而言，我国现有马铃薯收获机械不仅难以适应不同土壤条件下的作业需求，更无法实现跨作物类型的多功能作业，设备应用范围受到严重制约。

四、马铃薯机械化收获面临问题及发展建议

（一）马铃薯机械化收获面临的问题

通过对国内外马铃薯机械化收获技术发展现状的系统考察，结合我国马铃薯机械化生产实践的具体特征，发现尽管近年来国内企业、高等院校及科研机构在马铃薯收获机械研发领域取得了显著进展，但整体机械化收获水平仍处于相对较低的状态，这一现象主要缘于以下几个关键性制约因素。

（1）我国马铃薯主产区机械化收获水平存在显著的区域性差异，具体表现为西南混作区和南方冬作区的发展明显滞后。尽管这两个区域合计占全国马铃薯种植总面积的 43%左右，但其机械化收获率却处于极低水平，其中西南混作区不足 5%，南方冬作区更为低下①。造成这一现象的主要原因在于这些地区特殊的地理环境特征：马铃薯种植主要分布在丘陵山地地带，土壤条件普遍呈现潮湿、黏重特性，且种植模式呈现多样化特点。值得注意的是，当前国内针对丘陵山地潮湿黏重土壤条件下的马铃薯收获机械研究严重不足，

① 李紫辉，温信宇，吕金庆，等．马铃薯种植机械化关键技术与装备研究进展分析与展望［J］．农业机械学报，2019，50（3）：1-16.

导致这些地区普遍面临适用机械匮乏、优质机型短缺的困境。与北方一作区相比，这些区域的机械化收获水平存在明显的差距。

(2) 鲜食马铃薯的机械化收获在国内农业生产中占据重要地位，约占总产量的65%以上。由于鲜食薯具有成熟期短、表皮木质化程度不足等特点，在收获过程中极易产生机械损伤①。加之为适应错峰销售和反季节市场需求，此类马铃薯通常需要经历较长的贮藏周期。相比之下，欧美发达国家种植的马铃薯成熟期相对较长，薯块木质化程度更为充分，因而贮藏时间较短。鉴于上述差异，我国对马铃薯机械化收获质量提出了更为严格的技术要求：根据现行国家标准规定，轻简型挖掘机的破皮率和损伤率需分别控制在2%和1.5%以内，而联合收获机械的相应指标则不得超过3%和2%②。值得注意的是，即便是国际先进水平的收获机械，也难以完全满足我国现行的这一高标准要求。

(3) 现有复合分离装置难以实现薯土膜秧的高效低损分离，特别是在覆膜种植条件下表现尤为突出。我国马铃薯主产区普遍采用覆膜栽培技术，尤以北方一作区和中原二作区为典型代表，这种种植模式导致收获过程中不仅需要解决传统的薯土分离问题，还需额外处理薯膜分离及残膜回收等技术难题。根据现行国家标准GB/T规定，马铃薯联合收获机械的含杂率应控制在4%以内，然而实地测试数据表明，当前国内研发的联合收获机械在覆膜或黏重土壤条件下的作业性能普遍欠佳，主要表现为分离效率低下且收获薯块含杂率超标。

(4) 我国马铃薯收获机械普遍面临可靠性不足、使用寿命较短及适应性欠佳等技术瓶颈，究其根源在于制造业基础相对薄弱，具体表现为加工工艺精度不足以及多项关键核心技术尚未突破，这些因素严重制约了机具性能的优化提升，其中尤以特殊材料研发、机电液仪一体化控制系统、多功能通用底盘设计、高精度传感器技术及智能图像识别等领域的核心技术缺失问题最为突出。

(5) 政策支持与资源投入存在明显不足。相较于主要粮食作物，马铃薯产业在多数地区尚未获得应有的政策关注，导致机械化生产推广进程滞后，特别是收获装备的研发资金配置显著偏低。以西南地区为代表的马铃薯主产区呈现出机械化水平整体偏低的现象，这一状况与政府专项财政支持力度薄弱密切相关，尤其针对黏重土壤环境的收获机械技术研发进展缓慢。同时，各级农业技术推广机构在马铃薯种植与收获技术普及方面未能充分发挥指导作用，加之农户群体对机械化生产模式的认知度与接受度有限，进一步制约了产业机械化水平的提升。

（二）马铃薯机械化收获发展建议

在丘陵山区农业机械化发展战略与农机装备补短板政策的双重推动下，马铃薯机械化

① 杨炳南，张小燕，赵凤敏，等．常见马铃薯品种特性分析及加工适宜性分类［J］．食品科学技术学报，2016，34（1）：28-36.

② 中华人民共和国农业部．NY-T648-2015 马铃薯收获机质量评价技术规范［S］．北京：中国农业出版社，2015-05-01.

收获技术及其配套装备研发正面临重要发展机遇，预计将在关键技术突破与产业化应用等层面实现显著提升。

（1）针对我国马铃薯种植区域发展不均衡的现状，特别是丘陵山区小地块分散种植占比较大的现实情况，本书提出分段收获与联合收获并行的机械化发展路径。在技术研发层面，一方面需持续优化适用于山区地形的轻简化马铃薯挖掘机、捡拾装置及小型自走式联合收获设备，另一方面应着力推进中型及大型高端联合收获装备的研发攻关。实施重点应聚焦于提升西南混作区和南方冬作区的机械化水平，通过解决“无机可用”和“无好机用”的技术瓶颈，在规范种植模式的基础上实现农机农艺的深度融合。政策层面建议设立专项研发资金，支持科研机构开展西南黏重土壤条件下的马铃薯挖掘机理、薯土分离技术及损伤机制等基础研究，同时通过农机购置补贴政策的宏观调控，引导龙头企业研发适配西南地区土壤特性的马铃薯全程机械化装备体系。

（2）针对马铃薯收获装备核心部件分离装置的研发创新，应重点围绕低损伤率与高清洁度的双重目标展开技术攻关。通过系统优化薯土分离、薯秧分离、薯膜分离及薯石分离等关键功能模块，结合表面清洁部件的结构创新，采用新型防损材料与减速缓冲技术，显著提升了分离装置的作业性能。在技术层面，攻克了自动清洁系统、电控液压参数动态调节、转速自适应匹配以及过载保护等核心技术难题，从而有效增强了分离装置在复杂工况条件下的运行稳定性和环境适应性，确保在不同土壤特性下均能实现理想的低损伤与高清洁分离效果。

（3）为推进农业装备智能化转型升级，亟须攻克关键核心技术瓶颈。当前我国农机制造业在多个技术领域存在显著差距，具体表现为：特殊功能材料研发不足，机电液仪一体化控制系统尚不完善，多功能液压底盘技术有待提升，传感器技术及图像/信号采集能力相对薄弱，高光谱技术应用尚未成熟。针对上述技术短板，建议依托国家马铃薯机械化产业体系的组织协调优势，整合跨学科创新资源，重点联合农机工程、液压传动、电气自动化、信息科学与农学等领域的科研机构、高等院校及高新技术企业，组建若干专项技术攻关团队，集中突破马铃薯联合收获装备智能化进程中的关键技术难题。

（4）农机与农艺的协同优化。当前我国马铃薯生产面临的主要挑战在于种植模式的多样性及小农户分散经营特征，这不仅显著制约了机械化收获作业效率与质量提升，同时增加了配套农机装备的研发复杂度，对农机产业向规模化和精细化方向发展形成阻碍。为实现马铃薯机械化收获水平的突破性提升，亟须通过统一规范种植标准、推进土地集约化经营以及加强高标准农田建设等举措，逐步实现规模化种植模式转型。值得注意的是，现有鲜食马铃薯品种普遍存在薯块质地脆弱、表皮薄嫩等特性，在机械化收获过程中易产生机械损伤，因此建议加强农艺育种研究，重点培育收获期具有完全木栓化表皮的品种特性，这将显著提升机械化收获的作业质量与效率。

（5）政府部门亟须强化政策支持力度并推进产业结构优化升级。针对马铃薯机械化收获的技术需求，应制定差异化扶持政策，重点增加科研经费投入，促进生产企业、行业领军企业与科研机构建立协同创新机制，通过资源整合提升技术创新能力，加速科技成果产业化进程，充分发挥龙头企业的品牌引领作用以促进产业集聚发展。针对小规模种植主体，需重点推进农机装备推广与农艺技术改良，实施马铃薯收获环节的宜机化改造工程。同时应健全农机社会化服务体系，通过设立专项扶持资金与完善农机购置补贴政策的双重举措，培育区域性农机租赁服务市场，为资金短缺且抗风险能力较弱的小规模经营者提供高效便捷的农机社会化服务。

第三章　现代智能化农业的生产技术

本章选取绿色生产技术、绿色防控技术及绿色种植技术作为典型代表，系统阐述现代智能化农业的关键技术体系，并通过具体应用案例对各项技术的实践运用进行深入剖析。

第一节　绿色生产技术

在乡村振兴战略实施过程中，农业现代化的持续推进促使农业绿色发展成为关键驱动力，而农业绿色生产的实现则是达成这一目标的首要前提。自党的十八大以来，中央层面相继出台多项促进农业绿色发展的重大政策举措，并取得显著成效。然而当前我国农业生产仍面临诸多挑战，突出表现为生产环节污染问题严峻以及资源利用效率低下等现实困境。从技术演进视角来看，传统农业技术体系涵盖植物学、遗传学及栽培学等基础学科，而现代农业技术则呈现出以农业分子生物学和数字农业技术为代表的创新突破，这些技术革新不仅深化了对传统农业技术的研究，更在农业生产领域引发了根本性变革。值得注意的是，中央政府对农业绿色发展的重视由来已久，2004 年首次在中央一号文件中明确提出要加强农业科研投入以促进绿色发展，此后连续二十年的中央一号文件均对此领域予以持续关注，特别是在 2025 年中央一号文件中进一步强调要推行绿色生产方式，大力发展绿色、特色农产品。

一、绿色生产技术概念界定

农业绿色生产技术作为一类综合性技术体系，其核心内涵在于通过整合各类技能、工具及规范制度，在农业生产全过程中实现生态环境保护、资源高效利用以及农业可持续发展的多重目标。本书将农业绿色生产技术界定为能够有效降低环境污染、优化资源与能源配置效率、促进生态系统良性循环的农业生产实践技术。该技术的推广应用不仅具有显著的生态环境效益，包括减少碳排放和改善生态功能，同时还能产生显著的经济效益，表现为农产品产量与品质的提升以及农民收入的增加，因而成为推动绿色农业发展的关键支撑技术和未来农业转型升级的重要路径。

二、绿色生产技术类型

从农业生产流程角度出发，绿色生产技术可划分为耕地、播种、施肥、病虫草害防治及收割等不同环节的技术类型。本书基于农业生产全周期管理理念，重点选取了五个关键环节的代表性技术进行深入分析，具体包括耕地环节的深耕深松技术、播种环节的种子包衣技术、施肥环节的测土配方施肥技术、防治环节的统防统治技术以及收割环节的秸秆还田技术。

深耕深松技术作为一种资本密集型的绿色农业生产方式，主要通过翻转土壤层次实现耕作层重构，将表层土壤与深层土壤进行置换，同时促进有机肥料向土壤下层的转移，从而显著提升微生物分解效率并优化肥料利用效果。该技术具有显著的土壤改良功能，其作用范围广泛且效果持久，但需依赖专业的大型深耕深松机械设备实施，因此对农田经营规模存在特定要求——经营规模与单位成本成负相关关系，规模经济效益特征明显。值得注意的是，该技术投资回收周期相对较长，其技术效益的充分显现需要经历必要的时效过程。从农艺学角度分析，深耕深松不仅能够有效改善土壤理化性质，促进作物生长发育，更能实现显著的增产效应，其长期应用所蕴含的经济价值潜力尤为可观。

种子包衣技术作为一种关键的绿色农业生产方式，其核心机理在于通过将功能性物质预先包裹于种子表面，使其在作物生长过程中实现缓释效应，从而有效防控苗期病虫害、优化植株发育进程并提升最终产量。该技术具有显著的经济优势：一方面，其初始投入成本较低，无须依赖大型农机设备即可实施，且投资回报周期短、见效迅速；另一方面，由于部分地方政府实施统一配发政策，进一步降低了农户采用成本。值得注意的是，该技术对经营规模不同的农业生产主体在资本投入和土地资源等方面的差异性要求较小，因而展现出广泛的适用性特征。

测土配方施肥技术作为一种精准农业实践，其核心在于依据土壤养分检测结果，结合特定作物的营养需求特征及预期产量目标，通过有机肥与化学肥料的协同施用，实现大量元素与微量元素的科学配比，从而构建针对不同农作物的优化施肥方案。该技术通过精确控制肥料用量与配比，不仅显著提升了肥料利用效率，更在减少化肥施用量的同时实现了作物品质改善与产量提升的双重目标。从环境效益角度分析，该技术对控制农业面源污染具有显著作用；从经济层面考量，则能有效降低农户生产成本并增加收益，展现出突出的经济效益。值得注意的是，规模化经营农户在应用该技术时更能发挥规模经济优势。然而，作为一项技术密集型绿色生产措施，其有效实施需依赖专业技术人员指导，这一要求客观上限制了该技术在实际生产中的普及程度。

统防统治技术作为现代农业病虫害防治的重要模式，其核心特征体现在规模化作业、机械化实施以及绿色化防控三个方面。该防治模式通过整合组织化防控体系与绿色防控技术体系，构建了覆盖农作物全生育期的病虫害绿色综合防控方案。在实施层面，统防统治通常表现为大范围集中作业，其显著特点包括：作业面积广、时效性强，需配备专业航空植保设备，同时对作业人员的专业技术水平提出较高要求。相较于传统机械防治方式，该模式虽然具有显著的正外部性效应和短期见效快的优势，但也存在人工成本较高、技术持续周期有限等特征，呈现出典型的当期投入与当期收益相匹配的经济特性。

秸秆还田技术作为一种典型的绿色农业措施，其操作流程主要涉及联合收割作业后的高留茬粉碎与翻埋工序，该技术通过将作物残体直接还田，能够显著提升土壤有机质含量，改善土壤物理结构，并有效增强土壤肥力，同时为后续机械化耕作创造有利条件。尽管该技术在我国推广历时已久，但其实际应用覆盖率仍存在较大提升空间。从技术特性来看，秸秆还田具有显著的广适性特征，在提升耕地质量和改良土壤肥力方面表现出显著优势。然而需要指出的是，该技术的实施需依赖专业农机设备，存在一定的初始投入成本约束。相关研究表明，农户对该技术采纳行为的差异性主要源于技术本身的跨期收益特性以及不同经营规模农户的资源禀赋差异。具体而言，秸秆还田产生的生态经济效益具有明显的滞后性特征，其短期回报相对有限，属于典型的跨期农业技术类型。此外，土地细碎化现象会显著增加该技术的机械作业成本和交易费用，从而形成一定的规模经济门槛。

三、绿色生产技术特征

从经济学视角分析，绿色生产技术的应用呈现出显著的正外部性特征，这主要源于其兼具公共物品属性与外部性特征。具体而言，农业生产者采纳此类技术时，其获得的个体经济收益往往低于技术推广所产生的社会总效益，这种效益差异体现在两个层面：其一为农户直接获取的生产收益，其二为对生态环境的积极保护效应，而后者所产生的社会效益难以通过市场机制实现内部化。基于此经济特性，政府部门通常需要承担服务购买者的角色，通过实施公共服务采购机制来弥补市场失灵。

资金投入规模显著。部分绿色生产技术的实施需依托农业机械设备，依据设备形态与功率差异可划分为大、中、小型三类，例如拖拉机存在不同规格以适应各类经营主体的需求。值得注意的是，农业机械的购置成本普遍较高，如土壤深耕作业需配备中型及以上拖拉机，而谷物收获则必须采用联合收割机等专用设备。对于经营规模仅 2 亩的小农户而言，即便是购置小型机械也易造成资源闲置。此外，某些专业性较强的绿色技术需在农业技术人员指导下实施，而劳动密集型技术则面临人力成本攀升的问题，特别是在劳动力短缺情况下需额外雇用人员，进一步增加了生产成本。

规模经济效应显著。绿色生产技术的应用呈现出明显的规模报酬递增特征，其高额的前期投资成本可通过扩大应用面积实现单位面积成本的显著降低，进而提升整体利润空间。值得注意的是，技术设备的投资规模与物理体量越大，其规模经济效益往往越显著。这一经济特性促使经营规模较大的农业主体相较于小规模农户表现出更强烈的绿色生产技术采纳意愿。

收益周期特征显著。部分绿色农业生产技术呈现出显著的跨期效应，其效益显现往往需要经历较长的自然周期，且易受环境因素干扰导致技术效果存在不确定性。以秸秆还田技术为例，该技术虽能有效改良土壤结构，但需待秸秆充分腐解后方可显现效果，故属于典型的跨期性农业技术。此类技术的收益特征主要体现在三个方面：首先，投资回报呈现多期分布特征，这与偏好当期收益的农户决策模式存在矛盾；其次，技术见效周期较长，难以满足经营周期有限且注重短期效益的农户需求；最后，技术作用周期持续性强且易受多重因素干扰，显著增加了技术效果的不确定性，从而降低了风险规避型农户的采纳意愿。

四、绿色生产的理论基础

（一）可持续发展理论

在全球工业化进程持续深化并取得显著成就的背景下，人类社会发展与自然资源利用之间的矛盾日益凸显。这一矛盾的不断激化直接催生了可持续发展理论的诞生与发展。工业革命引发的生态环境恶化、资源耗竭加速以及生物多样性锐减等现象，促使人类深刻反思传统发展模式的不可持续性。

20 世纪 70 年代初期召开的联合国人类环境研讨会首次在国际层面确立了人类发展必须建立在健康生态环境基础之上的共识。随着认识的深化，世界环境与发展委员会于 20 世纪 80 年代发布具有里程碑意义的《我们共同的未来》报告，该报告系统性地界定了“可持续发展”概念，强调其核心内涵在于“既满足当代人需求，又不损害后代人满足其需求的能力”，并确立了公平性、持续性和共同性三大基本原则，要求经济发展必须与生态保护和社会进步相协调。1987 年，世界环境与发展委员会正式向联合国提交的这一科学理念包含两个关键维度：既要保障当代人尤其是贫困群体的发展权益，又要维护后代人的发展潜力。这一理念现已获得全球普遍认同并付诸实践，各国在可持续发展领域展开了多维度探索：能源方面，发达国家重点开发利用太阳能、水能和风能等可再生能源；农业领域，各国致力于研发新型有机肥料、生物农药及抗逆作物品种以降低农业污染；城市交通方面，则积极推进新能源电动汽车的技术创新与应用。

可持续农业理念的系统性形成可追溯至 20 世纪 80 年代初期，该理念实质上是可持续发展理论在农业领域的具体实践与应用。根据联合国粮农组织于 20 世纪 90 年代提出的权威定义，农业可持续发展是指通过技术创新与制度变革相结合的方式，在有效管理和保护自然资源的基础上，实现代际需求持续满足的新型农业生产范式。作为推动人类文明进步的关键要素，绿色生产实践在可持续发展理论指导下开展粮食生产活动，不仅具有显著的现实价值，更蕴含着深远的战略意义。

当前，农业可持续发展问题已引起国际学术界的广泛关注。该发展模式旨在通过协调经济发展与环境保护之间的动态平衡关系，实现农业综合生产能力的持续提升。在推进农业现代化进程中，必须统筹兼顾农村经济发展、生态环境保护与农业资源高效利用三者之间的关系，在促进农村经济水平提升的同时，切实改善农村居民生活质量，最终达成农业、农村、农民协调发展的战略目标。值得注意的是，我国传统农业发展模式长期过度强调粮食产量和经济收益，相对忽视了农业生态功能的发挥，这种发展导向在一定程度上加剧了农业生态环境的退化。面对新时代发展要求，亟须将生态文明理念融入农业生产实践，通过转变传统生产方式，实现农业经济效益与生态效益的协同提升。

（二）农业现代化理论

作为现代化理论体系的重要分支，农业现代化理论是在经典现代化理论、后现代化理论以及第二次现代化理论等主要理论框架基础上发展而来的。学术界普遍将农业现代化进程划分为三个递进式发展阶段：从传统农业演进为工业化农业，继而转型为可持续农业，最终发展为现代化农业。在传统农业向工业化农业转型阶段，其显著特征表现为农业生产中大量施用化学物质，从而显著提升了农业产出水平；而当进入工业化农业向可持续农业过渡时期，发展重点转向对生态环境的关注，强调经济发展与环境保护的协同推进；至于可持续农业向现代农业的升级过程，则突出表现为农业种植技术和管理水平的持续提升，以及高新技术在农业生产中的广泛应用。需要指出的是，当前全球多数发展中国家的农业现代化进程仍处于第二阶段，即农业可持续发展阶段。

关于农业现代化的学术研究可追溯至 20 世纪 50 年代，美国经济学家舒尔茨率先论证了传统农业对国家经济发展的局限性，强调必须通过生产模式转型实现农业的可持续发展，这一论断奠定了该领域的理论基础。学术界对农业现代化的认知呈现多元化特征，尚未形成统一定义，究其原因在于农业现代化本身是一个与社会经济文化因素深度耦合的动态演进过程，其发展目标具有阶段性特征，且随着技术进步和社会变革不断丰富其内涵。现有研究普遍认同的农业现代化评价标准包含三个维度：农业生产装备与技术的先进性、农业产出的高效性以及可持续发展的可行性。在内涵研究方面，学者们形成了不同理论视角：部分学者聚焦农业生产与生态环境的协同发展，主张通过技术创新、经济转型和资源优化实现生产方式变革；另有学者强调粮食生产现代化在农业现代化进程中的基础性地位；还有研究专门探讨了农业机械化的关键作用，实证研究表明机械化显著改变了传统人力耕作模式，对提升农业生产效率具有决定性影响。针对中国国情的研究则发现，欠发达地区通过三产融合的发展模式能有效推进农业现代化进程。尽管研究视角存在差异，但各学派在本质上都致力于探索农业现代化的发展规律。

综上所述，实现农业现代化必须以推进农业绿色发展为基础条件，若缺乏绿色发展理念与实践，则农业现代化进程将难以达成。

五、绿色生产技术应用实例——运城市苹果绿色生产技术

与其他农产品相比，苹果栽培呈现出显著的区域性特征，主要表现为其种植区域多集中于丘陵地带，该地区土壤条件相对贫瘠。在实际生产过程中，果农为追求果实大小和单位面积产量，普遍存在过量施用化肥的现象，这不仅导致土壤质量持续恶化，还因苹果生

长周期较长的特性而加剧了化肥的累积效应，进而显著加重了农业面源污染程度。这种生产模式与当前倡导的农业可持续发展理念存在明显冲突，因此亟须在苹果种植体系中推广应用绿色生产技术，包括但不限于土壤改良与保育技术、高效节水灌溉技术等。实践表明，实施绿色生产技术既能有效缓解农业面源污染问题，又能同步提升苹果的产量与品质。值得注意的是，当前果品市场已建立起基于品质分级的定价机制，优质苹果可获得更高的市场溢价，这为农户采用绿色生产技术提供了强有力的经济激励。

作为中国国家地理标志农产品，运城市所产的苹果因其独特品质而闻名。该地区地处国际公认的苹果种植最佳纬度带，2022 年统计数据显示，其苹果种植规模已达 79.3 千公顷，年产量突破 302 万吨，已成为区域农业经济的重要支柱产业，对当地农户收入贡献显著。下文聚焦运城地区苹果种植者，系统考察其在绿色生产实践中的技术应用现状。

（一）运城市苹果种植基本情况分析

1. 运城市苹果种植面积和产量分析

作为山西省南部的核心区域，运城市呈现出显著的地形多样性特征，其中平原区域占比达 58.2%，而山地与丘陵地貌合计占 41.8%，这一独特的地理格局为其农业发展提供了优越的自然基础。该地区属典型的暖温带大陆性半湿润气候，受季风环流显著影响，具有明显的雨热同季特征，形成了极为适宜果树生长的气候条件。在苹果种植方面，运城地区以红富士为主要栽培品种，同时辅以美八、秦冠、嘎啦等特色品种，形成了多元化的品种结构。值得注意的是，“运城苹果”2017 年被正式纳入农产品地理标志保护名录，其种植规模与产量长期位居山西省前列，在全省苹果产业布局中具有战略地位。根据 2018—2022 年的统计数据，该时段内运城苹果的种植面积与产量呈现稳中略降的趋势，这一现象主要归因于当地政府实施的产业结构调整政策，包括优化产业空间布局、重点发展优势品种以及推进老果园改造升级等系列措施的综合影响（如表 3-1 所示）。

表 3-1　2018—2022 年运城市苹果的种植面积与产量统计表

时间	2018 年	2019 年	2020 年	2021 年	2022 年
年末实有面积（千公顷）	95.4	90.6	88.1	83.6	79.3
产量（万吨）	317.3	332.3	337.7	315.9	302.0

数据来源：山西统计年鉴（2019—2023 年）。

2. 运城市与山西省其他苹果的种植区域对比分析

从地理分布特征来看，山西省苹果产业呈现出明显的区域集聚现象，主要集中于晋南地区的运城和临汾两市。在地形特征方面，临汾市具有典型的盆地地貌特征，其地形结构由外围山地、中部丘陵及中央平川共同构成，这一地形格局与相邻的运城市具有高度相似性。根据 2022 年统计数据，运城市在苹果产业中占据主导地位，其种植面积达全省总量的 59.5%，产量占比更高达 72.2%；临汾市则位居其次，种植面积和产量分别占全省的 26.5%和 20.5%。值得注意的是，晋中市作为次要产区，其苹果种植规模突破 10 千公顷，年产量接近20万吨，而省内其他地区的产业规模相对有限，种植面积均不足2千公顷，年产量均低于5万吨。具体区域分布数据详见表3-2所示。

表3-2 2022年山西省各区域苹果的种植面积与产量统计表

项目	种植面积（千公顷）	产量（万吨）
太原市	1.502	1.178
大同市	1.352	1.353
阳泉市	0.982	1.198
长治市	1.340	1.892
晋城市	1.223	2.862
朔州市	0.067	0.132
晋中市	10.085	19.772
运城市	79.357	302.075
忻州市	1.585	1.796
临汾市	35.314	85.675
吕梁市	0.539	0.379

数据来源：山西统计年鉴（2023年）。

（二）运城市苹果绿色生产技术应用情况

运城市苹果产业的技术体系涵盖土壤水肥管理、花果调控、病虫害综合治理及果树整形修剪等关键环节，其中绿色生产技术主要体现在土壤改良措施以及生物防治等生态友好型方法。实地调研表明，种植户普遍实施绿肥间作、果实套袋、农业物理防治及整形修剪等常规技术措施。为推进产业转型升级，地方政府通过建立技术推广体系，开展专项培训，并配套建设农业废弃物集中处理设施；重点打造临猗、万荣等标准化示范园区，创新性推行“三新”果园发展模式，旨在提升产业核心竞争力，同时强化绿色生产技术的示范效应与机械化应用水平。

1. 土壤水肥管理技术

在苹果栽培实践中，土壤改良措施可系统划分为栽植前土壤改良、栽植后土壤改良以及行间生草管理三个主要技术环节。实施科学的土壤管理方案不仅能显著改善土壤物理结构、提升有机质水平，还能有效增强果树对干旱胁迫的适应能力，进而实现苹果产量与果实品质的协同提升。

在苹果园土壤改良的技术体系中，栽前改土措施可细分为两种实施方式：针对新建果园采用绿肥压青的土壤改良方法，而对于重建果园则需结合消毒剂处理与有机肥施用进行深翻作业；栽后改土则依据操作范围差异划分为扩穴深翻与全园深翻两类，其中扩穴深翻通过在树干外围开挖环状沟及放射状沟实施，而全园深翻则指对栽植穴以外区域的全部土壤实施系统性深翻处理。

（1）果园施肥管理。苹果栽培实践中应遵循用地与养地相结合的原则，采用有机肥料与无机肥料配施的方式，同时注重土壤培肥与根系养护的协同效应，并在施肥方案中合理补充微量营养元素。

本应用实例采用的关键技术措施包括：每年实施三次土壤追肥作业，其中沟施法作为主要施肥方式。具体操作流程为：在苹果树树冠投影外围区域开挖深度为60～80cm的施肥沟，可采取放射状或环状沟形式；施肥时将肥料均匀撒布于沟内，随后利用开沟形成的疏松土层蓄水特性进行覆土处理，该技术方案能显著提升肥料利用率。

（2）水分调控策略。为确保果树正常生长发育，需将土壤含水量维持在70%左右的适宜水平，具体灌溉周期涵盖五个关键物候阶段，包括萌芽期、开花前期及开花后期等重要生长节点。

本应用实例重点探讨的关键技术措施包括：实施节水灌溉技术以优化水资源利用效率，灌溉作业完成后需立即进行土壤松耕处理以增强保墒效果，从而有效维持土壤墒情；针对果园积水现象，应采取疏通排水系统等工程措施及时排除积水，防止因土壤水分过饱和引发根系腐烂等生理障碍。

2. 花果管理技术

为提高苹果栽培的经济效益与果实品质，本应用实例采用花果授粉技术作为核心干预措施，该技术通过优化授粉过程显著提升了苹果的坐果率与商品性状表现。

本应用实例采用的主要技术流程包括：首先选用市售成品花粉，在实施人工授粉前24小时进行花粉活化处理；其次选用毛笔或带有橡皮头的铅笔等工具，对初开花朵的柱头进行点授操作，每次取粉可完成3～5朵花的授粉工作，最佳操作时间为花朵开放后的4小时内；此外，亦可采用蜜蜂辅助授粉方案，建议在花期按每亩80～100头的密度投放授粉蜂群。

为实现果树优质高产目标，需系统实施包括花蕾疏除、花期霜冻防护及果实合理定植在内的综合管理技术体系，这些措施通过优化植株负载量，成为提升果实品质与产量的关键栽培环节。

在果树栽培的关键技术环节中，疏蕾疏花操作需依据果实大小科学确定留果间距，其中中型果实以双果配置为主，大型果实则采取单果保留策略，通过优化空间分布实现果实品质提升。针对花期低温冻害防护，当夜间气温降至0℃时需及时采取防冻措施；若发生冻害现象，应选择晴朗天气喷施营养液进行补救。疏果作业的适宜时机为果柄色泽转深且果形呈现弯曲状态时，此项工作需在果实套袋前的定果阶段全部完成。

3. 病虫害防治技术

本应用实例重点探讨了以生物防治技术为核心的病虫害综合治理策略。该防控体系的应用显著抑制了果树腐烂病的发病率，不仅保障了苹果产业的稳产高产，同时有效提升了果实品质指标，为挖掘增产潜力提供了技术支撑。

在技术实施层面，人工释放赤眼蜂和瓢虫等天敌生物构成了生物防治的核心环节，同时通过优化环境条件以促进天敌种群的生存与繁衍。

4. 果树整形修剪技术

基于不同砧木类型的生理特性差异，本应用实例采用差异化的整形修剪策略：乔化砧木采用自由纺锤形整形方式，而矮化砧木则实施高纺锤形修剪体系。该修剪技术体系的核心目标在于有效缓解由果园栽植密度过高引发的树体结构问题，具体表现为枝条过密、树冠郁闭以及由此导致的光照资源竞争加剧等不良现象。

本应用实例涉及的关键技术环节包括：自由纺锤形树型培养需通过三年周期完成骨干枝的选留与树体骨架构建；相较而言，高纺锤形作为高产稳产优质栽培的优选树型，其修剪技术特别适用于株距 100～180 株的密植果园。根据修剪实践数据，高纺锤形苹果树经首年修剪后树体高度可达 2～2. 5 米，次年修剪可提升至 2. 8～3. 3 米，至第四年修剪后树高可达到 3. 5～4. 0 米的理想高度，当保留 30～50 个小主枝时，树体即进入初果期阶段。

5. 具体应用案例

坐落于山西省运城市临猗县北辛乡东卓村的国家现代苹果产业示范基地，创新性地实施了融合新技术、新品种与新模式的“三新”果园建设体系。该示范基地通过引进国际先进品种资源，整合现代栽培技术体系，重点推广了包括科学水肥调控、绿色综合防控以及免套袋生态栽培等关键技术。在栽培模式方面，示范基地采用大苗建园结合宽行密植的现代化种植体系，这种配置不仅优化了果园的光照条件和通风环境，同时为机械化作业创造了有利条件。特别值得关注的是，园区创新性地应用了微喷灌防冻技术，显著提升了花期冻害的防控效果。示范园内培育的优质早熟品种较传统品种提前 10～15 天上市，这一时间优势显著提升了产品的市场溢价能力，有效增加了果农经济收益。作为临猗县果业转型升级的典范，该示范基地的成功经验已在全县范围内得到广泛推广，目前采用“三新”模式的果园已超过 100 个，形成了良好的示范带动效应，为区域果业高质量发展提供了重要支撑。

第二节　绿色防控技术

作为全球农药生产与消费的第一大国，中国当前面临的农业环境污染问题主要源于农户在农业生产过程中对现代生产要素的非理性使用行为。针对这一严峻形势，绿色防控技术作为国际病虫害综合防治理念的本土化实践，已成为国家层面的重要应对策略。该技术体系以“预防为主、综合防治”为核心理念，其显著特征在于优先采用生态调控、生物防治、物理防治等环境友好型技术手段，旨在实现农药施用量的有效控制。近年来，国家政策层面持续强化对农药减量与绿色防控技术推广的重视程度，2021 年中央一号文件明确提出要推进化肥农药减量增效，重点推广农作物病虫害绿色防控技术，这一政策导向与《“十四五”全国农业绿色发展规划》形成了有机衔接。该规划进一步细化了农药减量增效的具体路径，强调在园艺作物主产区重点推广生物防治与物理防治等绿色防控技术集成应用，以此推动绿色生产基地建设并扩大技术辐射范围。农业农村部颁布的《到 2025 年化学农药减量化行动方案》更是设定了明确的量化指标：至 2025 年构建完善的生态友好型病虫害综合防控体系，显著提升天敌昆虫、生物农药等绿色防控产品的应用比例，特别是在果菜茶优势产区实现技术全覆盖。这些政策举措充分表明，园艺作物绿色防控技术的推广应用已成为推动农业绿色转型的重要战略方向。

一、绿色防控技术概念界定

当前农业生产实践中已形成若干相对成熟的绿色防控技术体系，主要包括理化诱控、生物防治、生态调控及科学用药等关键技术模块。在具体技术构成方面，理化诱控技术涵盖物理诱控装置与昆虫信息素调控两大技术路径；生物防治技术则依托寄生性与捕食性天敌的人工释放技术体系；生态调控技术涉及抗性品种选育、作物间作套种、果园生草覆盖、天敌诱集带构建以及水肥优化管理等综合措施；科学用药技术则强调高效低毒农药的选择性应用，配合轮换施用、精准施药等规范化操作。这些技术要素通过系统整合，形成了融合生物、物理与化学防治手段的综合性技术体系。基于其环境友好特性与农药减量效果，本书将绿色防控技术界定为旨在降低农药污染的可持续农业技术集成方案。

二、农作物病虫害的分类与危害

（一）农作物病虫害的分类

1. 按照病虫害的性质分类

在植物病理学领域，真菌性病害是指由各类病原真菌侵染所导致的植物疾病，典型病例包括但不限于稻瘟病和小麦赤霉病等具有重要经济影响的病害类型。

细菌性病害特指由病原细菌侵染所致的植物病害类型，其典型病例包括番茄斑点病及马铃薯软腐病等代表性病害。

病毒性病害特指由植物病毒感染引发的病理现象，典型病例包括马铃薯花叶病毒侵染导致的叶片斑驳症状，以及黄瓜花叶病毒感染引起的系统性情状异常等病毒性植物病害。

真菌性虫害特指由病原真菌侵染所导致的农作物虫害现象，典型病例包括但不限于棉铃虫菌病与玉米螟菌病等真菌性病害。

2. 按照危害部位分类

诸如根腐病和根结线虫病等根部病害会显著抑制作物根系正常发育，进而严重干扰植株对养分的吸收与利用效率。

关于茎部病害的研究表明，茎腐病与茎锈病等病原体侵染可引发作物茎组织病理学变化，具体表现为维管束组织坏死、皮层溃烂以及茎秆枯死等典型症状。

在作物病害类型中，叶部病害会引发叶片组织病变，主要表现为叶片黄化及萎蔫等典型症状。

（二）农作物病虫害的危害

1. 对产量的危害

作物生长过程中遭受病虫害侵袭会显著抑制其正常生理机能，具体表现为光合效率下降、呼吸代谢紊乱以及养分同化能力减弱，这些负面效应不仅会延缓植株发育进程，还会降低生物量形成效率，最终导致作物产量显著下降。

作物在遭受病虫害侵袭时，其叶片、茎部、根系及果实等组织器官常出现病理性损伤，进而引发生长点坏死等生理性病变，最终导致植株死亡并显著降低农作物产量。

部分病虫害可显著干扰作物的生殖发育周期，表现为花期与结果期的延迟、持续期缩短甚至完全缺失，从而对最终产量产生负面影响。

2. 对质量的危害

农作物病虫害的侵染往往引发叶片及果实病斑、腐烂等病理症状，致使农产品外观品质显著下降，进而削弱其市场竞争力。

病原体侵染引发的作物病虫害不仅会显著降低农产品品质，更严重的是会促使毒素生成，进而对食品安全构成潜在风险，最终可能危及消费者的健康安全。

部分病虫害的侵染会引发作物内部营养成分的流失或代谢异常，从而对农产品的营养构成与品质特性产生显著的负面影响。

三、化学农药防治农作物病虫害

在农作物病虫害的传统防治策略中，化学农药的喷施技术占据着重要地位，该方法主要通过施用人工合成的化学制剂来实现对有害生物的防控。这种防治手段在保障作物正常生长发育方面具有显著效果，能够有效抑制病虫害的扩散与蔓延。然而，该技术体系在实际应用过程中也暴露出若干亟待解决的问题：一方面，持续高强度的农药施用会诱导靶标生物产生抗药性，从而显著削弱防治效果；另一方面，农药残留引发的环境生态风险不容忽视，包括土壤环境质量恶化以及农产品安全等潜在威胁。

四、绿色防控技术的研究进展

（一）生物防治技术

近年来，农作物病虫害防治领域取得的重要突破主要体现在生物防治技术的广泛应用上，该技术主要依赖于自然界存在的生物制剂或生物控制剂。研究表明，采用细菌、真菌及病毒等生物控制剂能够对农作物病害和虫害产生显著的防控效果，这为农业可持续发展提供了新的技术支撑。

1. 生物防治技术的优势

(1) 环境友好。生物防治技术因其采用天然生物制剂或生物控制剂的特性，在环境保护方面展现出显著优势，该技术不仅能够有效避免环境污染问题的产生，同时也确保了生态系统结构与功能的完整性不受破坏。

(2) 高效性。生物控制剂展现出显著的选择性作用特征，其能够针对特定病虫害实施精准防控，同时有效避免对非靶标有益生物产生不利影响。

(3) 安全性。生物控制剂因其对哺乳动物及人类毒性较低的特性而展现出显著的应用优势，这一特征使其在实际应用中具备较高的安全阈值，从而确保了其在农业生产及生态环境治理过程中的可靠性与适用性。

(4) 可持续性。生物防治技术能够与多元化农业生产措施实现协同整合，从而构建系统性的病虫害综合治理体系，最终实现长效稳定的生态防控目标。

2. 生物防治技术的研究进展

(1) 生物控制剂的筛选和鉴定。通过对天然的生物资源进行筛选和鉴定，发现具有杀虫、杀菌和杀毒活性的生物控制剂。

(2) 生物控制剂的生产和应用。通过大规模的生产工艺和技术，生产高质量的生物控制剂，并将其应用于农作物上，实现对病虫害的防控。

(3) 生物控制剂的机制研究。通过深入研究生物控制剂对病虫害的作用机制，揭示其对病虫害的杀菌、杀虫和杀毒机制。

(4) 生物控制剂的效果评估。通过田间试验和实验室研究，评估生物控制剂在不同农作物和环境条件下对病虫害的防控效果。

3. 生物防治技术案例

生物防治技术案例——天敌利用技术：天敌是指能够捕食或寄生农作物害虫的生物。通过培育和释放天敌，可以有效地控制农作物病虫害。例如，在水稻病虫害防治中，培育和释放寄生蜂可以控制稻飞虱等害虫的数量。寄生蜂会寄生在稻飞虱体内，使其死亡，从而减少害虫的数量。

(二) 化学防控替代品技术

农作物病虫害的化学防控替代品技术，主要涉及采用天然来源的化学物质或通过人工化学合成途径获得的替代性产品，以实现对农作物有害生物的有效防治。

(1) 化学防控替代品技术的研究进展主要包括以下几个方面。

①开展化学防控替代品的筛选与鉴定工作，通过系统评估天然来源化合物与人工合成化学物质的生物活性，成功筛选出若干兼具杀虫、杀菌及抗病毒活性的高效替代化合物。

②在化学防治替代品的研发与推广方面，着重优化了化学合成工艺与技术路线，成功研制出兼具高效性与低毒性的新型农药制剂，并通过田间试验验证了其在农作物病虫害综合治理中的实际应用效果。

③关于替代品作用机制的探讨，系统解析了化学防治替代品在病虫害防控中的多重生物学效应，重点阐明其在病原微生物抑制、害虫种群调控以及病毒灭活等方面的分子作用机理。

④针对替代性防控措施的实际应用效果，采用田间试验与实验室分析相结合的方法，系统考察了不同农作物类型及环境条件下，非化学防治手段对病虫害的综合防控效能。

（2）化学防控替代品案例。

在农业病虫害防治领域，生物农药作为一种以微生物活性成分或植物源提取物为主要活性成分的环保型农药制剂，因其对生态环境的低影响特性及对非靶标生物的安全性而备受关注。以蔬菜害虫防治为例，诸如苦参碱等植物源生物农药制剂已在实际应用中展现出显著的害虫种群调控效果。

肥料兼治虫技术应用实例。作为一种将营养供给与病虫害防控相结合的农艺措施，肥料兼治虫技术通过科学施用特定功能性肥料实现双重功效。以水稻栽培为例，通过施用富含硅元素的肥料，不仅能够满足作物生长所需营养，更能显著增强植株对病虫害的生物抗性，展现出“一施双效”的农艺优势。

（三）物理防治技术

在农作物病虫害防治领域，物理防治方法展现出显著效果，具体表现为采用高温处理、低温控制、光照调节以及声波干预等多种物理技术手段实现对有害生物的有效防控。

在农作物病虫害防治领域，物理防治技术已展现出显著的应用成效。研究表明，采用高温处理可有效灭活农作物表面病原微生物及害虫种群，实现病虫害的有效抑制。值得注意的是，特定频段的声波干预技术也被证实能够扰乱害虫行为模式，从而产生显著的虫害控制效应。然而，该技术体系仍存在若干亟待解决的关键问题：其一，物理干预方法的适用作物种类和病虫害类型存在明显局限性；其二，部分物理干预措施可能对作物生长发育及生态环境产生潜在负面影响。鉴于此，后续研究应着重于物理防治技术的参数优化与工艺改进，以期提升其在农业病虫害综合治理中的实际应用价值。

物理防治技术案例：电子束辐照技术作为一种新型物理防治手段，主要通过高能电子束破坏有害生物细胞结构来实现病虫害防控。具体而言，在农产品采后处理领域，该技术可有效灭活水果表面及内部寄生的病原微生物和害虫，从而显著提升产品的贮藏品质并延长货架期。高温处理技术作为农作物病虫害防控的重要手段，其核心机理在于利用高温环境对有害生物产生致死效应。具体实施过程中，通过精确控制农作物或种子的热处理参数，有效灭活附着于其表面的病原微生物及害虫个体。以种子处理为例，相关研究表明，适度的热处理不仅能显著降低种子带菌率，同时还可促进种子活力指标的提升，实现病虫害防治与种子质量改善的双重效果。

五、绿色防控技术的推广和应用前景

（一）绿色防控技术的推广

作为维护生态环境与公共卫生安全的关键措施，绿色防控技术的普及应用具有重要战略意义。通过构建多层次、全方位的宣传教育体系，可显著提升农业生产者对绿色防控理念的认知水平，进而促进该技术的实际采纳率。政府部门应建立健全政策法规框架，通过财政补贴、技术培训等配套支持措施，为绿色防控技术的推广应用创造有利条件。此外，应着力构建产学研协同创新机制，强化农业科研院所、植保机构与涉农企业间的战略合作，共同推进绿色防控技术的研发创新与产业化应用进程。

（二）绿色防控技术的应用前景

在农作物病虫害防治领域，绿色防控技术展现出显著的应用价值与发展潜力。从防治效果来看，该技术能够显著抑制病虫害的发生频率与危害程度，从而有效控制农作物产量损失。就环境保护层面而言，绿色防控技术的应用可大幅降低农药施用量，进而减轻对生态环境的负面影响并降低对人体健康的潜在风险。更为重要的是，该技术还能显著提升农产品的品质安全水平，为增强农产品市场竞争力提供有力支撑。

（三）未来研究方向

在绿色防控领域的技术创新方面，亟须深化相关研究并推动技术突破，重点研发具有更高效益比和更低应用成本的绿色防控解决方案。具体而言，可运用现代基因工程技术改良作物种质资源以增强其抗病虫害特性，或致力于研制新型生物源农药制剂。

（1）绿色防控技术的示范推广实践。本书通过在农田及农业园区构建技术示范项目，系统性地向农户展示绿色防控技术的应用成效与比较优势。示范推广模式的实施不仅有助于提升农户对绿色防控技术的认知水平，更能促进其在生产实践中逐步掌握相关技术要点并实现有效应用。

（2）农民技能提升与技术指导体系建设。通过系统化的技术培训与专业指导服务，着力提升农业生产者应用绿色防控技术的专业素养与实践能力。培训体系设计应涵盖绿色防控技术的理论基础与实践操作要点，同时纳入病虫害发生风险评估方法及监测技术等核心内容。

（3）政策法规体系的构建与执行。为促进绿色防控技术在农业生产中的推广应用，政府部门需建立健全相应的政策法规框架，通过财政补贴和技术指导等激励措施引导农户采用环境友好型防控技术。此外，应强化对农业经营主体的监督管理机制，以保障农产品生产全过程严格遵循绿色防控技术规范要求。

（4）推动国际协同创新机制的构建，重点深化与跨国农业科研机构及龙头企业的战略合作，建立技术成果共享平台。通过构建全球知识共享网络，系统整合不同国家在农作物病虫害绿色防控领域的技术创新成果，从而提升国际农业科技合作的深度与广度，实现防控技术的协同创新与经验互鉴。

尽管绿色防控技术展现出显著的推广价值与应用潜力，但其全面实施仍需深化理论探索与实践验证。为促进农作物病虫害防治体系的可持续发展，建议从以下维度协同推进：强化基础研究与技术创新，完善示范推广机制，系统开展农民技能培训与技术指导，健全政策法规体系并确保有效执行，同时深化国际科技合作与经验交流，从而构建高效、安全、可持续的现代农业发展模式。

六、绿色防控技术应用实例——黄河三角洲大豆玉米带状复合种植技术

作为稳产玉米并同步提升大豆种植规模的有效模式，大豆玉米带状复合种植技术在农业生产中展现出显著优势。以 2022 年实施情况为例，地处黄河三角洲的山东省东营市积极响应国家政策导向，累计推广该种植模式达 2.4 万公顷。需要特别指出的是，在复合种植体系中，病虫草害的科学防控是确保综合效益的核心要素。鉴于黄河流域生态保护和高质量发展已纳入国家战略层面，实践表明，遵循“预防为主、综合防治”的植保原则，结合绿色防控技术体系对大豆玉米病虫草害实施精准防控，不仅能够切实保障区域农业生产安全，同时对维护黄河流域生态系统平衡具有重要的战略意义。

（一）黄河三角洲大豆玉米带状复合种植病虫草害发生特点

1. 主要病虫草害种类

2022 年度监测数据显示，大豆玉米带状复合种植体系内病虫害呈现中等发生态势，经系统鉴定确认可对该种植模式构成威胁的病虫草害物种总数超过 50 种。

根据相关研究数据，玉米作物主要面临的虫害威胁包括玉米螟、棉铃虫、黏虫、甜菜夜蛾、二点委夜蛾以及蚜虫类、蓟马类和地下害虫等；在病害方面则主要表现为褐斑病、大斑病、小斑病、弯孢霉叶斑病、茎基腐病、锈病和瘤黑粉病等。大豆种植中常见的害虫包括甜菜夜蛾、棉铃虫、豆荚螟、食心虫、点蜂缘蝽、大豆蚜、豆天蛾、银纹夜蛾、大造桥虫、烟粉虱、豆小卷叶蛾及地下害虫等；病害则以根腐病、病毒病、叶斑病和锈病等为主。在复合种植系统中，禾本科杂草以马唐、牛筋草、稗草、狗尾草和芦苇等为代表；阔叶杂草主要包括马齿苋、铁苋菜、反枝苋、藜、刺儿菜、苍耳、田旋花、龙葵、葎草、苘麻、鳢肠和马泡瓜等；此外还包括莎草科杂草香附子等。

2. 2022 年病虫害发生特点

在本研究实例中，区域病虫害构成以虫害为主导，其中复合种植模式下的虫害发生强度与影响范围显著超过病害及单作系统，尤以大豆甜菜夜蛾危害最为突出。玉米作物主要受玉米螟、棉铃虫及甜菜夜蛾等害虫侵袭，其发生面积广且危害程度严重；大豆作物则面临更为多样的害虫种群，其中甜菜夜蛾、棉铃虫和点蜂缘蝽等具有高发生频率与危害强

度。值得注意的是，甜菜夜蛾表现出跨作物危害特性，对玉米和大豆均造成显著损害，其种群数量庞大且世代重叠现象明显，特别是第三、第四代甜菜夜蛾危害尤为严重，导致大豆叶片出现大面积残缺。2022 年 7 月 15 日至 27 日，虫情测报灯监测数据显示甜菜夜蛾成虫诱集量达到 2021 年同期的 2.1 倍。在作物苗期阶段，甜菜夜蛾呈现双作物分散危害特征，待玉米进入拔节期后，因叶片组织结构变化，其危害集中转向大豆作物，百株虫量波动于 2.6~80.0 头之间，平均值为 20.5 头；点蜂缘蝽种群于 8 月进入爆发期，百株虫量介于 3~15 头，局部区域甚至超过 20 头；相较而言，食心虫、豆天蛾及造桥虫等害虫仅呈现轻度发生态势。

病害发生程度总体较轻且与降水条件密切相关。观测数据显示，7 月上中旬降水量显著高于历史同期水平，致使玉米褐斑病、茎基腐病及顶腐病的始发期较往年提前，其中低洼积水田块受害尤为严重。在玉米生育中后期阶段，小斑病呈现普遍发生态势，而大斑病、弯孢霉叶斑病和锈病仅零星出现，且病斑主要分布于植株下部叶片，对最终产量未构成显著影响。此外，瘤黑粉病与穗腐病等病害发生率较低。值得注意的是，在复合种植模式推广首年，由于有效规避了大豆重茬障碍，各类病害发生程度普遍较轻，仅排水条件欠佳的地块出现根腐病与褐斑病个案。

杂草防控面临显著挑战。基于对种植主体的问卷调研与实地考察数据，复合种植模式普遍采用夏播抢种方式，此时正值雨季且劳动力成本攀升，导致杂草治理主要依赖化学药剂，仅少数小规模种植户辅以人工除草措施。调研显示，14%的农户仅通过苗前封闭除草即实现理想防控效果，而多数生产者采用播前土壤封闭与苗后茎叶处理相结合的化学防控策略；约 1/3 受访者在苗后化学除草过程中观察到局部轻微药害现象，经分析主要归因于施药间隔不规范、风力影响或机械转向操作失误导致的药剂飘移，但未出现大规模严重药害情况。在杂草种类方面，马唐、牛筋草、稗草、芦苇、苍耳及香附子等物种表现出较强的抗防除特性。

（二）黄河三角洲大豆玉米带状复合种植病虫草害绿色防控关键技术

基于黄河流域生态保护和高质量发展的战略需求，本书采用环境友好型技术集成应用体系，重点实施农业防治、生态调控、生物防治及理化诱控等优先措施，并辅以科学用药策略，旨在显著降低化学农药使用量，从而有效保障区域农业生产安全、农产品质量安全及农业生态环境安全。针对黄河三角洲地区大豆玉米带状复合种植模式下病虫草害的发生特征，本书系统开展了绿色防控关键技术的专项试验研究。

1. 农业防治

在品种选择策略上，应优先选用具备多重抗逆特性的栽培品种，具体而言，大豆品种筛选需综合考虑耐阴性、抗倒伏能力、抗病性、株型紧凑度以及机械化收获适应性等农艺性状，以有限结荚型的中早熟高产品种为宜。针对黄河三角洲地区独特的光热资源条件，推荐种植齐黄 34、菏豆 33、菏豆 12、郓豆 1 号及华豆 10 号等优良品种。需特别注意的是，在大豆花叶病毒病流行区域应避免种植郓豆 1 号和华豆 10 号等易感品种；同理，对于大豆孢囊线虫病高发田块，则不宜选择齐黄34和菏豆33等易感病品种。

在黄河三角洲地区进行玉米栽培时，应优先选用具有株型紧凑、抗倒伏能力强、抗病性良好、株高中等偏矮且适宜高密度种植与机械化收获等特性的高产品种，其中登海605、鲁单510、登海710、金海1908以及天泰366等品种表现尤为突出，可作为该区域的优选栽培对象。

科学实施田间管理措施。通过规范化处理小麦秸秆还田作业，系统清除田间及周边区域的杂草，有效降低病虫害及杂草的初始种群密度。优先采用翻耕、旋耕等农业物理防治手段进行杂草防控，显著减少田间杂草基数，从而降低对化学除草措施的依赖程度。针对麦收后田间处理，建议实施灭茬作业，在条件受限情况下应控制小麦留茬高度，以提升土壤封闭除草剂在播种前期的施用效果。对于具备条件的种植区域，推荐实施20~30厘米的深耕作业。在地块选择方面，需规避大豆连作及迎茬种植模式，此举可显著降低大豆根腐病、孢囊线虫病等土传病害及其他病虫害的发生风险。

壮苗培育技术。为实现大豆玉米带状复合种植体系的光照资源优化利用与群体结构合理配置，需重点实施扩宽行距与缩小株距相结合的种植策略。根据区域生产实践及农机装备条件，建议优先选择4：2、4：3、6：3、4：4或6：4等经过验证的高效种植模式配置。在栽培管理方面，应严格实施适墒精准播种技术、单粒精量播种工艺以及养分均衡调控方案，从而保障田间出苗率达到全苗标准，并实现幼苗整齐度、健壮度与均匀度的协同提升。针对极端降水事件，需建立完善的田间排水系统，确保暴雨后能及时排出积水以维持根系正常生理活动。

2. 生态调控

为优化害虫生态调控效果，建议在规模化种植区域实施功能植物带配置方案，具体措施包括：沿种植区每间隔30米设置1米宽的蛇床子植物带，或在田边闲置区域种植蛇床子及菊科显花植物等天敌诱集植物，以此提升天敌种群数量，实现害虫的持续生物防控，从而降低化学农药依赖。研究数据表明，当田间天敌种群数量与蚜虫种群数量比达到1：120以上时，即可实现对蚜虫种群的有效抑制。

3. 生物防治

本书采用生物防治策略，在玉米关键生育期分两次释放玉米螟赤眼蜂以控制玉米螟等害虫种群。首次释放选择在玉米喇叭口期，投放密度为每公顷75000~150000头；第二次释放于抽雄吐丝期进行，投放量提升至每公顷150000~225000头。最佳释放时机为玉米螟成虫产卵初期至初盛期，采用植保无人机搭载专用蜂球释放装置实施精准投放，每公顷均匀布设120~150个蜂球。值得注意的是，该天敌昆虫对大豆食心虫和大造桥虫亦表现出显著的寄生效果①。

为确保天敌昆虫释放的最佳效果，建议选择无降水且风力较小的清晨或傍晚时段实施

① 林英，宋丽威，臧连生，等．三种本地赤眼蜂对大豆食心 虫卵的寄生潜能［J］．中国农业科学2014，47（19），3810-3816.

放蜂作业，此时环境温度相对较低，同时连片大面积释放可显著提升防治成效。需特别注意的是，释放前后 7 日内应严格禁止施用任何化学杀虫剂。当放蜂区域确需进行化学防治时，应优先规避阿维菌素与吡虫啉类杀虫剂以及戊唑醇类杀菌剂的使用，并严格遵循推荐剂量标准施药，以最大限度降低化学农药对天敌昆虫的负面影响，从而有效维持天敌昆虫对农业害虫的长期可持续控制效能。

针对玉米螟等鳞翅目害虫的低龄幼虫防控，建议采用微生物源农药进行精准施药。具体操作方案为：在害虫始发阶段，可选用 16000 IU/mg 效价的苏云金杆菌可湿性粉剂、400 亿孢子/g 浓度的球孢白僵菌可湿性粉剂或 10 亿 PIB/mL 滴度的甘蓝夜蛾核型多角体病毒悬浮剂，经适当稀释后实施叶面喷雾处理。施药时应重点针对新生叶片背面、心叶内部、花丝及果穗等害虫易聚集部位进行均匀喷洒，施药时间宜选择傍晚或阴天等适宜环境条件，同时需避免在大风天气或预计 4 小时内出现降水的情况下进行施药作业。

基于田间试验数据表明，针对二代玉米螟的生物防治可采取如下技术方案：于玉米生育大喇叭口期，将 16000IU/mg 效价的苏云金杆菌可湿性粉剂按 250～300g/667m^2 的推荐剂量，与经过筛分的细沙载体按比例均匀混合后，采用定向施药方式精准投放于作物心叶部位，此方法经实践验证具有显著的防治效果。

4. 理化诱控

为有效防控田间害虫，建议采用太阳能频振式杀虫灯进行布设，按照每 2～3 公顷设置一盏的密度进行安装。该设备的运行时段宜选择在 6 月至 9 月期间，主要针对玉米螟、棉铃虫、甜菜夜蛾、斜纹夜蛾、大豆食心虫、豆天蛾以及蛴螬等多种害虫的成虫阶段实施诱杀防治。

针对鳞翅目害虫的成虫羽化初期，建议采用悬挂式性诱捕器进行防控，具体实施时需根据产品说明书要求确定悬挂密度与高度参数，通常配置标准为每 667 平方米布设 1～3 套装置，且需确保诱捕器底部距离作物冠层 10～20 厘米；针对草地贪夜蛾的监测需求，应按照每 2 公顷设置 1 套性诱捕器的标准，用以实时掌握该害虫成虫的迁飞动态。

生物食诱剂诱杀技术。针对棉铃虫、玉米螟、大豆食心虫及豆荚螟等鳞翅目害虫成虫盛发期，采用田间条带式施药或悬挂式诱捕装置，该技术对雌雄成虫均表现出显著诱杀效果，可有效降低田间害虫成虫种群密度。

5. 科学用药

针对大豆与玉米两种作物的主要病虫害特征，应系统开展田间动态监测以准确掌握其发生规律。在播种前实施种子处理技术可有效防控苗期病虫害；在作物生长关键阶段，需综合研判两种作物病虫害的同期发生情况，科学配比杀虫剂与杀菌剂，通过统防统治措施实现一次施药同时防治多种病虫害的目标。

在播种前实施种子处理措施，通过包衣或拌种等方式可有效防控土传病害、种传病害以及地下害虫和苗期病虫害的发生，从而减少苗期农药施用次数至少一次；针对已包衣种子，在特定情况下可考虑进行二次包衣处理以增强防治效果。

针对大豆根腐病的防治，建议优先选用精甲·咯菌腈或氟环·咯·精甲等高效种衣剂；对于大豆立枯病的防控，恶霉灵种子处理干粉剂展现出良好的防治效果；在应对大豆孢囊线虫危害时，含有苏云金杆菌或阿维菌素等活性成分的种衣剂具有显著防效；针对地下害虫的防治，毒死蜱或丁硫克百威等成分的种衣剂可作为首选方案。此外，采用苯醚·咯·噻虫或噻虫·福·萎锈等兼具杀虫与杀菌功能的复配制剂，可实现对大豆蚜虫与根腐病等病虫害的综合防控。

针对玉米茎基腐病的防治，建议选用含咯菌腈或吡唑醚菌酯等活性成分的种衣剂进行处理；对于玉米丝黑穗病的防控，可采用含戊唑醇、苯醚甲环唑或三唑酮等有效成分的种衣剂；在防治灰飞虱、蚜虫及蓟马等害虫时，含噻虫嗪成分的种衣剂具有显著效果；针对地下害虫的防治，毒死蜱、丁硫克百威或溴氰虫酰胺等成分的种衣剂可作为优选方案。此外，采用兼具杀虫与杀菌功能的复配制剂亦为可行之策，例如噻虫·咯·霜灵可同步防治根腐病与蚜虫，而吡唑酯·咯菌腈·噻虫嗪则对茎基腐病和灰飞虱具有协同防治效果。

杂草化学防除技术体系以播后苗前土壤封闭处理为核心措施，辅以苗后定向茎叶处理，强调早期防控与低龄期治理。在除草剂筛选过程中，需系统评估田间杂草群落组成特征，兼顾当季大豆玉米复合种植体系及后茬作物的安全性，严格遵循药剂登记用量规范实施科学施药。

在播种后 48 小时内实施土壤封闭处理，建议采用以下施药方案：每公顷施用 960 克/升精异丙甲草胺乳油 900~1275 毫升，或 33%二甲戊灵乳油 2250~3000 毫升，或 900 克/升乙草胺乳油 900~1500 毫升，经稀释后均匀喷施于地表；针对阔叶杂草发生严重的地块，可配伍使用噻吩磺隆或唑嘧磺草胺进行复配防治，同时需根据土壤墒情相应调整施药液量。

针对土壤封闭处理效果欠佳的情况，建议在大豆生长至 2~3 片复叶期、玉米 3~5 叶期且杂草处于 2~5 叶期时，采用分带定向茎叶处理技术进行除草作业。具体施药方案为：大豆田每 667 平方米施用 15%精喹禾灵·氟磺胺草醚微乳剂 100~120 毫升；玉米田则可选用 27%烟嘧磺隆·硝磺草酮·莠去津可分散油悬浮剂或 26%苯唑草酮·莠去津可分散油悬浮剂，每 667 平方米施用 150~200 毫升，上述药剂均需兑水后进行叶面喷雾处理。

为确保不同作物间的有效隔离，建议在大豆与玉米种植行间实施严密的物理遮挡措施。施药作业应优先选择风速较低的气象条件进行，以降低药剂飘移风险。若除草剂药害现象发生，可通过叶面喷施植物生长调节剂进行干预，此举可显著减轻药害症状并促进植株恢复。

大豆从出苗至开花阶段与玉米从出苗至拔节期间构成作物苗期关键生长期。大豆作物主要面临蚜虫、甜菜夜蛾及棉铃虫等害虫威胁；玉米作物则易受棉铃虫、玉米螟、甜菜夜蛾、二点委夜蛾以及蓟马等害虫侵袭。针对玉米茎基腐病的防控，建议采用播前种子包衣或拌种处理作为主要防治手段。若拌种处理后仍出现蚜虫危害，可选用噻虫·高氯氟复配剂进行叶面喷雾，该措施同时可有效控制蓟马、粉虱及灰飞虱种群，并对玉米粗缩病和大豆病毒病具有预防作用。针对玉米螟和棉铃虫的防治，推荐使用氯虫·高氯氟、氯虫苯甲酰胺、高效氯氟氰菊酯或苏云金杆菌等生物/化学制剂；甜菜夜蛾的防控可采用甲维·毒死蜱复配剂；对于二点委夜蛾，建议选用甲氨基阿维菌素苯甲酸盐或氯虫苯甲酰胺进行茎基部定向喷雾，或撒施噻虫·氟氯氰颗粒剂。在玉米3~5叶期实施上述药剂的综合防治方案，可同步控制豆天蛾、大豆造桥虫、黏虫及地老虎等多种害虫。

作物生长中期涵盖大豆开花结荚期与玉米穗期等重要生育阶段，此阶段多种病虫害呈现显著上升趋势，构成防治关键窗口期。针对大豆作物，主要防控对象包括食心虫、豆荚螟、棉铃虫等鳞翅目害虫，以及点蜂缘蝽等半翅目害虫，同时需重点防控叶斑病与锈病等叶部病害；玉米作物则需着重防治玉米螟及叶部病害大斑病、小斑病等。在防治策略上，建议采用高效氯氟氰菊酯等拟除虫菊酯类药剂于成虫盛发期施用以控制大豆食心虫与豆荚螟，该措施可同步兼治玉米螟等害虫；针对叶部病害防治，可选用吡唑醚菌酯等甲氧基丙烯酸酯类杀菌剂进行叶面喷施，在花后遇持续阴雨天气时需加强预防性施药。特别值得注意的是，点蜂缘蝽的防治宜选择噻虫·高氯氟等复配药剂，并把握晨昏时段害虫活动迟缓的有利时机施药。综合防治建议在7月下旬至8月上旬期间，即大豆初荚期与玉米大喇叭口至抽雄期的重叠阶段，根据田间实际发生情况选用兼容性药剂实施统防统治，施药后仍需持续开展病虫害监测，必要时进行补充防治。

作物生长后期作为产量形成的关键阶段，大豆处于鼓粒期而玉米则处于籽粒形成至成熟期，此时期对大豆保荚和玉米保穗具有决定性作用。在大豆栽培体系中，需重点防控的病虫害包括食心虫、豆荚螟、点蜂缘蝽等虫害以及叶斑病等病害；玉米生产方面则需着重防治以玉米螟、棉铃虫、黏虫和桃蛀螟为代表的穗虫类害虫，同时还需警惕草地贪夜蛾的侵袭，并对叶斑病和锈病等病害实施有效防控。

基于前期防控措施的持续实施，需根据田间病虫害实际发生态势适时调整防治策略。此阶段应重点监测草地贪夜蛾与玉米南方锈病两类具有突发性流行特征的重大病虫害动态，若发现入侵迹象须即刻启动应急防控机制并实施区域化统防统治。针对草地贪夜蛾的防治，可选用乙基多杀菌素、虱螨脲、氯虫苯甲酰胺等化学药剂，或采用苏云金杆菌、球孢白僵菌等生物防治手段进行有效防控。

（三）绿色防控技术模式防治效果

本书提出的绿色防控技术体系与黄河三角洲地区绿色发展理念高度契合。通过实施农业防治与生态调控相结合的措施，显著改善了作物生长环境，不仅保障了苗情健壮，更在病虫害预防方面发挥了重要作用。生物防治与理化诱控等技术的综合运用，有效降低了田间病虫基数，为实现农药减量施用提供了可靠途径。特别值得关注的是赤眼蜂释放技术的防治效果，实验数据显示：采用赤眼蜂生物防治的地块玉米果穗虫害发生率为32%，而常规化学防治区则高达66%，两者相差34个百分点，充分证明赤眼蜂防治技术较传统化学防治具有更显著的控害效果。

实证分析显示，采用绿色防控技术集成体系的试验区相较于传统防治方式，玉米果穗受虫害侵染比例显著降低50%，大豆虫食率下降幅度达15%，且杂草发生密度与单作模式基本持平。产量测定数据表明，该模式下玉米单位面积产量维持在 530kg/667m^2 水平，虽较单作玉米减产 70kg/667m^2，但通过间作大豆获得 96kg/667m^2 的额外产出。经济效益评估中，在扣除种子、机械化作业及植保措施等新增成本 116 元后，依据 2022 年 10 月当地大宗农产品市场均价核算，该复合种植体系可实现净收益增加 258.8 元/667m^2（见表 3-3）。

表 3-3 2022 年黄河三角洲地区大豆玉米带状复合种植与玉米单作生产投入对比

生产投入项目	大豆玉米带状复合种植（元/667m^2）	玉米单作（元/667m^2）
种子	87	50
肥料	209	209
机播	49	36
病虫草防治	86	36
机收	82	66
其他	30	30
合计	543	427

第三节 绿色种植技术

党的十九大报告着重强调了绿色农业在新时代发展战略中的核心地位，明确提出要加快推进乡村民生产业的发展进程。在此政策导向下，农业高质量发展不仅成为提升城乡居民生活品质的关键路径，更是促进经济持续增长、实现乡村振兴战略目标的重要支撑。然而，在推进绿色农业技术应用的过程中，既面临着诸多挑战，也蕴含着发展机遇，这就要求我们必须以乡村振兴为根本遵循，以生态环境建设为着力点，通过持续提升农业生产效率和质量，为现代农业体系的构建提供坚实保障。

为推动现代农业高质量发展，绿色农业种植技术的推广应用具有核心战略意义，该技术体系既能实现农作物栽培的科学规划与优化布局，又能有效落实国家农业扶持政策的宣传普及工作。技术推广部门通过定期组织专题培训活动，重点围绕病虫害综合防治关键技术及优质品种推广等核心内容展开系统培训，旨在针对当前我国绿色种植技术应用过程中存在的突出问题提供切实可行的解决方案。

在乡村振兴战略实施背景下，我国通过持续强化绿色农业种植技术的宣传推广工作，为农业可持续发展提供了重要支撑。当前阶段，绿色农业种植技术已取得显著成效，这得益于国家层面的政策支持与实践探索。然而，技术推广过程中仍面临诸多挑战，亟须结合时代发展特征与民生实际需求，系统性地解决推广应用中的瓶颈问题，并通过创新工作机制不断优化技术推广体系。

一、绿色农业种植技术概述

随着国民经济持续快速发展与居民生活水平显著提高，社会公众对生态环保型食品的需求日益凸显，环境保护意识亦达到前所未有的高度。传统农业生产模式过度依赖化学农药与化肥以实现增产目标，不仅导致有害物质残留威胁人体健康，其非生态化的耕作方式更与可持续发展理念相悖，对生态环境产生深远负面影响。因此，亟须从战略层面推进绿色农业技术的普及应用，以此构建农产品质量安全的全方位保障体系。

本书提出的绿色农业种植技术体系，通过系统性地分析农作物全生育期的生长特性，采用科学合理的干预措施对作物生长过程进行精准调控。该技术体系通过整合环境友好型种植方法，不仅能够有效解决传统农业生产中的诸多弊端，还能有针对性地改善影响作物生长的环境因子。实践表明，该技术可显著提升土地资源利用效率，在保障农产品品质提升的同时，实现了环境保护与资源节约的双重目标。

二、绿色种植技术的主要内容

在耕地优化技术领域，农业绿色种植技术的应用对提升耕地质量和改善农作物生长环境具有显著作用。为实现土壤改良目标，笔者建议通过整合保护性耕作技术、卫星遥感监测技术、秸秆还田技术、生物调控技术以及科学轮作制度，突破传统人工耕作方式的局限，从而有效推进高标准农田建设进程。

在品种改良技术层面，应优先筛选具有广泛适应性、优异抗逆特性及优良品质性状的作物品种，同时在品种选育过程中实施更为严格的优选标准。

通过水肥一体化技术的广泛应用，笔者重点实施基于土壤检测的精准施肥方案，显著提高了农业生产效率。研究采用包括喷灌系统、间歇灌溉技术及精准定量灌溉方法在内的现代化灌溉手段，有效实现了农业水资源高效利用与化肥减量施用的双重目标。

在农业病虫害防治领域，综合防控技术的研发与应用对提升作物产量与品质具有关键作用。为构建完善的病虫害防治体系，需重点推进防治技术的创新性研究，系统性地开发新型防治手段。在技术应用层面，应严格贯彻绿色防控原则，通过植保无人机作业、机械化除草等环境友好型技术的规模化应用，实现绿色防控技术覆盖面的持续拓展。

农机标准化技术的应用成效直接影响种植时效性的提升程度，而这一关键因素又取决于农业机械的整体发展水平。为实现种植机械化的发展目标，各地区需以农机管理标准为核心依据，系统提升农机管理工作的科学性与合理性。通过建立健全农机工作标准机制，并广泛引入先进的信息监控技术，可显著增强农机设备的使用便捷性与操作安全性。

三、绿色种植技术的优势

（一）保证农产品安全

作为关乎国计民生的核心议题，食品安全与农产品质量安全始终与农业生产实践保持着密切的关联性。传统农业生产模式为实现产量最大化并有效防控病虫害侵袭，普遍采用化学肥料和农药等投入品，这种生产方式不可避免地导致农产品中农药残留超标，进而对人体健康构成潜在威胁。通过科学应用绿色农业种植技术，不仅能够为农作物营造安全、环保、可持续的生长环境，显著提升农产品品质，更能为推进绿色农业经济体系建设提供坚实的技术支撑。

（二）提高资源利用效率

为贯彻生态平衡发展的战略目标，我国确立了低碳环保的可持续发展路径。通过系统性地推广绿色农业种植技术，农业生产模式得以与这一发展理念实现深度融合。借助现代科技手段的集成应用，农业生产过程能够显著提升其生态友好性与健康度。同时，强化绿色种植技术的宣传普及工作，有助于转变农户的传统种植观念与作业模式，促使先进技术资源得到充分开发利用。这种技术革新不仅能够实现农作物增产增效，更能通过资源优化配置推动区域农业经济的可持续发展。

（三）有利于保护消费者的合法权益

随着消费者对食品安全与品质需求的日益提升，作为食品供应链关键环节的农产品生产亟须转型升级，在此背景下，推广绿色农业种植技术具有双重战略意义：一方面能够显著增强农产品的安全性与可靠性，从而保障消费者的健康权益；另一方面，该技术的应用还能有效促进区域农业经济的可持续发展，实现经济效益与生态效益的协同提升。

（四）促进区域经济协调发展

随着食品安全问题的持续凸显，消费者对绿色农产品的需求呈现显著增长态势，这为绿色农业种植技术的推广与应用创造了前所未有的发展机遇。通过实施绿色农业种植技术所生产的农产品，能够显著提升绿色消费的市场层级，虽然该技术需要较高的资金投入导致产品售价相对较高，但这一特点既有助于增加农民经济收益，又能有效促进区域经济向高质量发展转型。值得注意的是，绿色农业的深入发展还将吸引大批农业专业人才投身其中，从而推动该领域更深层次的学术研究与技术创新，最终为区域经济的可持续发展和良性循环奠定坚实基础。

四、绿色种植技术推广意义

（一）促进环境保护工作开展

本书提出的绿色农业种植技术体系与我国倡导的低碳环保发展战略高度契合，为实现环境友好型社会建设提供了重要技术支撑。该技术体系通过实施优质种子筛选、精准温控管理等科学手段，显著降低了化肥农药等化学制剂的使用强度，不仅大幅提升了农业生产效率，同时确保了农产品质量安全。更为重要的是，该技术有效协调了农业生产与环境保护之间的辩证关系，为解决二者之间的矛盾提供了可行方案，从而为土地资源的可持续开发利用奠定了坚实基础，对推动农业现代化转型具有重要的实践价值。

（二）满足社会需要

随着国民经济水平的持续增长，民众物质生活条件得到显著改善，消费理念较之以往呈现出根本性转变，健康、环保的食品消费需求日益凸显。为切实满足社会公众的日常消费需求，亟须全面推进绿色生产方式，在保障食品安全性的基础上，通过科学化、集约化的生产手段提升农产品品质，从而构建更加完善的食品安全保障体系。

通过运用绿色农业种植技术的灵活实践，农业生产模式得以显著改善，从而有效促进绿色农业的可持续发展进程。相较于传统农产品，绿色农产品不仅具有更高的市场溢价能力，还展现出广阔的市场发展潜力，这不仅能够显著提升农业生产的经济效益，为从业者创造更为丰厚的经济回报，同时还能形成良好的品牌效应，进而推动农业经济向着更加健康、稳定的方向发展。

（三）推动我国农业创新发展

现行农业生产体系普遍存在化肥与农药的过度施用现象，其种植管理过程缺乏科学指导，致使作物产量与品质均难以达到理想水平，这不仅无法充分保障城乡居民的基本生活需求，更与当前生态文明建设的发展理念相冲突，最终制约了我国现代农业的可持续发展进程。

绿色农业种植技术的推广应用不仅能够推动农业领域的创新发展，更有助于培养农户形成科学先进的种植理念，通过提升种植过程的灵活性与科学性，显著增加农户的经济收益，进而实现绿色农业的可持续发展，并为我国农业生产水平的整体提升提供重要支撑。

五、绿色种植技术推广和开发对策

（一）完成多种技术的整合与筛选

在当前以可持续发展为导向的经济背景下，绿色产品不仅是满足民生需求的重要载体，更在我国农产品国际贸易格局中扮演着关键角色。从生态文明的战略视角出发，绿色农业技术的创新应用能够有效促进人地关系的和谐发展。为此，农业科技工作者亟须将绿色种植技术的研发与应用作为核心任务，这一过程既要求技术人员持续吸收前沿种植理论，又需要基于区域农业生态特征对多元技术体系进行系统整合与优化选择。现阶段主流的绿色种植技术体系涵盖土壤改良技术、种质资源优化技术、智能水肥调控技术、病虫害生态防控技术及农机标准化作业技术等关键领域。在技术实施层面，应当同步推进生产技术体系与产业模式的转型升级，重点构建高水平科研团队，通过引进领域专家和优化人才激励机制来强化专业队伍建设，同时建立完善的培训体系以保障技术推广效能，从而为绿色农业的可持续发展提供系统性支撑。

（二）加强绿色农业种植技术的研究

相较于国际先进水平，我国在绿色农业种植技术领域的科研进展仍显不足，亟须加大技术推广力度。当前国内在该领域的理论体系构建和实践应用层面均存在明显差距，与发达国家相比技术成熟度较低，这一现状可能导致农业生产者的经济效益受损。为此，建议采取以下措施：深化相关技术的基础与应用研究，建立区域性示范种植基地，在充分考虑本土农业特征的基础上选择性吸收国外成功经验，通过弥补技术缺陷来促进绿色种植技术的落地应用，同时持续优化绿色种植的理论框架。

鉴于绿色农业种植技术发展对专业化人才的迫切需求，高等院校应当将此类人才培养置于优先发展地位，通过强化实践教学环节，系统性地构建理论知识与实践技能相融合的教学体系，从而显著提升学生的专业素养与实操能力。这种人才培养模式不仅能够为绿色农业种植领域输送高素质的专业技术人才，更能从源头上保障农产品质量安全，同时实现农业生产者经济效益的可持续增长。

（三）发展绿色农业种植示范基地

通过构建绿色农业种植示范基地，可为农业绿色种植技术的推广提供具象化展示平台，使相关从业人员能够全面掌握该技术体系的核心操作规范。

通过建设绿色农业种植示范基地，可为当地农户构建一个系统学习现代农业技术的优质平台，该平台不仅能够促进农户与农业技术专家之间的互动交流，更可通过理论教学与田间实践相结合的方式，显著提升绿色种植技术的掌握程度，从而有效推动先进农业技术的普及与应用。

（四）加强农业绿色种植技术的培训

由于乡村地区农户受教育程度普遍不高，这一客观现实对绿色农业种植技术的普及与实施构成了显著制约。调查显示，多数农户仍固守传统耕作理念，对新兴的绿色种植技术存在明显的认知障碍与接受困难。针对这一现状，建议基层干部与农户建立常态化的沟通机制，通过系统化的宣导使其充分理解绿色种植技术的生态效益与操作规范。值得注意的是，技术推广工作的顺利开展亟须构建专业人才支撑体系，各级党政部门应当统筹整合农业技术专家资源，建立定期下乡指导制度，通过组织专题培训提升农户的技术应用能力，同时设立技术服务站实施定点帮扶，为农户提供持续的技术支持与咨询服务。

六、绿色种植技术应用实例——小麦绿色种植技术

作为全球主要粮食作物之一，小麦在我国农业生产中占据重要地位，其种植面积和产量均位居全国粮食作物第二位。然而，传统种植过程中过度依赖化肥和农药的施用，不仅可能导致小麦产品化学残留超标，对人体健康构成潜在威胁，还会因这些化学物质在土壤中的持续积累而破坏土壤生态平衡，进而影响土地的可持续利用。值得注意的是，推广小麦绿色种植技术具有多重效益，既能保障粮食安全生产，又可实现生态环境保护目标，同时还能显著提高农民的经济收益。

（一）推广小麦绿色种植技术的意义

1. 确保粮食与食品的安全

为确保粮食安全这一涉及国计民生的重要议题得以实现，需满足三个基本条件：市场供需平衡的粮食产量、价格体系的稳定性以及全民粮食获取的充分性。研究表明，通过推广小麦绿色种植技术可实现对作物生长周期的精准调控，这不仅显著提高了单位面积产量，同时通过优化生产环节有效平抑了市场价格波动并保障了供应链的稳定性，由此在农业生产源头上构建了更为可靠的粮食安全保障机制。

为确保粮食安全生产体系的完整性，本书对小麦绿色种植技术实施过程中农药与化肥的施用标准制定了严格的规范要求。在作物收获环节后，采用先进的检测技术对籽粒中化学残留物进行系统性分析，以此构建从生产源头到终端产品的全程质量监控体系，从而为粮食安全提供双重保障机制。

2. 增加农民群体的收入

采用绿色种植技术培育的小麦具有显著的化学残留控制优势，部分样本甚至达到零残留标准。实验数据表明，此类小麦不仅营养价值显著提升，其感官品质也更为优异，完全契合当代消费者对食品健康属性与食用体验的双重需求。基于其突出的产品特性，该品类小麦在农产品市场展现出广阔的发展前景，并形成明显的价格溢价现象。

社会经济的高速增长与居民可支配收入的持续攀升显著增强了消费群体的购买能力，这为绿色小麦的市场销售创造了有利条件。该种植模式的推广应用不仅能够有效提升小麦种植者的经济收益，同时也有助于改善农村居民的生活质量，激发农业生产者的种植积极性，稳定农业劳动力供给，进而扩大绿色小麦的种植规模，最终促进我国农业实现健康可持续发展。

（二）小麦绿色科学种植技术要点

1. 小麦选种和种子处理

本书研究结果表明，小麦品种筛选技术显著影响作物的抗病性表现及田间生长状况。为确保筛选效果，实际操作中需重点考察籽粒形态特征，这些性状参数与植株抗性水平成正相关关系，最终有助于实现产量潜力的最大化。

通过应用优质小麦品种选育技术，在后续作物栽培过程中即便遭遇病虫害侵袭，亦无须依赖化学农药即可维持小麦的产量与品质，这不仅能够显著降低农业生产成本，同时还能有效减少农药施用对生态环境造成的负面影响。

在当前农业生产实践中，种子品种的选择需通过系统性的市场调研，重点考察不同供应商的产品质量与售后服务水平，优先选择具有良好市场声誉的种子生产企业。随着农村电子商务平台的迅猛发展，现代农户已能够充分利用互联网渠道获取小麦品种的详细性状参数和农艺特性，通过科学的比较分析，最终筛选出符合当地生产条件与种植需求的最优小麦品种进行规模化栽培。

通过对某年度小麦杂交栽培试验数据的系统分析发现，尽管当年冬季遭遇异常低温天气且播种期温度波动显著，加之生长前期区域降水量偏离正常水平，但多数杂交小麦品种仍表现出较高的发芽率，这一实证研究结果充分印证了现代杂交小麦技术已取得显著进展，并展现出较强的环境适应性和生产稳定性优势。

为确保作物种子的优良品质，建议优先选取籽粒饱满的种质资源，并运用科学筛选技术剔除干瘪劣质种子，从而显著提高种子的萌发潜能。在播种前的预处理阶段，需对种子实施规范的浸种程序，通过特定化学药剂处理以有效杀灭附着于种皮表面的病原微生物及虫卵残留。值得注意的是，采用草木灰浸提液对小麦种子进行消毒处理亦不失为一种经济有效的生物防治方法，其杀菌效果经实证研究证实具有显著功效①。

2. 科学整地

作为全球主要粮食作物之一，小麦展现出较强的环境适应性和广泛的土壤耐受性。该作物的栽培对种植区域环境条件具有相对宽松的适应性要求，既能在黏性土壤中生长，也可在沙质土壤条件下实现正常产出。值得注意的是，要实现小麦的优质高产，仍需保证生长期间的水分供给和养分供应等关键生长要素得到充分满足。

研究表明，小麦植株的根系系统具有显著发达的形态学特征，使其在土壤养分吸收方面表现出较普通农作物更强的竞争优势。基于这一生理特性，在农业生产实践中需特别重视种植区域的土壤物理性状调控，尤其需要通过改善土壤孔隙度与结构松软度来优化根系的营养吸收效率。

为确保小麦种植获得理想的产量水平，有必要在播种前对目标区域的土壤条件进行系统评估，重点考察土壤有机质含量及物理结构特性等关键指标。在具体耕作实践中，应采

---

① 宋庆国．小麦种植技术及田间管理推广策略研究［J］．种子科技，2024，42（03）：26-28.

取深耕措施对土壤进行预处理，具体操作包括通过翻耕使土壤充分暴露于阳光直射下，利用紫外线的辐射效应实现杀灭害虫和病原微生物的生物学目标。

研究表明，草木灰作为一种天然土壤改良剂，不仅具备显著的杀虫与杀菌功效，且对土壤物理结构无负面影响。通过播种前将草木灰均匀施用于耕作层，其强碱性特性可有效调节土壤 pH 值，进而抑制病原微生物和害虫种群的生长发育。结合现代农业整地技术实施综合处理，能够显著优化土壤微环境，从而为小麦种子萌发创造更为有利的生理条件。

3. 科学灌溉

基于小麦不同生育期的水分需求特征，灌溉技术的选择应充分考虑各生长阶段的需水规律。研究表明，拔节前期作为营养生长关键期，其灌溉量约占全生育期总需水量的35%；从拔节至抽穗的生殖生长初期，需水量相对降低，占总灌溉量的25%；而进入灌浆至成熟期后，由于籽粒形成与物质积累的生理需求，该阶段需水量显著增加，达到全生育期总需水量的40%，成为水分管理最为关键的时期。

在农业生产实践中，当遭遇降水不足或气候干旱等不利条件时，必须通过人工供水措施来满足小麦各生育期的水分需求。这种灌溉方式不仅能显著提高小麦籽粒的饱满度，还具有调节区域小气候的生态效益。针对干旱缺水地区的种植实践，农业工作者可采用滴灌或喷灌等高效灌溉技术，以显著提升水资源的利用效率。相较于传统的大水漫灌方式，喷灌和滴灌技术不仅能有效减少灌溉用水量，还能降低生产成本，同时提高作物对水分的吸收利用率。

随着现代农业技术的迅猛发展，农户已能够通过先进的检测设备对耕作区土壤含水率进行精确测定。以微量水分测定仪为代表的现代仪器，为农业生产者提供了土壤湿度数据的科学依据。当监测结果显示土壤含水指标偏离适宜范围时，生产者可及时采取有针对性技术措施进行调控，从而有效保障小麦作物的正常生长发育①。

4. 做好农药用量控制工作

农业种植实践表明，杂草对小麦作物的生长发育具有显著负面影响。作为病虫害传播媒介的杂草不仅会与小麦竞争土壤中的水分和矿质养分，还会导致病害传播风险增加。基于此，科学施用除草剂已成为现代小麦栽培管理中亟待解决的关键技术问题。

在规模化种植区域，人工除草方式难以实现杂草的彻底清除，因此需采用化学除草剂进行防治。为确保除草剂的安全使用，种植者应严格遵循产品说明书规定的稀释比例，以规避对小麦生长过程的负面影响。建议农户在实施化学除草前咨询当地农业技术专家，优先选用高效环保型除草剂，从而最大限度减少对作物及土壤生态的干扰。此外，引入无人机施药技术可显著提升农药喷洒作业的精准性与工作效率，为现代农业植保提供创新解决方案。

为确保农田杂草治理工作的科学性与有效性，需着重把握若干关键农事节点。针对冬

① 金珊珊，岳伟，杨敏，等．绿色小麦种植田间管理及技术推广探析［J］．农业开发与装备，2024（01）:184-186.

小麦田间杂草防控，建议实施分阶段差异化治理策略：苗期阶段应优先采用物理防控措施，包括人工拔除或轻型机械除草等非化学手段，此举既能有效抑制杂草与作物竞争水分及养分资源，又可规避化学药剂可能引发的环境风险；返青期作为杂草生长旺盛阶段，则推荐采用化学防控方案，在药剂选择上需严格遵循“高效低毒”原则，通过系统评估农药的生态安全性与靶标特异性，优选环境友好型除草剂品种，从而在保障除草效果的同时最大限度降低对小麦植株的药害风险。

5. 生态环保的病虫害防治技术

在农业害虫防治领域，物理防治技术主要基于害虫的趋性行为特征，通过光诱或食诱等非化学手段实施虫害控制。以小麦蚜虫为例，该害虫种群表现出显著的趋黄特性，因此可采用黄色粘虫板作为有效的诱捕装置。这种防治方法具有双重优势：一方面显著减少化学农药对生态系统的干扰，另一方面有效降低农产品农药残留风险，从而为作物生长发育创造更为有利的环境条件。

生物防治技术领域的研究表明，当前小麦种植实践中，以天敌利用和微生物防治为代表的生物防控手段已显现出显著的应用价值。从生态调控角度分析，天敌防治主要体现为鸟类控害与昆虫相克两种机制，具体而言，七星瓢虫作为典型的天敌昆虫，其个体虽小却展现出惊人的捕食能力，单只成虫可有效捕食逾百只小麦蚜虫，从而显著降低害虫种群密度。微生物防治技术中，苏云金芽孢杆菌等生防菌株的应用效果尤为突出，通过制备含菌生物制剂进行叶面喷施，不仅能够高效抑制小麦蚜虫等主要害虫，还兼具环境友好特性，实际防治效果已得到田间试验数据的充分验证。

（三）小麦绿色种植技术推广措施

1. 借助新媒体平台

随着数字媒体技术的快速发展，当代社会公众通过新兴媒介平台得以获取更为全面精准的农业数据信息，并掌握先进的农业生产技术。基于这一现实背景，在小麦绿色种植技术推广实践中，亟须对传统推广模式进行系统性优化升级，通过整合线上传播平台与现代化信息技术手段，构建多元化的技术推广路径。

为提升农业技术推广成效，推广部门可采取多元化传播策略：通过短视频直观呈现技术操作流程，借助直播平台的实时互动功能及时解答农户疑问；同时配合图文并茂的技术指南深入阐释关键环节，并开设结构化在线课程体系，以此系统提升农户的专业技能水平。具体到小麦绿色种植技术的示范环节，技术人员应重点展示种子处理、精准播种等核心操作，详细解析田间管理技术规范，并将标准化操作视频上传至农业技术推广平台，从而确保农户能够全面掌握该项技术的实施要点。

2. 建立绿色种植示范基地

为有效推进小麦绿色种植技术的普及应用，首要任务在于提升农户对该技术实用价值的认知水平。建议采取建立标准化示范田的实践路径，通过设置对照试验区和常规种植区的对比展示，使农户能够直观认知绿色种植技术的操作要点及其增产增效的实际表现，以此激发农户主动采纳该项技术的内生动力。

示范基地通过组织农民参与试验种植活动，不仅能够有效激发其生产积极性，更有助于促进农业技术推广工作的有序实施。在实际运作过程中，示范基地可结合当地农业生产特点，系统性地开展小麦绿色种植技术培训课程，重点解析生产实践中的技术要点与操作难点，并采取多元化教学手段，包括发放技术手册、组织视频教学等，从而全面提升农民对绿色种植技术的理解与应用能力。

3. 发挥农民合作社的作用

实证研究表明，农民合作社作为我国农村经济转型过程中的重要组织形式，在促进农业生产方式向规模化、生态化转型方面发挥着关键作用。针对小麦绿色种植技术的推广实践，应充分发挥农民专业合作社的组织优势和示范效应，通过深化与合作社的战略合作，构建高效的技术传播渠道，从而提升绿色农业技术的普及效率。

从技术推广维度来看，合作社可整合专家资源开展专题技术培训与田间指导，使农户系统掌握小麦绿色种植的关键技术规范与田间管理要点。在经验共享层面，依托合作社内部信息平台构建案例交流机制，通过典型示范效应提升农户参与积极性与实施信心。物资供应方面，合作社通过集中采购模式统一调配优质种子、环保肥料及生物农药等生产资料，显著降低生产成本。在政产学研协同方面，合作社凭借组织优势可与科研院所及政府部门建立战略合作关系，获取政策扶持与技术支撑。市场运营环节则通过统一产品标准、创建绿色品牌等举措提升农产品附加值，最终实现农户收益最大化与市场竞争力同步提升。

4. 借助信息技术

随着信息技术的迅猛发展，网络技术已深度融入社会各领域的实践应用。基于互联网平台的普及与升级，公众得以通过数字化渠道高效获取各类信息资源。在此技术环境下，将精准农业技术与互联网平台进行有机整合，构建小麦绿色种植技术的双轨推广体系，可实现线上信息传播与线下实践指导的协同推进。

基于微信、抖音及微博等新媒体平台的信息发布机制，本书构建了面向农户的小麦绿色种植技术推广体系，该体系不仅实现了农业技术知识的有效传播，更为农户与技术人员搭建了专业化的互动交流平台。为确保技术推广工作的规范化运行，建议实施网络账号的标准化管理，在平台中建立常见技术问题的知识库，并通过微信公众号定时推送灌溉、除草等农事操作提醒信息，从而建立及时响应的问题解决机制。为进一步提升技术推广效率，可整合电话服务热线与手机短信等传统渠道，构建多维度、立体化的农业新技术传播网络。

第四章　现代智能化农业的智慧养殖

作为现代农业智能化转型的核心领域，智慧养殖不仅体现了国家农业发展战略的重要部署，更推动了农业供给侧结构性改革与实现高质量发展的核心驱动力。该模式通过集成感知技术、数据融合与智能决策系统，显著提升了畜禽养殖业的集约化与规模化发展水平，已获得行业广泛认同。从产业实践来看，智慧养殖技术的深入应用对优化生产资源配置、提升数字化管理效能、促进经济效益增长以及加速现代农业转型升级具有显著的促进作用。

第一节　智慧养殖概述

一、智慧养殖概念界定

相较于传统养殖模式，智慧养殖是通过互联网技术实现养殖过程高效智能化管理的新型生产方式。该系统的核心架构由感知层硬件、无线数据采集终端、智能控制柜及云端管理平台构成，通过集成化设计对养殖场内的环境调控系统、能源消耗监测单元以及蓄水池等关键设施进行智能化联动控制。该系统不仅能够实现多参数协同优化管理，在监测到设备运行异常时还可支持人工介入的实时操作功能，从而确保养殖生产的稳定性和可控性。

二、智慧养殖发展背景

历经长期发展演进，我国养殖产业已取得突破性进展，不仅有效保障了农产品稳定供给，更显著提升了行业经济效益。然而在新一轮产业转型升级背景下，为确保养殖业实现高质量可持续发展，亟须顺应数字化发展趋势，通过互联网技术与科技创新手段持续提升畜禽产品安全生产水平。值得注意的是，智慧养殖模式凭借其显著技术优势，目前正在国内养殖领域快速推广应用。传统养殖作业主要依赖人工经验判断，这种模式往往存在监测滞后、评估失准等问题，从而制约养殖效益的进一步提升。相比之下，智能生态养殖系统不仅能实时监测畜禽生长参数并发出预警信号，还可实现远程智能化管理，有效替代传统人工巡检作业，显著降低劳动力投入。

笔者提出了一种基于物联网技术的智能化生态养殖系统解决方案，该系统通过在养殖场所部署二氧化碳、氨气、温湿度等多参数传感器网络，实时采集并传输养殖环境数据，从而实现对畜禽舍环境参数的动态监测。该系统具备智能联动控制功能，可根据监测数据自动调节温湿度调控设备及有害气体处理装置，有效优化养殖环境条件。这种智能化的环境调控机制不仅显著改善了畜禽饲养环境质量，更为实现现代化养殖场的智能化生产和科学化管理提供了可靠的技术支撑。

当前，我国畜牧产业仍面临科技水平相对滞后、企业生产管理粗放、政府监管机制不完善以及生态环境压力突出等现实挑战。随着智能化养殖技术的快速发展与应用推广，畜牧业有望通过管理模式的智能化转型实现质的飞跃，这一变革不仅具有重要的实践价值，更代表着产业发展的重大突破。基于现代科技集成创新的智慧养殖系统，为推进标准化、集约化的现代养殖模式提供了有效技术支撑。

三、智慧养殖与传统养殖模式的比较优势

畜禽养殖生产效益受到多重因素的协同影响，主要包括动物品种特性、饲料营养配比与品质、疫病防控状况、饲养环境参数以及管理水平等关键要素。在环境因子方面，温度、湿度、光照强度、噪声水平等物理指标，与氨气、硫化氢、二氧化碳等有害气体浓度，以及水体环境中的溶解氧含量、pH 值、氨氮浓度等化学指标共同构成了复杂的养殖环境系统。值得注意的是，传统养殖模式普遍依赖于从业者的主观经验判断，尤其在规模化养殖场中，日常管理如饲料投喂、圈舍清洁等基础性工作往往需要配置大量劳动力资源才能维持正常运转。

在社会经济持续发展和科学技术快速进步的背景下，当代畜牧业养殖模式及其理论体系对传统养殖业产生了深远影响，部分应用场景已实现对整个产业经营模式的系统性变革。这种新型养殖技术不仅有效解决了传统养殖业中存在的管理缺陷和生产效率低下等问题，还显著提升了畜禽产品的产量与质量，进一步推动了食品安全监管体系的规范化建设。

相较于传统养殖模式，智慧养殖监测系统在操作便捷性与经济效益层面展现出显著优势。该系统作为基于物联网技术的综合性养殖管理平台，通过集成传感器网络与无线数据采集终端等智能设备，构建了养殖场多维数据库，实现了环境调控与饲喂系统的自动化协同运作。这种技术架构不仅有效降低了人工管理的工作强度与复杂性，更将传统依赖人工经验的养殖过程转变为数据驱动的精细化、高效化生产模式。

现代信息技术在畜牧养殖领域的深度应用催生了智慧养殖模式，该模式通过构建精细化、网络化与智能化的管理体系，显著提升了养殖企业的生产效能。具体而言，智慧养殖系统能够实现对养殖舍环境的实时监测与精准调控，这不仅有助于优化生产流程、扩大产业规模，还能显著提升产品品质。同时，该模式通过降低养殖风险、减少资源浪费和节约人力成本等多重机制，为畜牧业的现代化转型升级提供了强有力的技术支撑。

基于畜牧业现代化发展的内在需求，智慧养殖系统的实施成为实现集约化、规模化经

营及效益优化的必然选择。该系统通过自动化环境调控、精准饲喂管理、疫病防控等核心功能，显著降低人力成本并提升生产效率。此外，智能化设备维护体系的建立进一步保障了养殖场的可持续发展，这些关键要素共同构成了推动产业升级的重要驱动力。

在当前环境保护、食品安全及畜牧业可持续发展的多重需求驱动下，整合物联网、大数据分析、云计算平台以及人工智能算法等前沿技术已成为行业发展的必然趋势，其中依托物联网技术架构开发的智慧畜牧系统因其显著的技术优势而备受学界和产业界关注。

以生猪养殖业为典型案例，当前养殖环境监测等关键技术正处于快速演进时期，借助传感器网络、物联网及无线通信技术构建的监测数据云平台系统，已实现通过移动终端与固定终端进行实时数据可视化呈现，这种基于智能监测的信息化管理系统已成为规模化、标准化养殖企业不可或缺的运营支撑手段。

从共性需求角度分析，建立个体身份识别系统是实现精细化饲喂管理、有效防控疫病以及构建完整肉类产品溯源体系的基础性条件。值得关注的是，随着人工智能技术的深度应用，上述关键需求目前已得到切实可行的技术解决方案。

尽管当前智慧养殖系统在技术层面仍存在若干亟待完善的环节，但作为养殖产业未来转型升级的重要路径，该领域的发展潜力已引起国内规模化养殖企业的高度重视，值得持续投入研究资源与实践探索。

四、智慧养殖监测系统的组成与功能

（一）组成

基于物联网技术的智慧养殖监测系统通过部署智能无线传感器网络，实现了对畜禽舍环境参数的实时监测与数据采集。该系统依托云平台的数据处理与分析功能，能够对采集的环境参数进行智能化解析，进而远程调控相关设备运行状态。通过持续监测养殖场环境指标并将数据实时上传至云端平台，该系统不仅优化了养殖过程的精准化管理，也为疫病防控和经济效益提升提供了可靠的技术支撑。

该系统使养殖者能够借助移动终端设备实时获取养殖场动态数据，并通过云端平台实现远程监控与操作，包括环境参数监测、通风系统调控、饲喂装置启停以及粪便清理等自动化功能，从而有效保障畜禽生长环境的适宜性，显著提升日常管理问题的响应效率。

该系统采用多模态传感技术，整合无线传感器网络、网络视频监控以及 4G/5G/Wi-Fi 混合组网技术，实现了养殖环境参数的实时动态监测。该系统具备分钟级数据采集能力，可全天候不间断地完成环境信号的自动检测、数据传输与远程接收功能。针对不同应用场景的差异化需求，系统支持根据实际监测要求对传感器类型、数量及配置方案进行模块化组合与定制化部署。

该系统实现了对养殖舍环境设备的集成化管控，该系统通过远程操作除湿机、加热器、开窗机、红外灯及风机等关键设备，不仅能够对环境参数进行集中调节，还可实现多设备间的协同联动控制。

历史数据管理功能依托云平台实现多维度养殖数据的存储与分析，包括环境参数动态监测、饲料及饮用水消耗量、兽药使用记录等关键指标，用户可自定义时间范围进行数据检索、横向对比及 Excel 格式导出，从而优化库存管理效率并规避物资短缺或过剩风险；此外，该系统采用多级账号权限管理机制，通过差异化配置管理、编辑、操作和只读权限，有效降低人为操作失误概率。

云平台具备养殖舍多源数据的可视化呈现、云端存储、智能分析及综合管理功能，同时支持关键参数阈值配置与异常预警机制。通过计算机终端或移动设备的远程接入，用户可实时监测各养殖单元的运行状态，从而有效履行生产监督、运营管理和决策优化等职能。

基于自动控制技术与创新养殖理念的智慧畜牧管理系统，通过优化生产管理模式显著提升了养殖场的经济效益，该系统不仅实现了规模化养殖场的高效管理，同时通过自动化技术应用有效减少了人力资源需求，从而显著降低了生产成本。

（二）功能

规模化禽畜管理的实现与智慧养殖监测系统的功能性特征密切相关。当前主流的智慧养殖系统普遍具备若干关键功能模块，这些功能特性直接影响着养殖规模化的实施效果。

该系统实现了全天候环境参数动态监测功能，通过物联网技术以每分钟为采样间隔，持续采集养殖场关键环境指标，并将实时数据同步传输至云端数据库进行存储与分析。

为便于后续查询、参考及溯源等工作的开展，本书采用表格形式对历史数据进行主动存储，并通过曲线可视化方式呈现，确保数据得以长期保存。

该系统具有高度灵活的配置特性，能够适配多样化的禽畜养殖环境需求，其感知模块采用工业化标准配置方案，不仅运行稳定性优异，且具备便捷的扩展性能。

该系统采用多通道实时预警机制，通过集成微信推送、移动应用程序消息提醒及电话呼叫等多种通知方式，确保管理人员无论处于作业现场抑或远程办公状态，均可及时获取异常警报信息，从而有效缓解突发事件响应滞后与识别困难等管理难题。

云平台可同步接收来自视频监控系统的实时画面与感知设备采集的多源异构数据流，并支持对上述数据进行分布式存储、历史回溯检索及多维度查询分析。

通过云端平台的多样化接入方式（包括移动终端 App 及网页端），用户可突破时空限制灵活制定养殖方案，所有策略调整均能实现即时响应与动态更新。

通过实施集中化统一调控机制，可实现对规模化养殖场中多个独立单舍环境参数的批量管控，从而显著降低养殖管理过程中的操作复杂度。

该系统的应用使传统养殖作业方式得到实质性简化，不仅大幅降低了养殖从业者的时间成本，还显著提高了整体运营效率，这种技术革新使单个操作人员能够有效管理整座养殖场的日常运营，充分体现了现代信息技术在农业领域应用所产生的革命性变革。

五、智慧养殖系统如何实现智能化管理

在畜牧业生产规模持续扩张的背景下，产业升级过程中的管理难题日益凸显，而基于物联网技术的智能化养殖解决方案因其显著的技术优势，正逐渐成为广大养殖从业者的优先选择。

笔者开发的智能化畜牧养殖环境控制系统整合了物联网架构、无线传感网络及大数据分析等前沿技术，旨在构建具备数字化管理功能的现代化养殖场运营体系。该系统实现了从畜禽入栏至出栏全生命周期的多维度数据监测，通过对饲喂管理、环境通风、光照调节以及水电消耗等关键参数的智能调控，有效突破了传统养殖模式的局限性，显著提升了养殖生产效能与管理水平。

笔者设计了一套智能化养殖场监控系统，通过实时采集环境参数并集成视频监控功能，实现了对养殖场运行状态的全面监测，系统支持远程控制通风设备、温湿度调节装置、自动饲喂系统等关键设施，从而动态优化养殖环境参数，确保畜禽生长过程中的环境需求得到精准满足。

管理层既可直接赴养殖场实地考察，亦可借助智能终端设备远程监控养殖环境各项参数指标，并对供暖、降温、通风及排污等设备运行状态实施自动化调控，此举有助于管理人员与一线工作人员全面掌握禽畜生长状况及行为特征。

通过实时数据采集系统与无线传输技术的协同应用，实现了环境参数在云平台的可视化呈现，包括实时监测数据与历史波动曲线的同步展示；其中温度监测精度达到±0.1℃，较之传统人工经验判断具有显著的科学性与精确性优势。

该系统集成参数监测、实时动态曲线、多元数据统计、历史追溯、异常报警及应急处置等多维度功能模块，通过数据可视化呈现与综合分析，显著提升养殖场的数据处理效能，从而为制定符合畜禽生理发育规律的精准饲育方案提供科学依据。

当养殖环境出现温度异常波动（过高或过低）、氨气浓度超标、空气质量恶化、供水池液位不足或用电负荷过高等突发状况时，系统将自动触发预警机制，及时向管理人员发送警报信息，从而为人工介入处置提供决策支持。

以畜禽养殖场舍内有害气体治理为例，当检测到有害气体浓度或二氧化碳含量超标时，部署于场舍内的气体传感装置将通过有线或无线通信网络将实时监测数据传输至中央智能监测平台，该平台经数据处理后自动启动环境调控系统，包括除湿设备、通风装置、智能开窗机构及除臭阀门等配套设施的联动运行，从而实现对有害气体的有效控制与环境质量的优化调节。以温湿度调控为例，当监测到舍内温度超过预设阈值时，系统将自动激活风机进行通风降温；同理，若检测到舍内相对湿度高于既定标准时，则启动风机执行除湿功能。

第二节 奶牛智慧养殖

在经济全球化进程加速和居民生活水平持续提升的背景下，食品安全与品质标准呈现出显著提升态势。作为优质蛋白质的重要来源，乳制品的全球消费需求呈现持续增长趋势。联合国粮农组织 2022 年度统计数据显示，全球牛奶总产量达到 9.3 亿吨，较 2021 年同比增长 0.6%，反映出奶牛养殖业的持续扩张态势。截至 2022 年年末，全球奶牛存栏数量已突破 1.4 亿头①。值得注意的是，现代化智慧养殖技术在规模化奶牛场的推广应用，对提升单产水平、优化养殖成本结构以及增强经济效益等方面均产生了显著的积极影响。

当前我国奶牛智慧养殖领域在技术研发与产业应用层面仍处于初步探索阶段，尤其在标准化体系建设、信息化平台构建及智能装备研发等关键环节存在显著不足。相较于畜牧业发展较为成熟的国家，我国在该领域的整体技术水平仍存在较大差距，这一现状对产业升级形成了明显制约。值得注意的是，由于进口智能化设备价格昂贵，难以适应国内市场的实际需求，促使众多本土企业和科研机构积极开展自主创新，致力于研发具有自主知识产权的机械化与智能化养殖设备。本节重点梳理了物联网技术、大数据分析、智能管理系统、环境智能调控以及远程监测等现代信息技术在国内外奶牛养殖领域的应用实践，深入分析其技术特点与发展趋势，旨在为我国奶牛智慧养殖技术的创新应用提供理论依据，进而推动整个产业向机械化、智能化、精准化的高质量发展方向迈进。

一、奶牛智慧养殖技术应用的现实意义

（一）有利于提升生产效率，降低成本投入

基于信息化、自动化和智能化技术的奶牛智慧养殖模式实现了系统性革新，其核心优势体现在生产效率提升与养殖成本控制两个维度。在生产效能方面，该技术体系通过实时采集奶牛生理参数、生长指标及繁殖性能等关键数据，并运用大数据分析方法，为养殖决策提供科学依据；具体而言，借助智能监测系统对采食行为、运动量及休息质量等生物指标的持续追踪，不仅保障了奶牛健康状态，更显著提升了乳产量指标。在技术应用方面，自动化挤奶装置与智能饲喂设备的引入有效降低了人工操作的劳动强度与技术误差，从而优化了整体养殖效率。在成本效益方面，智慧养殖技术通过部署智能化设备系统实现了显著的经济效益：一方面，自动化监控设备替代了传统的人工生理监测，大幅降低了兽医人力成本；另一方面，智能饲喂系统基于个体生长需求实现的精准营养供给，既避免了饲料

① Zhang Y, Zhang Q, Zhang L, et al. Progress of machine vision technologies in intelligent dairy farming [J]. Applied Sciences, 2023, 13 (12): 7052.

资源浪费，又有效控制了饲养成本支出。

（二）有利于实现资源的优化配置，推动产业升级

智慧养殖技术在奶牛产业中的应用为行业转型升级提供了关键性技术支撑。传统养殖模式存在饲料配比不精准、水资源浪费严重以及牧场空间利用率低下等资源利用效率问题，而现代智慧养殖系统通过集成数据分析模块与智能控制单元，能够精确测算个体奶牛的营养需求，进而实现饲料投喂量、饮水供给等关键参数的动态优化配置。智能监测系统的部署使奶牛生长指标、健康参数及繁殖性能等关键数据得以实时采集与分析，为养殖决策提供数据支持，显著提升乳制品产量与品质。更值得注意的是，基于大数据分析与人工智能算法的精准养殖管理系统，不仅大幅提高了养殖过程的经济效益，更为整个产业链的现代化升级奠定了技术基础。

二、奶牛智慧养殖技术的应用及研究进展

（一）物联网技术

本节采用先进的传感器技术，实现了环境参数、生物特征及生产数据的实时同步采集与互联网传输，通过无线通信协议将海量数据上传至高性能远程服务器集群，并依托云计算平台完成数据的深度分析与智能处理，从而构建起人机物互联的智能化监测系统，这一技术架构构成了整个应用体系的核心模块。特别值得指出的是，基于奶牛个体身份识别的生物特征采集技术，能够有效支撑个体化信息管理系统的构建，通过将生物特征数据上传至云端平台进行专业化分析处理，为精准畜牧业管理提供了可靠的技术保障。

1. 传感器技术

笔者采用多传感器融合技术对奶牛的活动状态、体温变化及采食量等关键指标进行实时监测，从而实现对牲畜健康与行为特征的动态追踪。相较于传统人工记录方式及缺乏数据互通功能的简易设备，该传感系统显著提升了监测效率，其采集数据具备高精度与快速响应的技术优势，为现代化牧场管理提供了更为便捷可靠的解决方案。根据传感装置与动物的接触方式，可将行为监测传感器划分为接触式与非接触式两大类别：前者主要包括佩戴于动物体表的电子标签、智能项圈、全球定位系统、加速度传感器、计步装置及磁力计等设备，后者则涵盖摄像监控系统与激光雷达等具有成本效益、操作简便且无应激的监测手段。值得注意的是，非接触式传感器兼具室内外环境适应性，其自动监测系统能够在保持自然饲养环境的条件下完成数据采集，确保观测过程不会对动物正常行为产生干扰。

基于智能项圈的穿戴式监测系统能够实现奶牛行为的自动化实时检测，包括各类行为持续时长的量化分析，通过与预设数据库的智能比对完成行为异常识别，同时具备精准定位功能；而智能耳标技术则通过多参数传感器对奶牛活动强度、体温变化及生理状态进行持续监测，所采集数据经由网关传输并存储，显著提升了牛只个体数据记录的时效性与准

确性，为集约化牛群管理提供了可靠的数据支持。在运动量监测方面，项圈集成计步器可精确记录奶牛日常活动轨迹，同时实现对采食行为、休息时长、呼吸频率及反刍特征的多维度实时监测。① 值得注意的是，Salzer 等研发的无线鼻环传感系统创新性地通过鼻腔信号采集实现了心率、呼吸频率及血氧饱和度等核心生理指标的检测，针对 4 头荷斯坦奶牛开展的对照实验表明，该系统测得的心率与呼吸频率存在显著相关性，且血氧饱和度测量值较传统手持设备平均偏低 3%，该技术为心血管与呼吸功能的远程持续监测提供了新型解决方案（见图 4-1）。

图 4-1　接触式传感器在奶牛身上的主要佩戴方式②

在现代化奶牛养殖场中，环境监测系统主要采用无线传感网络、激光雷达以及红外感应传感器等技术手段。这些监测设备能够实时获取养殖环境的关键参数，从而有效掌握奶牛行为特征、健康状况及环境变化趋势，为牧场日常运营管理提供科学决策依据。具体而言，智能传感器系统可实现对牛舍内温度、湿度、光照强度、风速及温湿指数等多元环境因子的精准采集，并通过与外围设备的智能联动显著提升能源利用效率③。值得注意的是，基于传感器技术与人工智能算法的深度融合，系统能够开展实时监测与预测性分析，为养殖供应链全流程提供关键数据支撑。以饲料与饮水消耗监测为例，传感器数据可及时识别潜在健康风险，配合人工智能算法实现疾病暴发的早期预警与防控建议④。研究表明，传感器技术在奶牛养殖领域的集成应用不仅显著提升了生产效能与产品质量，同时优化了养殖环境条件，成为智慧养殖体系的核心技术支撑，为促进动物福利水平、保障产品可追溯性以及拓展市场准入空间创造了重要发展机遇。

2. 信息识别技术

在畜牧业生产管理中，奶牛个体身份信息的精准识别为构建电子化管理信息系统提供

① Salzer Y, Lidor G, Rosenfeld L, et al. Technical note: A nose ring sensor system to monitor dairy cow cardiovascular and respiratory metrics [J]. Journal of Animal Science, 2022, 100 (9): 1-8.

② Zhang Y, Zhang Q, Zhang L, et al. Progress of machine vision technologies in intelligent dairy farming [J]. Applied Sciences, 2023, 13 (12): 7052.

③ 于海波．智能装备在奶牛养殖业上的应用及前景展望［J］．中国畜牧业，2023（5）：48-49.

④ Menendez H M, Brennan J R, Gaillard C, et al. ASAS - NANP symposium: Mathematical modeling in animal nutrition: Opportunities and challenges of confined and extensive precision livestock production [J]. Journal of Animal Science, 2022, 100 (6): 1-19.

了技术基础，有助于实现精细化养殖管理并提升生产效率①。早期阶段，奶牛身份识别主要依赖人工标记手段，例如耳标佩戴或项圈安装等传统方法。随着技术进步，无线射频识别技术逐渐取代传统方式，该技术通过非接触式自动检测机制，利用植入式射频芯片实现奶牛个体信息的自动化采集与识别。在生物特征识别领域，动物面部动作编码系统的研发进展为跨物种面部情绪分析和比较研究提供了标准化方法框架。Xu 等创新性地将加性角度间隔损失函数与轻量化 Retina Face-mobilenet 架构相结合，开发出命名为 Cattle-FaceNet 的新型奶牛面部识别系统，该系统在保持 24 帧/秒实时处理速度的同时，识别准确率达到 91.3%②。此外，Weng 等基于深度残差网络原理，构建了 Res_ 5_ 2Net 改进型卷积神经网络模型，该模型在奶牛面部图像个体识别任务中取得了 94.53%的识别准确率③。

（二）大数据分析

通过整合大数据分析技术对奶牛养殖场生产数据进行系统性处理，包括奶牛行为监测等多元信息，不仅显著提升了运营效率并降低了人力成本投入，还实现了对疾病发生规律的精准识别，从而为疾病防控体系的构建提供了科学依据，最终促进经济效益的全面提升。

1. 行为分析

奶牛行为特征蕴含重要的健康状态信息，借助智能化监测设备对相关行为数据进行实时精准分析，可为疾病防控与繁殖管理决策提供科学依据，从而显著提升奶牛养殖的经济效益。基于物联网技术的自动化行为监测系统能够有效替代传统人工观察方式，该系统通过智能算法实现发情母牛的自动识别与最佳配种时机的精确计算，显著提升了发情检测的准确性与检出率。在复杂环境条件下，Yin 等采用高效网络模型对个体奶牛的走、站、卧、饮、食等五种典型行为进行识别验证，实验结果表明该方法的平均识别准确率达到 97.87%④。针对远程监测需求，李辉研发了基于扩频技术的 LoRaWAN 网络服务器与多传感器融合系统，该系统不仅实现 95%以上的计步精度，还能准确识别奶牛的趴卧姿态⑤。王莉薇开发的可穿戴监测装置通过采集反刍声音与姿态信号，结合 K 均值聚类与支持向量机的混合算法，实现了 81.3%的反刍行为识别准确率⑥。其中 K-means 算法因其简洁高效的特点成为经典划分聚类方法，而 SVM 则是一种适用于模式识别与分类问题的监督学习模型。实验数据显示，该混合算法对奶牛反刍过程的分类准确率介于 83.3%至 93.2%，为

---

① 夏雪，侍啸，柴秀娟．人工智能驱动智慧奶牛养殖的思考与实践［J］．中国乳业，2020（8）：5-9.

② Xu B，Wang W，Guo L，et al. CattleFaceNet：A cattle face identification approach based on RetinaFace and ArcFace loss［J］. Computers and Electronics in Agriculture，2022，193（2）：106675.

③ Weng Z，Fan L，Zhang Y，et al. Facial recognition of dairy cattle based on improved convolutional neural network［J］. IEICE Transactions on Information and Systems，2022，E105. D（6）：1234-1238.

④ Yin X，Wu D，Shang Y，et al. Using an EfficientNet-LSTM for the recognition of single Cow' s motion behaviours in a complicated environment［J］. Computers and Electronics in Agriculture，2020，177（10）：105707.

⑤ 李辉．基于 LoRaWAN 和多传感器的奶牛计步及姿态检测系统设计［D］．呼和浩特：内蒙古大学，2018.

⑥ 王莉薇．基于多源信息融合的奶牛反刍行为感知及分类识别研究［D］．大庆：黑龙江八一农垦大学，2019.

实现反刍行为的智能化精准监测提供了有效技术方案。

作为评估奶牛脂肪储备状况的关键指标，身体状况评分与动物健康状态密切相关，其数值偏离正常范围往往预示着代谢性疾病、繁殖障碍及运动系统疾病发生率的上升。为确保奶牛生产性能和动物福利的最优化①，在泌乳周期的各个阶段实施精准的 BCS 监测与调控具有重要实践意义。随着农业智能化技术的发展，近十年来涌现出大量基于光学原理的二维和三维视觉传感系统。值得注意的是，三维视觉传感技术在 BCS 评估领域的应用呈现显著增长趋势。相较于传统的二维成像或热成像技术，三维视觉系统能够获取更为丰富的牛体表面形态学数据，从而为生产性能分析、健康监测、妊娠诊断及疾病预警等智能化管理决策提供更可靠的数据支持②。

2. 疾病诊断分析

针对传统疾病诊断过程中存在的劳动强度大、耗时较长等问题，笔者提出采用自动化远程监测技术结合大数据分析方法，通过实时追踪动物健康状态，实现对跛行、代谢性疾病及乳腺炎等常见病症的精准预测与快速诊断，从而显著提升诊断效率并有效减少相关经济损失。该方案突破了传统诊断对专业设备操作技能的高度依赖，为动物健康管理提供了创新性解决方案。

（1）跛行的诊疗技术发展。针对奶牛跛行这一常见疾病的监测与防控问题，笔者指出该病症会显著影响奶牛的产奶性能与繁殖能力。通过引入大数据分析技术，可以实现对跛行症状的精准识别与早期预警，从而为及时干预治疗创造条件，这不仅能够有效缓解患病动物的疼痛感受，提升动物福利水平，同时也能显著改善养殖场的经济效益。

在奶牛跛行识别研究领域，Zheng 等创新性地构建了暹罗注意力模型，该模型通过引入注意力机制对牛腿运动轨迹进行检测，在规模化农场环境下实现了 94.73%的跛行检测准确率③。针对早期跛行识别难题，Li 等研发的微动特征时间聚合网络通过提取微动特征与时空特征的融合表征，将识别准确率提升至 98.89%④。Piette 等提出的监测算法基于单摄像头采集的奶牛背部姿态参数，通过优化偏差阈值和历史数据量配置，在无时间约束条件下实现了 82%的识别准确度和 82.3%的特异性指标。⑤ Taneja 等开发的雾计算结合 K 近

① Antanaitis R, Juozaitiene V, Malašauskiene D, et al. Relation of automated body condition scoring system and inline biomarkers (milk yield, β-Hydroxybutyrate, lactate dehydrogenase and progesterone in milk) with cow’s pregnancy success [J]. Sensors, 2021, 21 (4): 1414.

② Qiao Y, Kong H, Clark C, et al. Intelligent perception for cattle monitoring: A review for cattle identification, body condition score evaluation, and weight estimation [J]. Computers and Electronics in Agriculture, 2021, 185 (6): 106143.

③ Zheng Z, Zhang X, Qin L, et al. Cows' legs tracking and lameness detection in dairy cattle using video analysis and Siamese neural networks [J]. Computers and Electronics in Agriculture, 2023, 205 (2): 107618.

④ Li Q, Chu M, Kang X, et al. Temporal aggregation network using micromotion features for early lameness recognition in dairy cows [J]. Computers and Electronics in Agriculture, 2023, 204 (1): 107562.

⑤ Piette D, Norton T, Exadaktylos V, et al. Individualised automated lameness detection in dairy cows and the impact of historical window length on algorithm performance [J]. Animal, 2020, 14 (2): 409-417.

邻的端到端检测系统，能够在临床症状显现前 3 天的早期窗口期达到 87%的检测准确率①。这些基于大数据分析的技术方案从多维度实现了奶牛跛行的精准识别，为临床早期干预提供了可靠的技术支撑。

（2）乳腺炎的诊疗技术发展。作为奶牛泌乳期的高发疾病，乳腺炎的早期预警与临床干预构成当前研究的重要方向。随着检测技术的革新，基于非接触式传感和大规模数据分析的智能化系统已逐步替代传统人工理化检测手段，在奶牛乳腺炎诊断领域展现出显著优势。

作为评估乳腺健康状况的核心指标，牛奶体细胞数的异常升高将显著降低乳制品的商业价值。在乳腺炎诊断领域，基于 SCC 浓度的检测技术因其操作简便、效率显著优于传统细胞染色与显微观察方法，已成为当前应用最为广泛的筛查手段。近年来研发的自动化乳腺炎检测装置通过分析乳汁及乳腺组织的理化特性变化，并结合相关生物标志物的定量评估，展现出即时检测、操作便捷及现场适用性强等突出优势。研究数据表明，红外热成像技术在临床与亚临床乳腺炎的鉴别诊断方面，其准确性与经典的加州乳腺炎试验具有可比性，这种非接触式检测方法因其便携性和操作简便性，展现出广阔的临床应用前景。

（3）其他疾病。在代谢性疾病及其他相关疾病的诊断领域，瘤胃收缩功能的幅度与频率变化可作为重要指标，常见于瘤胃酸中毒、低钙血症等代谢异常以及伴有发热、疼痛症状的各类病症。通过植入式 Bolus 传感器对瘤胃温度及 pH 值的实时监测，能够有效捕捉动物生理状态的动态变化，为早期识别行为异常、发情周期紊乱及潜在感染提供客观依据。除上述瘤胃内环境参数外，临床诊断还可结合血液、尿液、粪便或乳汁样本中与瘤胃酸中毒及亚急性瘤胃酸中毒相关的生物标志物检测，从而实现疾病的综合诊断。

近年来，非侵入性诊断技术领域取得重要进展，其中基于挥发性有机化合物的疾病检测方法备受关注。研究表明，动物体内代谢过程产生的 VOCs 能够有效反映其生理病理状态，这类物质已被证实可作为重要的代谢标志物。在畜牧医学领域，VOCs 分析技术已广泛应用于多种疾病的检测研究，涵盖牛呼吸系统疾病、布鲁氏菌病、牛结核病、副结核病及酮症酸中毒等病理状态，同时也被用于正常瘤胃生理功能研究。Gierschner 等采用质子转移反应飞行时间质谱仪对挤奶前不同奶牛组谷仓空气中的 VOCs 进行实时监测，其研究数据表明 VOCs 排放水平的变化与副结核病牛的存在、各组平均产奶量差异以及挤奶时间等因素存在显著相关性②。值得注意的是，通过对畜舍空气环境中 VOCs 的持续监测，不仅能够获取反映动物代谢状态和健康状况的实时数据，还能为疾病早期诊断提供技术支持，这一方法在呼吸系统研究领域展现出广阔的应用前景。

---

① Taneja M, Byabazaire J, Jalodia N, et al. Machine learning based fog computing assisted data-driven approach for early lameness detection in dairy cattle [J]. Computers and Electronics in Agriculture, 2020, 171 (4): 105286.

② Gierschner P, Küntzel A, Reinhold P, et al. Crowd monitoring in dairy cattle-real-time VOC profiling by direct mass spectrometry [J]. Journal of Breath Research, 2019, 13 (4): 46006.

（三）智能管理系统

本书构建的智能化养殖系统依托传感器网络、物联网及计算机处理技术，实现了对奶牛泌乳性能、生理状态、生产参数及环境指标的实时监测与数据分析，从而达成数字化精准养殖目标。当前国内外学术界与产业界已相继研发出多套智能化管理解决方案，其中商业化应用较为成熟的系统主要涵盖三大功能模块：精准饲喂控制系统、挤奶厅自动化管理系统以及发情监测预警系统。

1. 精准饲喂控制系统

全混合日粮技术是一种基于反刍动物各生长阶段营养需求特点，通过科学配比精饲料、粗饲料及各类添加剂并进行均匀混合后，经由专用运输设备投送至饲槽供动物自由采食的先进饲养方式。该技术通过确保奶牛各生长阶段获得均衡营养供给，在显著提升产奶性能的同时，不仅降低了疾病发生率，还提高了饲料养分利用效率。目前我国 TMR 制备设备主要涵盖固定式、卧式、牵引式和立式等多种机型，其中刘光照等研发的 9JQL-12 型制备机经测试显示其饲料混合均匀度达到 93.2%，这一指标不仅远超国家标准要求，更达到国际同类产品先进水平①。白宇等针对 TMR 饲喂系统开展研究，采用固定式搅拌装置实现饲料的精准配比、有序混合及高效切割，其研究成果表明该装置不仅能确保饲料混合均匀度，还可显著提升干物质采食量，维持瘤胃 pH 值稳定，同时通过实现饲喂过程的机械化和自动化，在降低生产成本的同时大幅提升了整体生产效率②。

在国际 TMR 制备机技术领域，以以色列 RMH、意大利 Storti 和美国 LEOAg 为代表的先进设备制造商已开发出具有大功率输出、高效作业性能和稳定运行特性的产品系列。其中，以色列 RMH 公司推出的 MixeII 型牵引式设备具备卓越的机动性能，能够灵活进出牧场饲喂通道并实现直接撒料作业，这种即时投喂方式有效保障了日粮的新鲜度，特别适合配备自由进出饲喂通道的现代化牛舍使用。意大利 Storti 公司研发的 Dobermann 型自走式设备则实现了多功能集成化设计，将取料、运输、搅拌、称重及撒料等工序整合为一体化作业系统，相较于传统固定式和牵引式设备，该机型可显著提升 20%~25% 的作业效率，其高效循环作业模式尤其适用于劳动力资源紧张的大型牧场及高度机械化的现代化养殖场。

精准饲喂控制系统基于奶牛个体生产性能及群体营养需求，采用智能化算法动态优化饲料配方及投喂量，实时监测采食行为与泌乳数据，从而建立最优营养供给模型。通过无线通信网络可精确调控配料添加比例、追踪 TMR 搅拌车运行轨迹及分栋投料量，确保日粮配制与投放过程的全流程精准管理，显著提升饲料转化效率与产奶性能。该系统还整合原料价格数据库，结合称重模块实现进出料数据采集，为饲喂成本分析与配方优化提供决

① 刘光照，魏元振，陈美舟，等．TMR 饲料制备技术探讨与装备试验［J］．农业装备与车辆工程，2019，57（11）：72-75.

② 白宇，李亚鹏．TMR 技术应用探究［J］．现代盐化工，2015（4）：27-29，37.

策支持，最终达成营养供给精准化、产奶效益最大化与饲养成本最小化的多目标平衡①。以 Oliveira 等研发的 Intergado 系统为例，该系统通过电子耳标识别技术记录犊牛个体采食频次、持续时间及水料摄入量差异，结合视频监控与手动称重数据验证，构建了具有高特异性与灵敏度的行为监测体系②。如图 4-2 所示，配备±0.025kg 精度称重传感器的电子饲喂装置，为群养犊牛的精准营养管理提供了可靠的技术支撑，其数据回归分析结果证实该系统在优化饲喂策略方面具有显著应用价值。

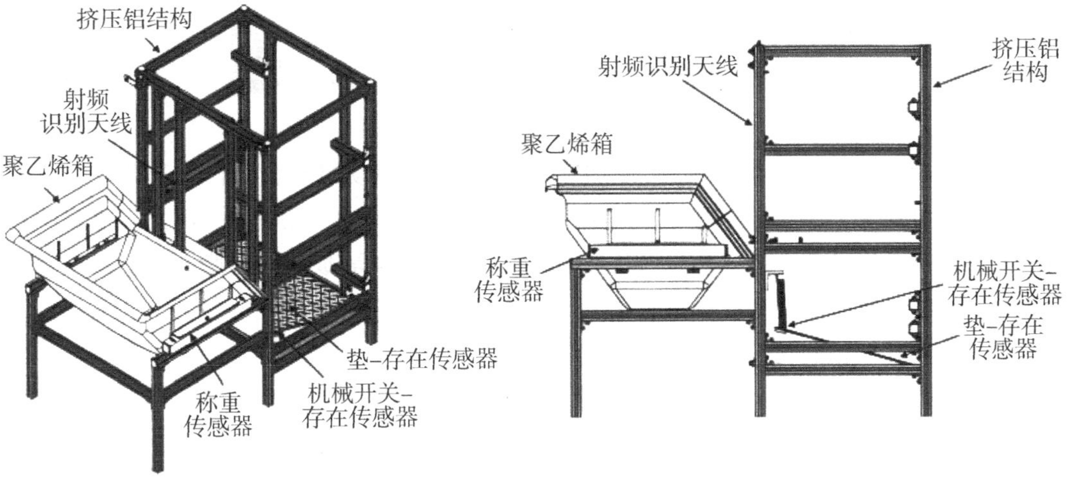

图 4-2　电子饲料箱结构

犊牛自动吸吮饲喂系统基于个体识别技术，通过实时监测犊牛的生长参数和行为特征，实现精准化饲喂管理，其运作机制模拟了自然哺乳过程，允许犊牛自主寻找并吸吮奶嘴。系统配备智能化清洗装置，可完整记录每头犊牛的饮奶量及吸吮频率等关键数据；当检测到过量摄入时，RFID 识别装置将触发阀门关闭机制，确保定量供给，从而显著减少消化系统疾病发生率，同时大幅降低人力投入，并为后续饲养管理提供可追溯的数据基础。现阶段，我国规模化牧场主要依赖进口设备，如瑞典利拉伐 CF 系列全自动饲喂系统及德国 Urban 与 GEA 等品牌产品，而国产设备的研发仍处于技术攻关阶段。以德国 Urban 系统为例，其集成计算机控制模块，通过感应项圈识别个体后，可自动调配鲜乳或代乳品进行精准投喂，这种智能化解决方案不仅适应现代化养殖的规模化需求，更能有效提高幼畜成活率并优化人力资源配置。

2. 挤奶厅自动化管理系统

笔者开发的自动化系统能够实时监测并记录个体奶牛的每日产奶量数据，不仅实现了奶源的可追溯性，更为奶牛场管理决策提供了科学依据。统计数据显示，全球挤奶机器人系统的应用规模呈现持续增长态势，截至 2020 年年末，安装总量已突破 6 万台，其中西

① 陈玉华，田富洋，闫银发，等．国内外 TMR 饲喂技术及其制备机的研究进展［J］．中国农机化学报，2017，38（12）：19-29.

② Oliveira B R，Ribas M N，Machado F S，et al. Validation of a system for monitoring individual feeding and drinking behaviour and intake in young cattle［J］. Animal（Cambridge，England），2018，12（3）：634-639.

欧地区占据主导地位。从系统架构来看，现有挤奶机器人主要分为两种类型：单箱式系统和多箱式系统，其服务能力存在显著差异——单箱系统最大可服务 70 头奶牛，而多箱系统的最大服务规模则取决于其配置的箱体数量（见图 4-3）。实际应用效果证实，该技术不仅能显著提升乳品品质，还能实现对乳房疾病的早期诊断，从而有效控制其对乳品质量的不利影响①。

图 4-3　挤奶机器人系统

由俄罗斯机械制造厂 OJSC 研发的 UDE-M Yolochka 自动挤奶设备作为一款现代化挤奶系统，通过自动化操作显著提升了挤奶作业效率并有效降低了原料乳损耗②。该系统搭载的光谱分析模块可基于可见光、近红外及红外光谱技术对乳成分中的脂肪与蛋白质含量进行精准检测，从而实现对牧场原奶质量的科学评估。依托物联网技术平台，该系统通过集成具有乳质特征识别功能的多模态传感器阵列，不仅实现了对乳品质量的实时动态监测，还能依据不同品质特征实施智能分流，最终达成挤奶厅运营效率与乳制品质量管控水平的协同提升。

3. 发情监测预警系统

笔者构建的智能监测系统能够实时采集奶牛躺卧行为、反刍活动等关键生理指标数据，通过精准识别发情特征并预测排卵周期，为牧场提供科学配种决策支持，实现配种时机的精准把控，不仅显著提升了受孕成功率，同时通过自动化管理流程大幅降低了人工投入成本，此外该系统还具备疫病早期预警功能，有助于防控疾病传播风险。

现有研究表明，发情管理系统的自动化监测设备可有效替代传统人工涂蜡笔法，显著提升牧场多项繁殖指标，包括合计配次受胎率、情期受胎率、发情揭发率及 21 天受孕率，尤其对夜间发情监测与受胎率的改善效果显著③。在技术实现层面，利拉伐公司开发的 ReProTM 精准繁殖监测系统采用动态监测牛奶孕酮含量的创新方法评估奶牛繁殖状态。针对视觉识别技术，Guo 等创新性地提出基于视频分析的奶牛发情行为检测算法，通过 BSCTF 算法定位奶牛区域，提取几何与光流特征构建 7 维优化特征向量，最终采用支持向量机分类器实现 98.3%的爬跨行为识别准确率。④ Reith 等系统梳理了当前主流的自动化监

① Zagidullin L R, Khisamov R R, Kayumov R R, et al. Dairy robotic milking system［J］. BIO Web of Conferences, 2023, 71（16）: 1004.

② Kondratieva O, Fedorov A, Slinko O, et al. Improving the technological support of dairy cattle breeding［J］. BIO Web of Conferences, 2021, 37（9）: 90.

③ 户如霞，张力，李广臣，等. 智能监控系统对大型牧场奶牛繁殖性能影响的研究［J］. 中国乳业，2020（8）: 39-43.

④ Reith S, Hoy S. Review: Behavioral signs of estrus and the potential of fully automated systems for detection of estrus in dairy cattle［J］. Animal（Cambridge, England）, 2018, 12（2）: 398-407.

测技术体系，涵盖压力传感、活动计量、视频监控、声音记录及生理参数测量等多模态方法①。值得注意的是，Cho 等研发的智能监控系统结合增强识别模型已在韩牛养殖场实现发情期精准预测的实践应用②。多技术融合的监测策略在提升检测灵敏度和特异性方面展现出显著优势，为现代化奶牛场实现精准化、高效化的繁殖管理提供了重要技术支撑。

（四）智能化牛舍环境控制

基于奶牛生理需求的环境调控系统通过实时监测通风、温湿度及光照等关键参数，并依据实际情况进行动态调节，从而将牛舍环境维持在最佳舒适区间，有效促进了牧场生产效能的优化。

1. 智能化牛舍设计

基于智能设备的牛舍环境管理系统可显著提升牧场运营效能，通过精准化调控实现能效优化与资源节约。该系统采用智能环境调控机制，对风扇、喷淋装置、刮板及卷帘等设备实施温湿度参数驱动的自动化启停控制。依托实时数据同步技术，系统具备全天候环境监测能力，特别是在夜间无人值守时段仍可持续执行防暑降温监控，并通过异常预警机制配合数据记录分析功能，确保环境稳定。在技术实现层面，Qu 等学者构建的奶牛养殖环境监控系统采用蓝牙与浏览器/服务器混合架构，基于物联网泛在传感器网络的三层体系结构，整合了蓝牙通信、Wi-Fi 传输、传感采集、数据库存储及网络交互等关键技术③。该系统架构包含终端数据采集模块、信息传输网络及可视化平台，其中分布式采集节点通过蓝牙协议将环境参数传输至区域网关，再经 Wi-Fi 网络上传至中央服务器进行数据处理与指令反馈。局域网用户可通过多样化智能终端浏览器访问可视化界面，实现对生产环境的智能化管控，从而全面提升奶牛养殖场的管理效能。

2. 粪污处理和废物利用

当前畜禽废弃物处理领域呈现出人工智能与自然生态处理技术深度融合的发展态势。在具体技术应用层面，通过固液分离设施对粪污进行预处理后，可采取牛粪堆积发酵、沼气池发酵及有机肥生产等多种处理方式，同时将沼液用于农田灌溉，配合智能化粪污处理系统的引入，显著提升了废弃物资源化利用效率并减轻了环境压力。以金银岛牧场为例，其采用的卧床垫料再生系统不仅实现了废弃物处理成本的大幅降低和牧场环境的有效保护，更通过将处理后的固体物质回填卧床，显著改善了奶牛舒适度与产奶性能，在降低生产成本的同时显著减少了环境污染。Ji 等基于人工智能技术开展的奶牛养殖废弃物无害化处理研究表明，其研发的废水处理系统通过与人工智能的深度整合，在处理效率与质量方

---

① Guo Y, Zhang Z, He D, et al. Detection of cow mounting behavior using region geometry and optical flow characteristics [J]. Computers and Electronics in Agriculture, 2019, 163 (8): 104828.

② Cho Y, Kim J. AI-based intelligent monitoring system for estrus prediction in the livestock industry [J]. Applied Sciences, 2023, 13 (4): 2442.

③ Qu Y, Sun G, Zheng B, et al. Environment monitoring system of dairy cattle farming based on multi parameter fusion [J]. Information (Basel), 2021, 12 (7): 273.

面均取得显著提升①。该系统结合多级固液分离技术，有效减轻了后续处理负荷，在降低能耗的同时实现了更优的环境保护效果。

（五）远程监控

基于远程监控技术的牧场生产管理系统能够对饲料投喂、饮水供应、环境参数以及挤奶作业等关键环节实施全天候动态监测。该系统为牧场管理人员提供了实时掌握奶牛生长发育状况、饮水行为特征及环境适应性的技术手段，同时支持对奶牛个体健康状态的在线评估与诊断。

针对复杂环境下的行为识别问题，Wu 等创新性地提出了一种融合 VGG16 网络与双向长短期记忆分类模型的解决方案②。该研究首先采用 VGG16 网络架构作为特征提取器，从包含复杂光照条件、天气变化及低质量监控视频的数据中生成特征向量序列；随后将这些特征输入双向长短期记忆分类器进行行为识别，实验结果表明该系统在存在干扰的情况下仍保持高度稳定性，识别准确率波动范围控制在 0.02 以内，最终达到 97.6%的平均识别准确率。在计算效率方面，特征提取和行为识别两个关键环节的处理时间分别优化至 2.958 秒和 0.712 秒。王政等进一步将该系统与云计算技术相结合，构建了远程监控平台，实现了奶牛活动信息的实时采集与分析，显著提升了养殖管理的灵活性和便捷性③。值得注意的是，由于奶牛个体间频繁发生的重叠遮挡现象，如何实现目标的持续跟踪与准确识别成为该领域亟待解决的技术难题。

（六）小结

随着物联网、大数据分析、智能环境调控及远程监测等现代技术的广泛应用，奶牛养殖业正经历着从传统模式向智能化转型的深刻变革。当前智能化技术装备的持续创新与升级，不仅显著提升了牧场的生产效能与管理精度，同时通过优化资源配置有效降低了运营成本，为现代畜牧业实现精细化管控奠定了坚实的技术基础。

第三节　肉牛智慧养殖

从 2018 年至 2022 年，我国智慧养殖产业的市场规模呈现出显著增长态势，由 163.23 亿元攀升至 292.25 亿元。在这一发展过程中，个体识别、表型采集、发情监测及环境调

① Ji B, Du J, Qi H, et al. Retracted: Harmless treatment and comprehensive utilization of dairy farming waste based on artificial intelligence [J]. Journal of Physics. Conference Series, 2021, 1744 (2): 22004.

② Wu D, Wang Y, Han M, et al. Using a CNN-LSTM for basic behaviors detection of a single dairy cow in a complex environment [J]. Computers and Electronics in Agriculture, 2021, 182 (3): 106016.

③ 王政，宋怀波，王云飞，等．奶牛运动行为智能监测研究进展与技术趋势 [J]．智慧农业，2022，4 (2): 36-52.

控等关键技术持续优化，国产化进程稳步推进。基于智能设备、物联网架构和信息流传输体系的技术创新，有效促进了传统粗放式养殖向现代化、自动化、智能化模式的转型升级，其核心价值体现在通过信息化手段推动畜牧业生产变革，实现智能化牧场的构建与新型智慧养殖模式的创新。但当前行业发展仍存在若干瓶颈问题，包括硬件设备的信息采集能力不足、软件系统的信息处理功能有待完善、集成化示范平台的推广应用较为有限，以及动物生理行为数据与智能信息技术的融合程度不高等制约因素。针对这些挑战，《中华人民共和国国民经济和社会发展第十四个五年规划和2035年远景目标纲要》明确将“强化大中型智能化复合型农业装备研发应用”和“加速智慧农业发展，推动农业生产经营与管理服务数字化转型”列为重点任务。在此政策导向下，我国正着力推进物联网、大数据、人工智能及区块链等新一代信息技术与农业生产的深度整合，加速数字田园、数字灌区以及智慧农牧渔场的建设进程。

在肉牛智慧养殖技术研发与应用日益普及的背景下，规模化养殖场正加速推进智慧化转型进程。这一转型不仅需要提升养殖效率和产业效益，更需统筹考虑牛肉品质保障、食品安全管控、饲养成本优化以及废弃物综合治理等关键问题。基于此，构建覆盖肉牛全生命周期的智慧养殖技术体系，对于实现精准化健康监测、提升养殖效益以及降低管理成本具有重要实践价值。本书将系统分析肉牛个体智能识别、表型数据自动化采集、发情期智能诊断、精准化饲喂管理、疾病智能预警以及牛舍环境智能调控等六大核心技术领域的研究进展，旨在为我国肉牛产业智慧化升级提供理论依据和技术支撑。

一、肉牛智慧养殖技术应用的现实意义

（一）肉牛养殖效率的提高

基于智能化设备的广泛应用，肉牛养殖业已实现饲喂、饮水和粪便清理等环节的自动化作业，显著降低了人工劳动强度并提高了生产效率。与此同时，通过采用项圈和耳标等智能监测技术，可对肉牛行为特征及生理状态进行实时监控，相关数据得以自动采集与传输，从而有效识别异常状况并实现疾病防控。

（二）肉牛产值与品质的提升

基于肉牛生长阶段及营养需求的智能化饲喂调控，结合自动化健康监测与疾病防控体系，智慧养殖技术显著提高了饲养管理精准度与资源利用效率，同时改善了动物福利水平。进一步地，依托大数据分析技术对市场动态与消费偏好的深度挖掘，该模式为产品定价机制优化与营销策略制定提供了数据支撑，从而实现了养殖效益与产品品质的协同提升。

（三）养殖成本和风险的降低

基于物联网技术的智能化管理系统在肉牛养殖领域实现了生产成本的显著降低，这主

要得益于自动化设备的广泛应用以及人力资源和物资投入的有效控制。在环境调控方面，现代传感设备使养殖场内的通风换气与温度调节等关键环节实现了智能化运作。借助远程监控技术，养殖人员能够突破地理限制，实时优化养殖环境参数，从而为肉牛创造最佳的生长条件。

（四）肉牛养殖产业的升级

肉牛智慧养殖技术的普及与实施对促进畜牧业产业结构优化与现代化转型具有显著推动作用。该模式通过整合现代科技手段，能够有效构建规模化、集约化与标准化的生产体系，从而显著提升行业整体生产效率与产品品质。基于科学养殖方法与智能化技术的深度融合，智慧养殖模式必将成为未来畜牧业发展的重要驱动力。

二、肉牛智慧养殖技术的应用及研究进展

（一）肉牛个体识别技术

1. 接触式个体识别技术

基于接触式识别原理的个体识别技术可划分为永久性识别法、半永久性识别法及临时性识别法三大类。其中，PIM 技术采用文身、耳纹以及高温或冷冻烙印等手段进行牛只身份标识，不仅操作过程烦琐且会对动物造成不同程度的组织损伤，甚至可能诱发感染风险①。SIM 技术则主要依赖于塑料颈圈、塑料耳标和金属耳夹等载体，这些设备通常配备数字编码、条形码或二维码等静态标识，后两种编码形式可通过专用管理系统实现个体识别，但长期使用可能导致耳部损伤以及标识磨损或脱落等问题。在 TIM 技术领域，无线射频识别系统由电子标签和读取装置构成，电子标签可植入颈圈、耳标或直接置于瘤胃内以存储个体信息，读取器则通过电磁感应获取数据，该系统兼具体温监测和位置追踪功能②。值得注意的是，纽扣式 RFID 电子耳标作为典型应用，已在牛、羊、猪等主要家畜的规模化养殖中得到广泛推广。

2. 非接触式个体识别技术

在非接触式个体识别技术领域，鼻纹识别、视网膜识别及虹膜识别均需依赖大量生物特征数据支持。研究表明，牛只鼻部纹理具有显著独特性，其凹陷结构与凸起珠状纹理可作为个体识别的可靠依据③。传统方法采用墨水拓印结合纸质媒介采集鼻纹信息，继而运用机器学习算法进行身份鉴别，其中局部二值模式算法可有效提取口鼻区域图像的局部不

---

① 宋一凡，王娟，李建丽，等．精准化养殖模式下牛只个体识别方法综述［J］．黑龙江畜牧兽医，2021（22）：48-53.

② Duroc Y，Tedjini S. Rfid：A key technology for Humanity［J］．Comptes Rendus Physique，2018，19（1/2）：64-71.

③ 王斌．牛个体面部识别算法研究与设计［D］．呼和浩特：内蒙古大学，2022.

变特征，经多种分类器验证识别准确率可达 99.50%，但该方法存在数据采集效率低下、人工操作复杂及图像质量要求严苛等局限性，难以满足规模化养殖需求。视网膜识别技术则依据个体独特的视网膜血管分布模式进行鉴别，值得注意的是，不仅不同个体间存在显著差异，同一牛只双眼的视网膜图案亦具差异性。虹膜识别方面，牛只虹膜结构的形态多样性及纹理特征同样可作为分类依据，早期研究采用二维复小波变换提取虹膜特征，实验数据显示识别准确率为 98.33%，然而该技术同样面临图像获取困难和质量要求高等应用瓶颈①。图 4-4 系统呈现了上述三种生物特征识别技术所涉及的牛只特征样本。

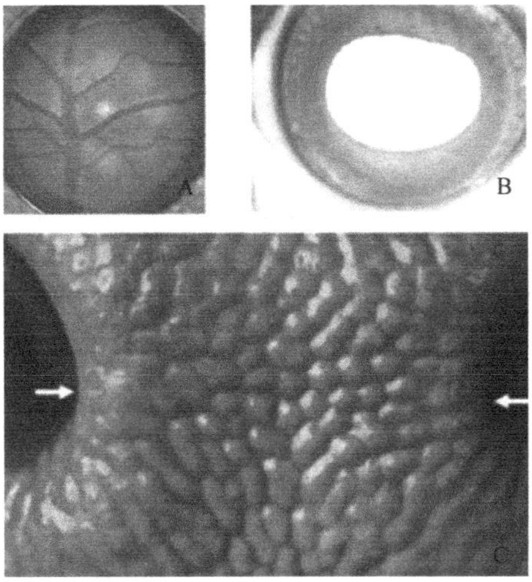

A：视网膜血管分支　B：虹膜　C：口鼻纹

图 4-4　牛视网膜、虹膜、口鼻纹识别所用的生物特征

现有研究表明，牛只面部及躯干图案可作为有效的个体识别特征，相较于鼻纹、视网膜或虹膜图像具有更便捷的采集优势②。在面部识别领域，Kim 等采用联想神经记忆算法对 12 头日本和牛面部图像进行学习，验证了神经网络算法在无显著花纹特征条件下的个体识别可行性，但存在识别耗时较长的局限性③。关于躯干识别技术，赵凯旋等通过视频分析方法提取 30 头奶牛躯干图像，运用卷积神经网络实现 93.33%的样本识别准确率，然而该方法仅适用于花斑明显的奶牛品种④。2023 年张宇研发的 TLAINS-InceptionV3 模型在 39 头西门塔尔牛和安格斯牛的 3634 张体侧图像测试中取得 99.74%的识别准确率⑤。刘爽通过采集 50 头西门塔尔牛 130 段视频数据，经帧分解和面部关键点标注构建数据集，基于 Keras 框架开发的神经网络模型达到 98.60%的面部识别准确率⑥。为提升遮挡条件下的

① 张宇．基于深度学习的肉牛体侧识别方法研究［D］．包头：内蒙古科技大学，2023.

② 刘爽．基于深度学习的西门塔尔肉牛面部识别的研究［D］．呼和浩特：内蒙古大学，2020.

③ Kim H T，Chol H L，LEE D W，et al. Recognition of in- dividual Holstein cattle by imaging body patterns［J］．Asi-an-Australasian Journal of Animal Sciences，2005，18（8）：1194-1198.

④ 赵凯旋，何东健．基于卷积神经网络的奶牛个体身份识别方法［J］．农业工程学报，2015，31（5）：181-187.

⑤ 张宇．基于深度学习的肉牛体侧识别方法研究［D］．包头：内蒙古科技大学，2023.

⑥ 刘爽．基于深度学习的西门塔尔肉牛面部识别的研究［D］．呼和浩特：内蒙古大学，2020.

识别性能，李征开发的自动捕获算法对103头肉牛10239张面部图像实现99.86%的识别准确率，在40%遮挡率下仍保持80.00%以上的识别精度①。如表4-1所示，8种非接触式识别技术显著提升了识别精度与操作便捷性，支持多特征融合识别与追踪，为大规模养殖场管理提供了创新解决方案，有力推动了肉牛养殖业的技术革新。

表4-1 非接触式个体识别技术准确率对比

类别	主要识别方法	准确率/%
口鼻纹	特征提取和匹配算法②	98.85
口鼻纹	特征提取算法③	99.50
视网膜	人工观察④	96.20
虹膜	基于复小波变换的图像处理技术⑤	98.33
躯干	计算机视觉⑥	99.74
面部	计算机视觉⑦	98.60
面部	计算机视觉⑧	91.90
面部	计算机视觉⑨	99.86

（二）肉牛智慧表型采集技术

肉牛育种与养殖管理的科学决策依赖于对其遗传价值、生长发育特性以及繁殖能力等关键表型参数的精准评估。当前主流的表型采集方法仍采用人工测量手段，包括运用卷尺进行体质量、体高及体长等指标的测定，然而该方法存在显著的测量误差大、劳动强度高以及效率低下等缺陷，难以满足现代化大规模养殖场的需求。随着技术进步，基于物联网架构、计算机视觉算法和智能传感网络的自动化表型采集系统正日益成为替代传统人工测量的有效解决方案。

1. 开放型牧场肉牛称重技术

作为肉牛体质量直接测量的最优方案，地磅在实际应用中存在显著局限性，尤其在散养型牧场环境下，频繁驱赶牲畜进行称重不仅耗费大量人力、物力，更易诱发动物应激反应。为解决这一问题，研究人员开发了基于RFID耳标的自动化称重系统，该系统通过植

① 李征．局部遮挡条件下的西门塔尔肉牛面部识别算法研究［D］．呼和浩特：内蒙古大学，2022.

② Barry B，Gonzales-Barron U A，McdonnEll K，et al. Using Muzzle Pattern Recognition as a Biometric Approach for Cattle Identification［J］. Transactions of the ASABE，2007，50（3）：1073-1080.

③ 王斌．牛个体面部识别算法研究与设计［D］．呼和浩特：内蒙古大学，2022.

④ 张晨鹏．基于深度学习的牛脸检测与个体身份识别方法研究［D］．呼和浩特：内蒙古工业大学，2021.

⑤ 刘爽．基于深度学习的西门塔尔肉牛面部识别的研究［D］．呼和浩特：内蒙古大学，2020.

⑥ 张宇．基于深度学习的肉牛体侧识别方法研究［D］．包头：内蒙古科技大学，2023.

⑦ 刘爽．基于深度学习的西门塔尔肉牛面部识别的研究［D］．呼和浩特：内蒙古大学，2020.

⑧ 张晨鹏．基于深度学习的牛脸检测与个体身份识别方法研究［D］．呼和浩特：内蒙古工业大学，2021.

⑨ 李征．局部遮挡条件下的西门塔尔肉牛面部识别算法研究［D］．呼和浩特：内蒙古大学，2022.

入牛耳的无线射频电子标签实现个体识别，当牲畜经过称重平台时，系统可自动完成身份认证与体质量数据采集，并通过物联网技术实现云端数据实时传输①。泰国清莱某养殖场开展的为期 120 天的实证研究证实，该集成系统能够为肉牛生长监测提供可靠的数据支持②。在相关技术领域，Brown 等研发的步行称重系统已成功应用于散养型牛羊养殖实践，该系统由板条箱、称重装置、信号识别模块、太阳能供电单元及数据传输系统构成，不仅能实现个体识别与自动称重，还可计算牲畜生长速率③。Aldridge 等在澳大利亚北部牧场进行的 WOW 系统验证试验中，通过对 232 头奶牛长达 119 天的连续监测，不仅获取了翔实的体质量变化数据，更成功预测了 96 头母牛的分娩日期，证实该系统在繁殖管理及遗传评估方面具有重要应用价值④。Parsons 等 2023 年在美国俄克拉何马州开展的 286 天放牧试验进一步验证了 WOW 系统的可靠性，研究累计获取 3759 组有效体质量数据，与地磅测量结果的吻合度高达 96.00%。尽管这类物联网称重设备有效避免了动物应激问题，但在实际应用中仍需通过诱饵吸引牲畜，且存在因牲畜移动速度过快导致数据误差的技术瓶颈，这些都有待后续研究加以完善⑤。

2. 集约型牧场肉牛体型采集技术

在肉牛体型性状的表型参数采集中，常规测量指标主要涵盖肩高、体长、胸围、胸宽、臀高及臀宽等维度。Gritsenko 等创新性地采用三台 Microsoft Kinect v2 传感器构建多视角同步采集系统，通过对 561 头肉牛进行 RGB-D 图像的三维重建，实现了体质量、肩高、胸高、体长、胸深、胸围和蹄围等参数的非接触式自动化测量⑥。实验数据显示，该系统的体质量测量精度达 92.40%，体型尺寸测量精度为 96.80%，所有测量指标的相对误差均控制在 3.00%以下，较传统人工测量显著提升了育种效率与生产性能预测的准确性。Li 等则开发了基于 3D 点云数据的体型测量技术，通过腿部特征提取与五点聚类梯度边界识别算法精确定位解剖标志点，进而获取斜长、高度、宽度、腹围和胸围等核心参数，在 10 头试验牛中测得各指标误差范围为 1.60%～2.80%⑦。但该方法存在姿势敏感性等缺陷，为此研究者进一步提出基于 12 种微姿势特征参数的调整模型，经对 11 头肉牛的验证表

① Wangchuk K，Wangdi J，Mindu M D. Comparison and Reliability of Techniques to Estimate Live Cattle Body Weight［J］. Journal of Applied Animal Research，2018，46（1）：349-352.

② Firdaus F，Atmoko B A，Baliarti E，et al. The Meta-analysis of Beef Cattle Body Weight Prediction Using Body Measurement Approach with Breed，Sex，and Age Categories［J］. Journal of Advanced Veterinary and Animal Research，2023，10（4）：630.

③ Brown D J，Savage D B，Hinch G N，et al. Monitoring Liveweight in Sheep is a Valuable Management Strategy：A Review of Available Technologies［J］. Animal Production Science，2015，55（4）：427-436.

④ Aldridge M N，Lee S J，Taylor J D，et al. The Use of Walk over Weigh to Predict Calving Date in Extensively Managed Beef Herds［J］. Animal Production Science，2016，57（3）：583-591.

⑤ Parsons I L，Norman D A，Karisch B B，et al. Automated Walk-over-weigh System to Track Daily Body Mass and Growth in Grazing Steers［J］. Computers and Electronics in Agriculture，2023，212：108113.

⑥ Gritsenko S，Ruchay A，Kolpakov V，et al. On-barn Forecasting Beef Cattle Production Based on Auto- mated non-contact Body Measurement System［J］. Animals，2023，13（4）：611.

⑦ Li J W，LI Q F，MA W H，et al. Key Region Extraction and Body Dimension Measurement of Beef Cattle Using 3D Point Clouds［J］. Agriculture，2022，12（7）：1012.

明，校准后体长、肩高、臀高、胸围和腹围的测量误差分别降至1.14%、1.84%、3.47%、1.56%和2.36%，显著提高了不同姿态下的测量稳定性。这些自动化技术为肉牛育种、表型组学研究及屠宰标准制定提供了可靠的数据支撑①（见图4-5）。

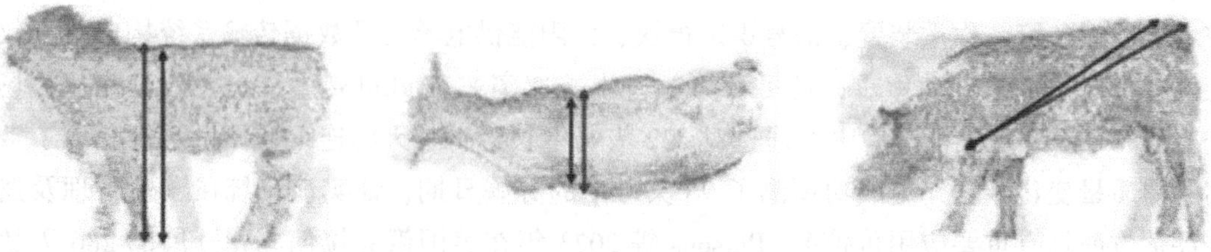

A：肩　B：胸围　C：体斜长

图4-5　不同姿态肉牛体型测量值的差异

3. 肉牛瘤胃内表型采集技术

作为反刍动物生理监测的重要工具，瘤胃丸剂通过集成温度传感器、pH传感器、氧化还原传感器及无线传输系统等核心组件，实现了对牛瘤胃内关键生理参数的持续采集与记录。目前市场上已存在若干成熟产品，例如爱尔兰Moonsyst公司与奥地利SmaXtec公司研发的商用化瘤胃监测设备，其中SmaXtec公司开发的丸剂产品具有12.00cm×3.50cm的尺寸规格和210.00g的重量参数，其特殊设计使其能够在瘤胃恶劣环境中长期稳定工作且无须额外维护，可实时获取包括体温、饮水行为特征、反刍频率及pH值在内的多项生理指标②。该系统的数据传输机制依托于SmaXtec基站自动采集监测数据并通过互联网传输至云端处理平台，借助人工智能技术对多维数据进行深度分析，当检测到异常指标时可即时触发预警通知机制。值得注意的是，该系统还提供了便捷的移动端和PC端访问接口，使养殖从业人员和兽医专业人员能够实时查阅经过结构化处理的生理监测数据及管理建议，从而显著提升牧场运营管理的智能化水平和决策效率。

（三）肉牛智慧发情鉴定技术

在雌激素调控下，母牛排卵并进入适宜配种阶段的生理状态被称为发情期，该生理周期普遍维持在21天左右，但不同个体间存在显著差异。研究表明，发情期是实施人工授精操作的关键窗口期，此时母牛的受孕概率达到峰值。精准识别发情期并适时开展人工授精操作，对于提升肉牛繁殖性能及养殖场经济收益具有决定性作用。现行发情鉴定技术主要依赖于爬跨行为观察、外阴黏液检测、直肠触诊以及阴道温度测量等传统手段，然而这些方法普遍存在主观判断成分大、检测精度不足、操作烦琐等局限性，已难以适应现代化肉牛养殖的精准化管理需求。随着技术进步，基于行为学监测、计算机视觉识别和生物标

① Li J W, Ma W H, Bai Q, et al. A Posture-based Measurement Adjustment Method for Improving the Accuracy of Beef Cattle Body Size Measurement Based on Point Cloud Data [J]. Biosystems Engineering, 2023, 230: 171-190.

② Schori F, Muenger A. Assessment of Two Wireless Reticulo-rumen pH Sensors for Dairy Cows [J]. Agrarforschung Schweiz, 2022, 13 (2): 11-16.

志物分析等新型智能化发情鉴定技术正逐步应用于生产实践。

1. 基于行为监测的智慧发情鉴定技术

在发情周期中，雌性牛科动物会呈现典型的性行为特征，包括个体间的相互舔舐行为、运动兴奋性增强以及跳跃等行为表现，其中接受同种个体爬跨行为被视为最具诊断价值的发情判定指标。针对爬跨行为的监测，美国 Kamar Products 公司研发的 Kamar Heatmount Detectors 压力传感装置采用机械压力监测原理，该设备通过粘附于动物骶骨区域的安装方式，当检测到持续 3 秒以上的压力刺激时，其内置的计时模块与无线传输系统会将被爬跨个体的身份识别信息自动上传至管理系统①。此外，基于运动行为学的发情监测技术也取得显著进展，奥地利 Zoetis 公司开发的 SMARTBOW 智能耳标系统整合了高精度三轴加速度传感器，能够实时采集动物头部及耳部运动参数，通过个体化行为模式的学习算法，该系统实现了 97%的发情识别准确率，并具备通过移动终端设备实时传输个体身份及定位信息的功能②。

2. 基于计算机视觉的智慧发情鉴定技术

现有研究表明，牛科动物在发情期均会呈现显著的爬跨行为特征，其中基于计算机视觉的奶牛发情监测技术已发展较为成熟，可有效应用于肉牛养殖实践。在技术实现层面，Tsai 等开发了一套融合运动检测、前景分割、形态学处理和运动轨迹分析的四步法行为识别系统，该系统通过安装在牛舍顶部的全景摄像机，以 35 帧/秒的采集速率实现了 99. 67%的发情行为识别准确率③。为进一步优化技术性能，王少华等创新性地将改进型高斯混合模型与 AlexNet 深度学习网络相结合，通过颜色纹理特征提取和背景干扰消除，使爬跨行为识别准确率达到 88. 24%；④ 针对该方案存在的处理效率不足及锚框适配性问题，该研究团队通过引入 DenseBlock 结构改进特征提取网络，并采用 FIoU 结合中心距 Dc 的新型损失函数，最终将识别准确率提升至 97. 62%，处理速度提高至 31 帧/秒⑤。在系统集成方面，Lodkaew 等研发的 CowXNet 系统整合了个体识别、部位检测、行为判别和分析评估四大功能模块，其中 YOLOv4 实现的个体检测为后续分析奠定基础，而基于关键解剖学特征的运动模式分析使发情判定准确率达到 83%⑥。Arikan 团队则创新性地将 VGG-19 模型

① Saint-Dizier M, Chastant-Maillard S. Potential of Connected Devices to Optimize Cattle Reproduction［J］. Theriogenology, 2018, 112: 53-62.

② Schweinzer V, Gusterer E, Kanz P, et al. Evaluation of an Ear-attached Accelerometer for Detecting es- trus Events in Indoor Housed Dairy Cows［J］. Theriogenology, 2019 (130): 9-25.

③ Tsai D M, Huang C Y. A Motion and Image Analysis Method for Automatic Detection of Estrus and Mating Behavior in Cattle［J］. Computers and Electronics in Agriculture, 2014 (104): 25-31.

④ 王少华，何东健，刘冬．基于机器视觉的奶牛发情行为自动识别方法［J］．农业机械学报，2020，51（4）：241-249.

⑤ 王少华，何东健．基于改进 YOLO v3 模型的奶牛发情行为识别研究［J］．农业机械学报，2021，52（7）：141-150.

⑥ Lodkaew T, Pasupa K, LOO C K. CowXNet: An Automated Cow Estrus Detection System［J］. Expert Sys- tems with Applications, 2023, 211: 118550.

与 YOLOv5 相结合，通过双阶段检测策略在 300 头奶牛试验中取得 95%的识别准确率①。可以预见，随着 YOLO 系列算法的持续迭代优化，肉牛个体识别技术的精度和应用价值将获得显著提升。

通过对比分析可见，人工标注的绿色标签与算法预测的红色标记点呈现出高度吻合的空间分布特征，这一现象直观地证实了预测模型具有较高的准确性（见图 4-6）。

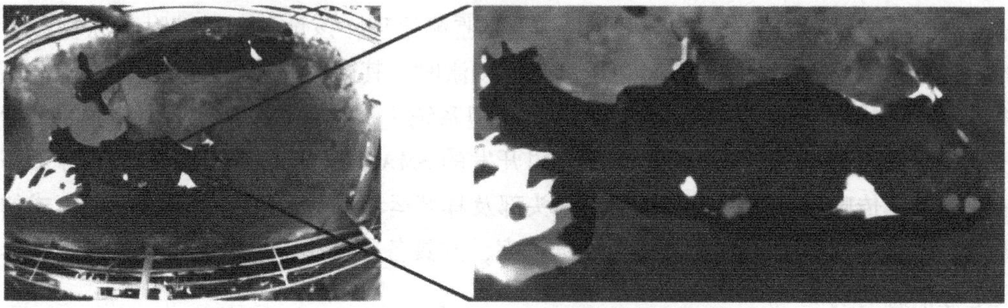

图 4-6　CowXNet 系统对身体部位的预测效果

3. 基于生物标志物的智慧发情鉴定技术

本书采用气相色谱技术系统分析了奶牛发情周期不同生理阶段中的挥发性有机化合物组成特征，实验结果表明苯乙醛等 8 种特征性挥发性化合物可作为发情期的特异性生物标志物。基于这一发现，研究人员提出了利用电子鼻等智能传感设备实现奶牛发情期精准监测的技术方案。特别值得关注的是，德国 AIRSENSE ANALYTICS 公司研发的 MENT-EGAS 型电子鼻原型设备通过直接采集牛阴部区域气味样本并结合主成分分析方法，成功实现了发情状态的判别②。相关验证实验显示，该设备在 35 头奶牛的发情监测中表现出良好的检测准确性。如表 4-2 所示，通过对 11 种智能发情鉴定技术的性能比较分析发现，虽然此类技术具有实时监测、自动化程度高及准确率持续提升等优势，但仍面临设备成本高昂、技术复杂度高以及系统维护困难等实际应用瓶颈。

表 4-2　智慧发情鉴定技术识别准确率对比

类别	主要识别方法	准确率/%
阴道内温度	温度传感器	96.00
爬跨	压力传感器+自动摄像系统	<77.00
爬跨	基于无线电遥测的压力传感系统	77.00
运动量	耳标内的 3D 加速度计	97.00
运动量	安装在腿部或颈部的 3D 加速度计	92.00
爬跨	计算机视觉 AlexNet	88.24

① Arikani, Ayav T, SeÇkin A Ç, et al. Estrus Detection and Dairy Cow Identification with Cascade Deep Learning for Augmented Reality-ready Livestock Farming [J]. Sensors, 2023, 23 (24): 9795.

② Ali A S, Jacinto J G, Mynchemyer W, et al. Estrus Detection in a Dairy Herd Using an Electronic Nose by Direct Sampling on the Perineal Region [J]. Veterinary Sciences, 2022, 9 (12): 688.

续表

类别	主要识别方法	准确率/%
爬跨	计算机视觉 DenseBlock+YOLOv3	97.62
爬跨	计算机视觉 CowXNet	83.00
爬跨	计算机视觉 CNN+VGG-19	95.00
孕酮	奶样孕酮分析仪	94.00

（四）肉牛自动化饲喂技术

现代畜牧业技术革新的核心环节在于实现饲喂方式的智能化转型。传统人工投喂模式不仅劳动效率低下，且难以适应规模化养殖场的发展需求；即便采用人工驾驶饲料车的改进方案，仍存在投喂精度不足和作业效率不高等技术瓶颈。针对这一现状，本书提出将自动化饲喂系统细分为犊牛与成年牛两大技术体系，该分类方法对于提升饲料投放精准度具有重要的实践价值。

1. 犊牛自动化饲喂技术

为确保犊牛免疫系统的正常发育，高质量母乳供给构成其饲养管理的关键环节。当前国际主流的自动化犊牛饲喂设备，包括瑞典 DeLava 公司 CF 系列全自动饲喂系统、德国 Urban 公司饲喂设备及荷兰 Lely 公司 Calm 智能饲喂装置等，均整合了温度自动调控、饲喂量精确计量、卫生防护、消毒清洁、生长发育监测与异常预警等多项功能模块①。加拿大相关研究数据表明，相较于传统人工饲喂方式，自动化饲喂系统不仅显著提升工作效率，同时有效降低运营成本，证实该技术对促进犊牛生长发育具有显著优势。

2. 成年牛自动化饲喂技术

笔者聚焦于成年牛自动化饲喂技术的核心问题，即如何通过技术创新提升饲料转化效率并降低养殖成本。作为评价饲料转化效能的关键参数，剩余采食量被定义为实际采食量与理论预测值之间的差异，其数值变化受到动物生理状态、日粮营养组成、饲喂时间间隔、采食空间距离以及环境条件等多重因素的共同影响。当前主流的全天候自动化饲喂设备主要包括三类：自主导航式饲喂装置、轨道导向型饲喂系统以及智能推料机器人。自主导航设备采用预设路径规划技术实现精准投料；轨道式系统则依托固定轨道运行，结合无线射频识别技术对个体牛只进行身份识别，根据不同生长阶段的营养需求实施差异化投喂，该系统具有作业效率高、结构紧凑、运行平稳且噪声控制良好等技术优势；智能推料装置则通过实时监测饲料分布状态，主动将边缘区域的饲料推送至采食区，从而显著提高饲料利用效率。实践表明，自动化饲喂系统通过实现个体化精准营养供给和定时定量投喂管理，不仅有效减轻了人工劳动强度，更在降低运营成本的同时显著提升了整体养殖经济效益。

---

① Medrano-Galarza C, Leblanc S J, Devries T J, et al. A Survey of Dairy Calf Management Practices Among Farms Using Manual and Automated Milk Feeding Systems in Canada [J]. Journal of Dairy Science, 2017, 100 (8): 6872-6884.

（五）肉牛疾病检测技术研究进展

1. 基于穿戴设备的肉牛疾病检测技术

在现代化肉牛养殖体系中，疾病监测技术已从传统的兽医临床检查和实验室检测方法发展为融合传感器技术、计算机视觉和红外热成像等多元化的智能监测体系。研究表明，通过分析牛只低头姿势及其持续时间可有效获取放牧行为、采食时长及反刍频率等关键参数，但在传统人工饲养条件下，难以实现大规模牛群下颌运动的持续性观测，往往导致重要行为数据的缺失①。相较于传统模式，智能化养殖系统凭借其自动化程度高、检测灵敏度优异等特性，不仅能精准采集个体行为数据，还可实现异常行为的实时预警。当前市场上已涌现出多款基于传感技术的先进监测设备，如瑞士 ITIN + HOCH 公司研发的 RumiWatch 智能鼻带、美国 Allflex 公司开发的 SenseHub 智能耳标，以及荷兰 Lely 公司和爱尔兰 Dairymaster 公司分别推出的智能项圈与 MooMonitor+项圈等，这些设备具备全天候监测采食行为、反刍频率的功能，同时集成了个体识别、发情鉴定、位置追踪、分娩时间预测及异常行为报警等多项智能化功能。

2. 基于计算机视觉的肉牛疾病检测技术

随着计算机视觉技术在畜牧业中的深入应用，其在牛只采食行为监测、饮水状态分析、体况评分、表型特征评估以及疾病诊断等领域的非接触式自动化监测优势日益凸显，为养殖管理提供了实时持续的健康监测解决方案。以美国 Ever. Ag 公司研发的 Cainthus 智能监控系统为例，该系统整合人工智能视觉技术，通过多角度摄像装置实现养殖场全景监控，其 Feedbunk 管理模块可 24 小时监测各牛栏饲料余量，当出现饲料短缺时自动触发短信预警，同时具备识别牛只跛行及异常卧姿等行为的功能。在跛行检测领域，Viazzi 等的对比研究表明，基于二维和三维图像的分析技术已取得显著进展，两种相机系统检测准确率均超过 90.00%，其中 3D 相机虽能获取更全面的运动学数据，但存在数据处理复杂、计算耗时等局限性。值得注意的是，红外热成像技术凭借其无创性、高可视化度及经济性优势，在跛行诊断、乳腺炎筛查和发情鉴定等方面获得广泛应用②。Stokes 等的研究证实，当将病蹄温度阈值设定为 27℃时，红外热成像仪对病变蹄和正常蹄的识别准确率分别达到 80%和 73%，这一发现凸显了该技术在跛行早期诊断中的重要价值，并展现出替代传统 2D/3D 相机系统的应用前景③（见图 4-7）。

---

① Raynor E J, Derner J D, Soder K J, et al. Noseband Sensor Validation and Behavioural Indicators for Assessing Beef Cattle Grazing on Extensive Pastures [J]. Applied Animal Behaviour Science, 2021 (242): 105402.

② Viazzi S, Bahr C, Van Hertem T, et al. Comparison of a Three-dimensional and Two-dimensional Camera System for Automated Measurement of Back Posture in Dairy Cows [J]. Computers and Electronics in Agriculture, 2014, 100: 139-147.

③ Stokes J, Leach K, Main D, et al. An Investigation into the Use of Infrared Thermography (IRT) as a Rapid Diagnostic Tool for Foot Lesions in Dairy Cattle [J]. Veterinary Journal, 2012, 193 (3): 674-678.

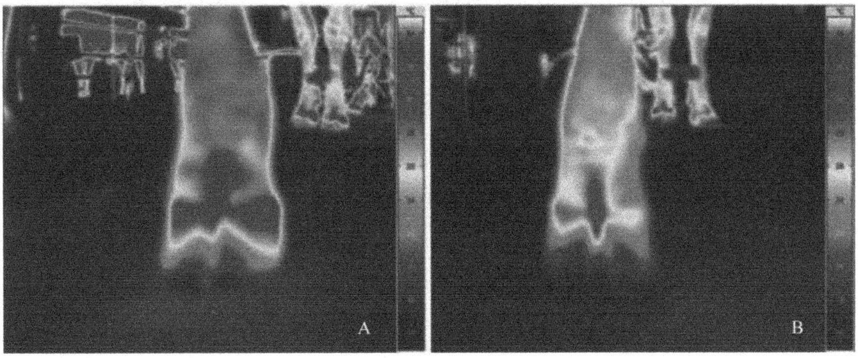

图 4-7 病变后蹄（A）和非病变后蹄（B）的红外热成像对比图①

3. 基于生物传感器的肉牛疾病检测技术

作为一种能够识别特定生化元素并转换电信号的健康监测装置，生物传感器在畜牧兽医领域具有重要应用价值，主要用于畜禽健康状态评估及传染病防控。在气体和体液检测方面，Neethirajan 等开发了三种典型传感器：基于牛呼气中挥发性有机化合物分析的呼吸传感器可用于呼吸道疾病诊断；通过检测汗液中钠离子和乳酸等代谢产物的汗液传感器可评估机体应激状态；而泪液葡萄糖传感器则实现了无创血糖监测②。在植入式设备领域，Glogener 等研制出一款采用 0. 25 μmCMOS/BiCMOS 工艺制造的微电子葡萄糖传感器，其测量精度达±1%，通过半透膜隔离技术植入牛颈部皮下 17 个月后，MEMS 芯片仍保持良好的生物稳定性，这为长期植入式监测提供了重要技术支撑③。针对布鲁士杆菌病这类危害严重的人兽共患病，Griesche 等证实生物传感器可有效检测血清中的抗体或细菌核酸④。值得注意的是，Vidic 等研发的纸基免疫层析系统对大肠埃希菌的检测限达 100CFU/mL，较 ELISA 方法灵敏度提升三个数量级，且检测时间仅需 5 分钟⑤。此外，电化学免疫传感器在牛结核分枝杆菌和沙门氏菌等病原体检测方面展现出与 PCR 相当的灵敏度。相较于传统检测技术，生物传感器在选择性、便携性及现场快速检测方面具有显著优势。

（六）牛舍环境监测与清洁技术

作为肉牛养殖的核心空间，牛舍环境参数对牲畜生长发育及经济效益具有决定性影响。研究表明，当环境舒适度下降时，不仅会显著增加养殖成本，还会抑制肉牛增重并提

---

① Alsaaod M，BÜscher W. Detection of Hoof Lesions Using Digital Infrared Thermography in Dairy Cows［J］. Journal of Dairy Science，2012，95（2）：735-742.

② Neethirajan S，Tuteja S K，Huang S T，et al. Recent Advancement in Biosensors Technology for Animal and Livestock Health Management［J］. Biosensors and Bio-electronics，2017（98）：398-407.

③ Glogener P，Krause M，Katzer J，et al. Prolonged Corrosion Stability of a Microchip Sensor Implant During in Vivo Exposure［J］. Biosensors，2018，8（1）：13.

④ Griesche C，Baeumner A J. Biosensors to Support Sustainable Agriculture and Food Safety［J］. TrAC Trends in Analytical Chemistry，2020，128：115906.

⑤ Vidic J，Manzano M，Chang C M，et al. Advanced Biosensors for Detection of Pathogens Related to Livestock and Poultry［J］. Veterinary Research，2017（48）：11.

高疾病发生率；特别是当牛舍内积聚过量有害气体时，不仅会损害肉牛健康状态，更会对饲养人员造成潜在的急性或慢性健康危害。基于此，实施牛舍环境监测与优化措施，对于保障牛肉产量稳定增长和提升产品安全品质具有重要的实践意义。

1. 牛舍环境监测技术

传统清洁手段如通风换气、人工清扫及消毒除臭等措施虽可部分优化牛舍环境质量，但其响应迟滞的特性难以满足规模化养殖场的实时需求；相较而言，基于自动化、数字化与智能化的环境监测技术能显著提升环境调控的时效性。通过融合物联网技术与养殖环境参数，研究者开发了集成传感器网络、计算机及通信技术的智能监测系统，实现了对牛舍环境因子的动态追踪。在相关研究中，Zeng 等构建的“微气候”监测平台可精准获取妊娠母猪舍的温度、湿度、二氧化碳和氨气浓度，其中二氧化碳监测误差率控制在 6.50%以内①。Leliveld 等开发的 GALA 系统创新性地实现了环境参数与动物行为的同步监测，其多传感器数据采集网络配合定制化节点与网关架构，可将实时数据经云端处理后在可视化仪表盘中动态呈现②。该系统在意大利三家商业化奶牛场的年度验证中表现出卓越的稳定性与可靠性，其监测维度涵盖：外部环境、舍内微环境以及牛只行为学指标。这些多源数据的系统采集为评估牛群福利水平及优化养殖管理策略提供了科学的决策依据。

2. 自动化清粪技术

在规模化肉牛养殖过程中，粪便、污水及病死动物尸体构成了主要的环境污染物，其中粪便的定期清除对于维持牛舍卫生状况和优化养殖环境具有关键作用。随着养殖规模的扩大，传统人工清粪方式已难以满足现代化养殖场的作业需求，促使具备操作便捷性和高效清理性能的自动化清粪设备成为提升养殖场运营管理水平的核心装备。现代自动化清粪系统整合了动物行为学原理、机械工程技术和智能控制系统，通过机械刮板、传送装置及智能机器人等设备，实现了从传统水泡粪工艺向机械化清粪模式的转型升级。该技术体系不仅显著改善了人工清粪存在的效率低下、劳动强度过高及作业环境恶劣等弊端，更通过高效的舍内清理与场区自动化转运功能，为优化养殖环境参数、提升饲养管理效能以及促进清洁化养殖实践提供了重要的技术保障。国际市场上具有代表性的自动化清粪设备包括奥地利 HETWIN、法国 CRD、荷兰 Lely 及瑞典 Delaval 等企业研发的机械刮粪系统和智能清粪机器人，这些设备在降低动物应激反应、减少运营支出以及提高整体管理效率方面展现出显著优势。

---

① Zeng Z, Zeng F, Han X, et al. Real-time Monitoring of Environmental Parameters in a Commercial Gestating Sow House Using a Zigbee-based Wireless Sensor Network [J] . Applied Sciences, 2021, 11 (3): 972.

② Leliveld L M C, Brandolese C, Grotto M, et al. Real-time Automatic Integrated Monitoring of Barn Environment and Dairy Cattle Behaviour: Technical Implementation and Evaluation on Three Commercial farms [J] . Computers and Electronics in Agriculture, 2024, 216: 108499.

（七）小结

1. 国内外技术总结和对比

当前国内外学术界在肉牛个体识别领域的研究焦点集中于基于计算机视觉技术的牛只躯干及面部特征识别方法。值得注意的是，针对西门塔尔牛和安格斯牛躯干图像的识别系统已实现 99.74%的准确率，而西门塔尔牛面部识别准确率更是达到 99.86%的行业标杆水平。然而，在实际养殖场景中，由于需要部署大量智能摄像设备，相关技术应用面临着设备成本投入、政策支持力度、养殖户接受度以及操作人员技术水平等多重现实制约。基于此现状，射频识别耳标技术仍然是大规模商业化养殖场实施个体识别的首选方案，相比之下，计算机视觉技术在实际生产中的推广应用案例仍较为有限。

当前肉牛智慧表型采集技术呈现多元化发展趋势，其中 WOW 系统在规模化养殖场散养型牛只称重应用中展现出显著优势，其 96.00%的测量精度不仅显著提升了作业效率，同时有效降低了牲畜的应激反应风险。在体型参数获取领域，三维点云技术在国内研究应用中取得重要突破，3.00%以内的数据采集误差使其在育种选配和屠宰标准制定等环节具有广阔的应用前景。值得注意的是，国际市场上以爱尔兰 Moonsyst 和奥地利 SmaXtec 为代表的瘤胃内监测丸剂技术发展成熟，其产品凭借微型化设计、优异的耐腐蚀性能及多参数监测能力，已在全球肉牛养殖产业中获得规模化应用。

当前研究表明，计算机视觉技术在爬跨行为识别领域的应用在国内智慧发情鉴定研究中占据主导地位，其鉴定准确率可达 97.62%，展现出显著的技术优势，然而受限于对摄像设备性能的较高要求，该技术在肉牛养殖实践中的推广程度相对有限。相较而言，国际主流方案主要采用可穿戴设备与生物标志物检测相结合的技术路线，例如奥地利 Zoetis 公司研发的 SMARTBOW 智能耳标系统通过运动量监测实现发情鉴定，准确率达到 97.00%；瑞典 DeLaval 公司开发的 Herd Navigator 乳汁分析仪则基于孕酮浓度检测进行发情判断，准确率为 94.00%，这些技术方案在国际养殖业中已实现规模化应用，并获得了良好的实践反馈。

当前我国规模化肉牛养殖场在成年牛自动化饲喂设备配置方面已形成较为完善的体系，其较高的自动化程度显著提升了养殖生产效能；但值得注意的是，针对犊牛群体的自动化饲喂技术研发与应用仍存在明显滞后，特别是在饲喂设备国产化进程方面亟待加强，相关智能化成长监测系统的研究也尚未得到充分重视。

在畜牧业疾病监测领域，针对跛行、乳房炎、前胃迟缓及瘤胃酸中毒等常见病症，规模化养殖企业主要采用驻场兽医临床诊断结合实验室检测的方法，部分企业已开始尝试引入手持式红外热成像仪和智能跛行监测系统等智能化设备以辅助诊疗工作。然而，当前国内智能化设备的实际应用率仍然较低，多数仍处于科研验证阶段。相较而言，国际学术界在生物传感技术领域的研究更为深入，其开发的监测系统能够实现对牛布鲁氏菌病、结核病等传染性疾病的实时监测，这不仅显著提升了区域性疫病防控效能，也为养殖从业人员的职业健康安全提供了重要保障。

国内外在牛舍环境管理领域存在显著差异：国内养殖场当前仍以人工通风、消毒及除臭等传统方式为主，不仅导致作业人员劳动强度居高不下，其清洁效率亦存在较大提升空间；尽管智慧牛场相关理论研究已取得一定进展，但受制于推广阻力等因素，实际落地应用案例仍较为有限。相较而言，发达国家在牛舍自动化控制与清洁设备应用方面已达到较高机械化水平，正逐步实现牛场无人化运营的转型升级。

2. 存在的问题

当前智慧养殖技术面临的主要困境在于其应用普及率较低，究其原因可归结为以下三个方面：首先，该技术体系需要投入大量初始资金用于购置硬件设备、部署软件系统以及后续维护，同时还需承担人员培训等配套成本，然而这些投入在短期内难以产生可观的经济回报；其次，由于投资规模较大且投资回收期较长，使资金实力相对薄弱的中小型养殖企业难以承受；最后，部分养殖从业者受教育水平制约，在掌握和运用现代化智慧养殖技术方面存在显著困难。要突破这一发展瓶颈，必须采取有效措施降低技术应用成本、简化操作流程，并通过多渠道加强技术推广，方能促进智慧养殖技术的规模化应用。

跨学科专业人才匮乏与技术融合创新不足构成显著制约因素。智慧养殖体系的构建与实施亟须兼具畜牧兽医、数据科学及信息技术等多元学科背景的复合型人才支撑。现有教育体系在交叉学科人才培养方面存在明显短板，配套技术支撑体系亦未臻完善，由此导致技术迭代迟缓与产业升级受阻。特别是在人工智能算法、大数据分析及区块链等新兴技术与养殖业的深度融合方面，尚未形成系统化的创新路径，这已成为智慧养殖技术突破与产业变革的关键瓶颈。

数据安全与资源共享的挑战。智慧养殖技术的广泛应用导致海量动物表型数据及养殖环境信息通过互联网进行采集与分析，若未能实施完善的数据安全管控机制，将不可避免地引发养殖从业者的数据安全顾虑。值得注意的是，这些详尽的动物表型数据对于计算机算法与模型的训练具有重要价值，但数据资源的共享机制及其安全性、隐私性保障措施亟待解决。鉴于此，构建以企业为主导、政府监管为支撑的数据资源共享平台，将成为促进智慧养殖技术发展的关键举措。

3. 未来展望

为促进智慧养殖技术的普及应用，建议采取以下综合措施：首先，政府部门可通过财政补贴或专项资助计划，有效降低中小型养殖场的技术引入门槛；其次，构建完善的技术培训体系，为养殖从业者提供系统化的技术指导与实操培训，确保其熟练掌握相关技术要领；最后，应重点建设示范性智慧养殖基地，定期举办技术成果展示与经验交流活动，通过实证案例直观呈现技术应用的经济效益，从而提升养殖户的技术认知水平与应用信心，最终实现技术的规模化推广。

为推进智慧养殖领域的发展，亟须构建多层次人才培养体系并促进学科交叉融合。高等院校应系统性地开设智慧养殖技术专业课程体系，重点培育具备兽医学、数据科学和软件工程等复合型知识结构的专业化人才。建议通过组建跨学科联合攻关团队，深度整合养殖科学、信息技术及工程技术的优势资源，以实现技术协同创新。政府部门可通过设立专项科研基金的方式，引导产学研协同创新机制的建立，为智慧养殖技术研发提供政策支持。同时，科研院所应着力打造集技术研发、咨询服务与数据共享于一体的综合性创新平台，从而加速技术创新成果的转化与应用。

为确保养殖数据的安全性与隐私性，需构建多主体协同的数据安全管理体系，由企业、政府及科研机构联合制定标准化管理政策与安全规范，通过实施数据加密技术、分级权限管控机制以及定期安全审计等综合性防护措施。在此基础上，应着力打造政企联动的数据资源共享公共服务平台，该平台以企业为运营主体、政府履行监管职能，旨在促进跨机构养殖数据的高效流通与价值挖掘，从而提升产业协同创新水平，为智慧养殖技术的可持续演进提供数据支撑与制度保障。

第五章　现代智能化农业的系统设计

作为全球重要的农业生产国和人口大国，我国对农作物种植结构及产量信息的实时获取与精准掌握，在农业生产管理和政策制定层面均具有关键性作用。伴随科技进步与社会发展，农业智能化已成为现代农业转型升级的重要方向。相较于传统依赖人工的低效管理模式，现代智能农业通过整合自动化技术、地理信息系统及数字信息技术，实现了对农业生产全流程、全要素、全周期的智能化管控，不仅显著提升了农业生产效率和质量，更为乡村振兴战略的实施提供了持续动力①。

随着物联网与传感器技术的广泛应用，现代智能化农业管理系统已实现对农作物生长环境的实时监测，从而显著提升农产品品质。在具体实践层面，徐东等通过整合土壤温湿度传感器与光照度传感器，成功开发了蔬菜育苗智能管理平台，该系统可对育苗大棚环境参数进行精准调控，保障蔬菜作物的正常生长发育②。陈维娜等则采用 NB-IoT 技术构建无线传感网络，实现了农作物生长环境数据的远程、低功耗、智能化采集，其监测维度与尺度均具有显著优势③。值得注意的是，大数据与人工智能等新兴信息技术的深度融合，正加速推动传统农业向智能化方向转型。Raghuvanshi 等将大数据挖掘与深度学习技术相结合，创新性地应用于智能灌溉领域④；Yassine 等则运用深度强化学习算法，基于实时环境参数动态优化田间管理策略，为不同作物制订最优控制方案⑤。此外，Ramanathan 等通过机器学习方法对全年温湿度及水位等传感器数据进行建模分析，不仅实现了农业数据的精准预测，更有效预防了土壤退化及水资源浪费等问题⑥。

鉴于当前技术发展趋势，本书设计并实现了一套基于 SpringBoot 与 React 框架的智能化农业管理系统，该系统采用前后端分离架构，融合了物联网传感技术、深度学习算法及

---

① 郑建新．乡村振兴战略背景下智慧农业助推乡村产业振兴的路径研究［J］．智慧农业导刊，2023，3（1）：20-23.

② 徐东，徐一，郭小文．智慧农业系统在达州市达川区蔬菜种植中的应用［J］．四川农业与农机，2022（3）：49-50.

③ 陈维娜，杨忠，顾姗姗，等．基于 NB-IoT 技术的智能农业环境监测系统设计［J］．中国农机化学报，2023，44（6）：168-175.

④ Raghuvanshi A，Singh U K，Sajja G S，et al. Intrusion detection using machine learning for risk mitigation in IoT-enabled smart irrigation in smart farming［J］. Journal of Food Quality，2022.

⑤ Yassine H M，Roufaida K，Shkodyrev V P. Intelligent Farm Based on Deep Reinforcement Learning for optimal control［J］. 2022 International Symposium on iNnovative Informatics of Biskra（ISNIB），2022：1-6.

⑥ Ramanathan S K，Bharathi M L，Venusamy K. Implementation of Artificial Intelligence based Predictive Analysis of Data for Smart Farming in Sultanate of Oman［C］//2022 6th International Conference on Trends in Electronics and Informatics（ICOEI），2022：1004-1007.

遥感影像处理等关键技术。该系统主要功能模块涵盖农业传感器数据采集与可视化分析、粮食作物种植区域数字化管理、多源遥感影像智能解析以及农作物生长态势动态监测等核心功能。通过实证研究表明，该系统能够准确呈现农作物生长状况，为农业生产经营决策提供科学依据，有效地解决了传统农业生产信息化程度不足的问题。

第一节　系统分析

一、系统需求分析

笔者构建的智能农业监测系统基于人工智能与传感器技术融合架构，实现了农业生产全过程的动态数据采集与智能分析。该系统通过部署多源环境感知设备，对作物生长关键参数进行实时监测与趋势预测，从而显著提升农业生产管理效能与产品品质。基于对农业生产经营主体的需求调研结果，本书将系统架构划分为 7 个核心功能单元，具体模块化设计详见图 5-1。

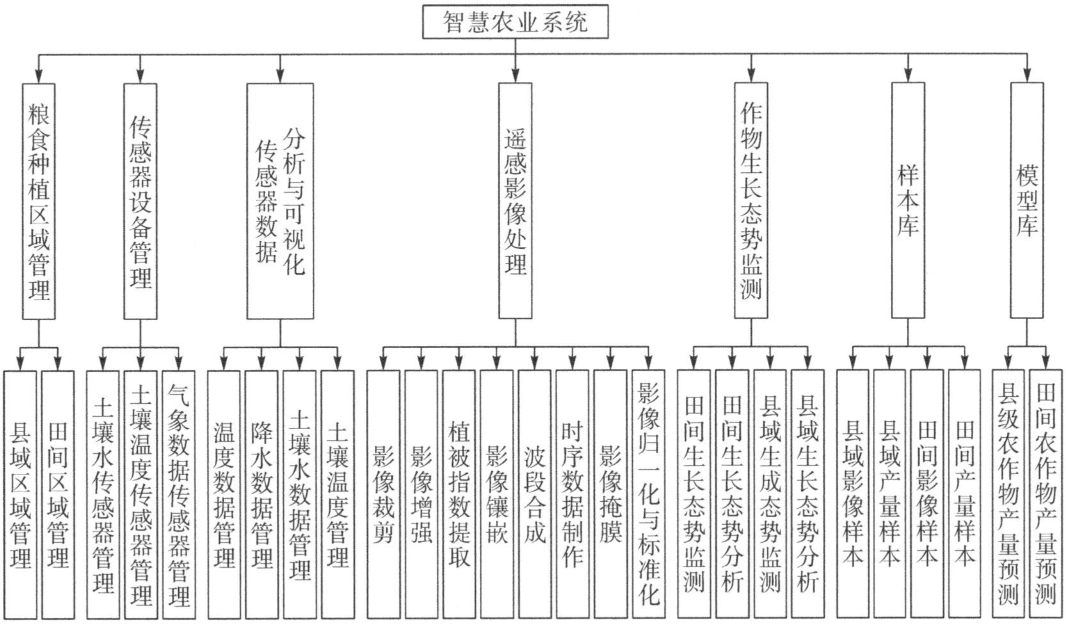

图 5-1　系统功能模块

笔者构建的粮食种植区域管理系统具备多尺度空间管理功能，支持县域和田间两级空间单元的种植区可视化展示与编辑操作，同时提供种植计划配置模块，可对作物品种、播种周期等关键农事参数进行系统化设定，实现种植区域的动态监测与科学管理。

在农作物生长环境监测过程中，传感器设备发挥着关键作用，能够对土壤水分含量、土壤温度以及气象参数等关键指标进行持续动态监测。该管理系统主要涵盖传感器运行状态的实时监控功能，同时支持设备的动态配置，包括新增传感器节点的部署和现有传感器的移除操作。

笔者聚焦于多源环境监测数据的分析与可视化处理，具体涵盖温度、降水、土壤水分及土壤温度等关键参数的集成管理。在系统实现过程中，用户可通过交互式地图界面选择特定地理区域，系统将自动呈现选定区域当日及其前后十日的时序数据，并以动态折线图形式直观展示各环境要素的时空变化规律。

在遥感数据处理领域，笔者主要针对上传的遥感影像开展多维度分析与处理工作，具体涵盖影像空间裁剪、质量增强处理、植被指数计算、多幅影像拼接、多光谱波段组合以及时间序列数据生成等关键技术环节。

基于多源遥感数据的作物生长动态监测体系能够实时获取植被覆盖指数、生物量等关键农情参数，通过构建作物生长模型与异常检测算法，可实现对农田生态系统的精准诊断，从而为现代化农业管理决策提供数据支撑。

笔者构建了一个综合性遥感影像样本库，该系统不仅整合了多源异构的时序遥感数据，还实现了对不同农作物品种及其各生育期影像数据的可视化呈现，同时为用户提供了自主上传遥感影像数据的功能接口。

二、系统开发和运行环境

本系统采用 WebStorm2022 与 IDEA2022 作为主要开发环境，基于 JavaScript、HTML5、CSS3 及 Java 等多语言架构实现，并以 Google Chrome 浏览器作为运行载体，同时依托 MySQL 数据库进行后台数据管理，所有开发与测试工作均在 Windows10 操作系统平台上完成。

第二节　系统设计

一、系统架构设计

本系统采用 Java 编程语言作为系统开发基础，结合 MySQL 关系型数据库实现数据存储功能，整体架构采用 SpringBoot 与 React 框架相结合的前后端分离设计模式①。在用户界面实现方面，前端开发运用 React 技术栈并集成 AntDesign 组件库，通过响应式布局设计确保系统在不同终端设备上的适配性。后端服务构建于 SpringBoot 微服务架构之上，该框

① 刘勇，王伟玲，许洪健．基于 React_ Umi+Cesium 框架下的水利工程 BIM+GIS 的 Web 端应用实现［J］．治淮，2022（2）：26-28.

架作为 Spring 生态系统的扩展，通过自动配置机制和起步依赖特性显著提升了开发效率，实现了快速部署和开箱即用的开发体验。

在系统架构设计中，前端开发侧重于用户界面实现与性能优化，旨在提升用户交互体验；后端则专注于业务逻辑处理、数据运算及数据库操作等核心功能，并通过标准化 API 接口为前端提供服务支持。本系统采用 JSON 数据格式实现前后端通信，前端通过调用后端 API 接口获取业务数据，继而完成数据解析、页面渲染及可视化呈现等操作①。图 5-2 清晰地展示了该系统的前后端交互流程。

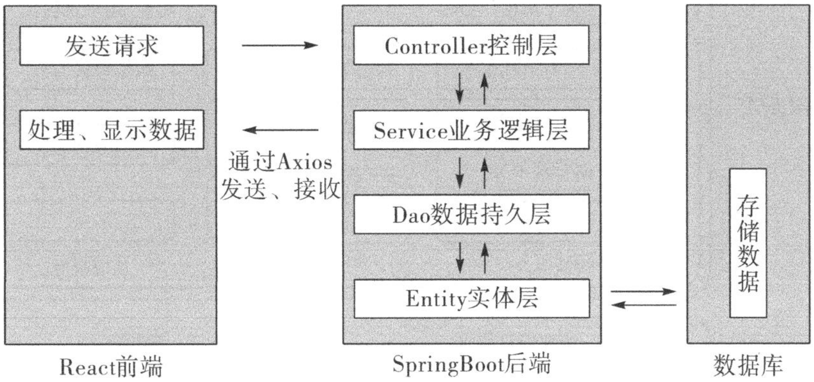

图 5-2 前后端交互流程

二、数据库设计

为满足智慧农业管理系统在业务运营与数据整合方面的需求，笔者构建了一个基于统一数据库标准体系的多源异构数据集成平台，该平台能够高效存储、管理并提供包括传感器监测数据、田间采集信息以及遥感影像资料在内的多尺度农业大数据。在技术实现层面，系统选用具备轻量化架构、卓越性能表现及开源特性的 MySQL 关系型数据库管理系统，并据此建立了涵盖遥感影像样本、农业传感器监测、作物生长特征及用户信息管理四大功能模块的专业数据库集群②。

三、智能化农业服务体系设计

笔者构建的智能化农业服务体系采用面向服务的体系架构，通过将农业生产、管理与决策过程中的业务功能及数据需求封装为标准化服务模块，旨在优化平台功能调用效率并提升农业生产的智能化水平。该体系架构主要包含管理功能与服务功能两大核心模块：前者涵盖用户身份认证、权限控制等基础管理组件；后者则由基础服务层、典型应用服务层

① 王建，罗政，张希，等. Web 项目前后端分离的设计与实现［J］. 软件工程，2020，23（4）：22-24.

② 容秀婵，邹湘军，李承恩，等. 基于数据驱动的虚拟场景搭建及模型检索优化方法［J］. 中国农机化学报，2022，43（8）：128-135.

及扩展服务层构成，共同支撑农业生产全流程的智能化服务需求，从而实现农业生产效率与决策质量的协同提升（见图 5-3）。

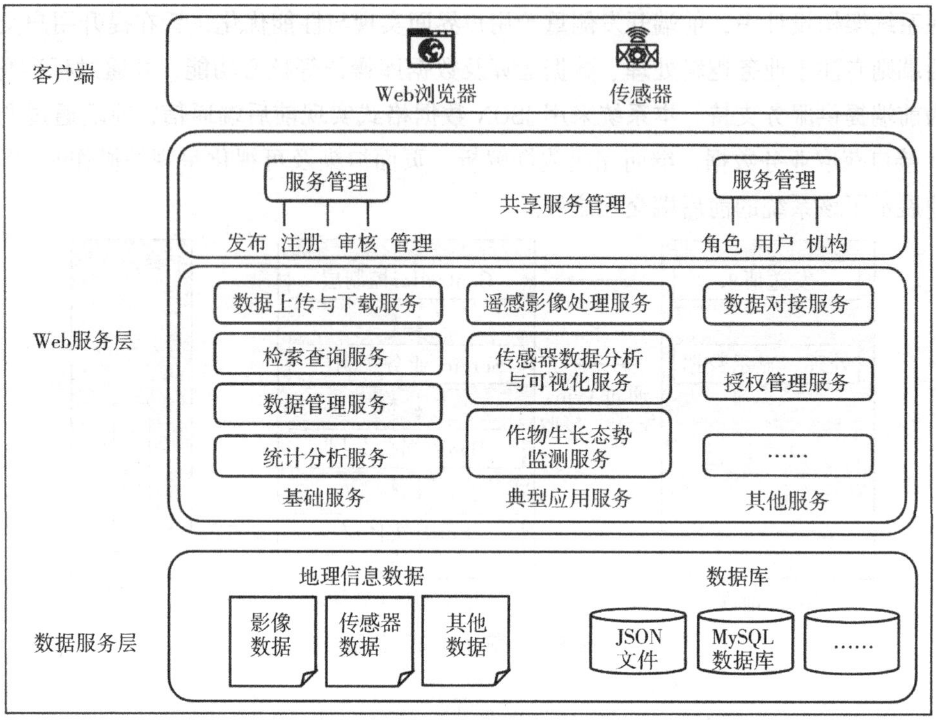

图 5-3 服务体系架构

第三节 系统实现

一、传感器设备管理

在智能化农业系统的功能架构中，传感器设备管理模块承担着关键作用，该模块专门负责对部署于农田区域的土壤水分传感器、土壤温度传感器以及气象参数传感器等设备进行全生命周期管理，涵盖设备的注册、配置及移除等核心操作。基于多源传感器网络采集的实时农田环境数据，系统能够实现对农业生产环境的动态监测与状态评估。具体而言，如图 5-4 所示，当用户选择气象数据传感器并进入其详情界面时，系统会对采集的时间序列数据进行智能处理与可视化分析，其中空气湿度参数的时序变化特征通过折线图形式进行直观呈现。

二、生长态势监测

基于深度学习算法的生长态势监测系统实现了县域尺度农作物产量的智能化预估功能，如图 5-5 所示，该监测界面通过地理信息系统可视化呈现田块分布，用户可交互式选定特定田块区域，并设置预测时间范围、选择适用的预测模型及指定作物品种，在触发“开始预测”指令后，系统将自动整合输入参数进行产量计算，最终输出包括目标区域面积统计、单位面积产量均值等关键农情指标的分析结果。

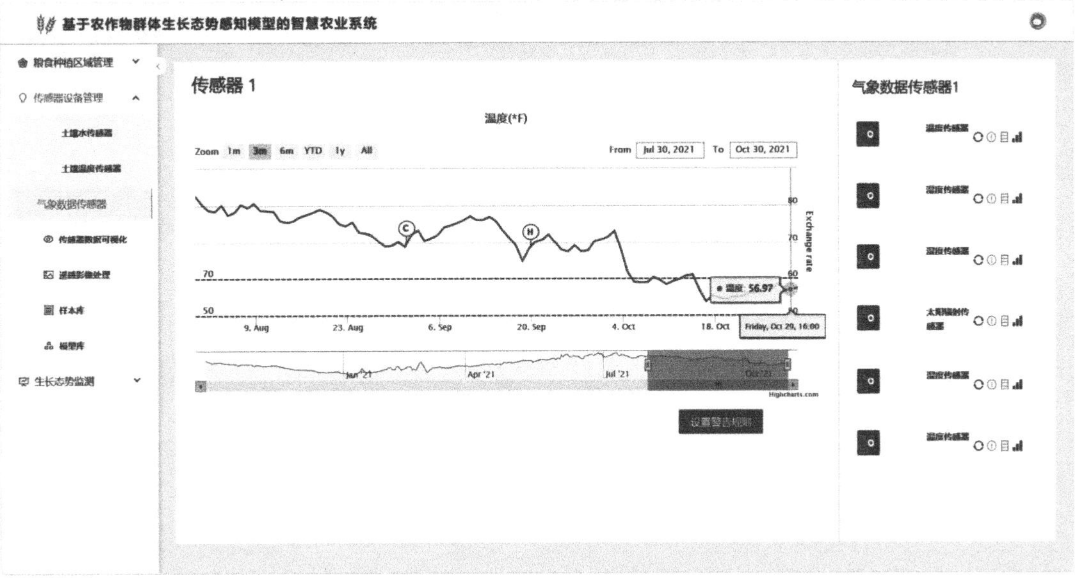

图 5-4　传感器设备管理界面设计

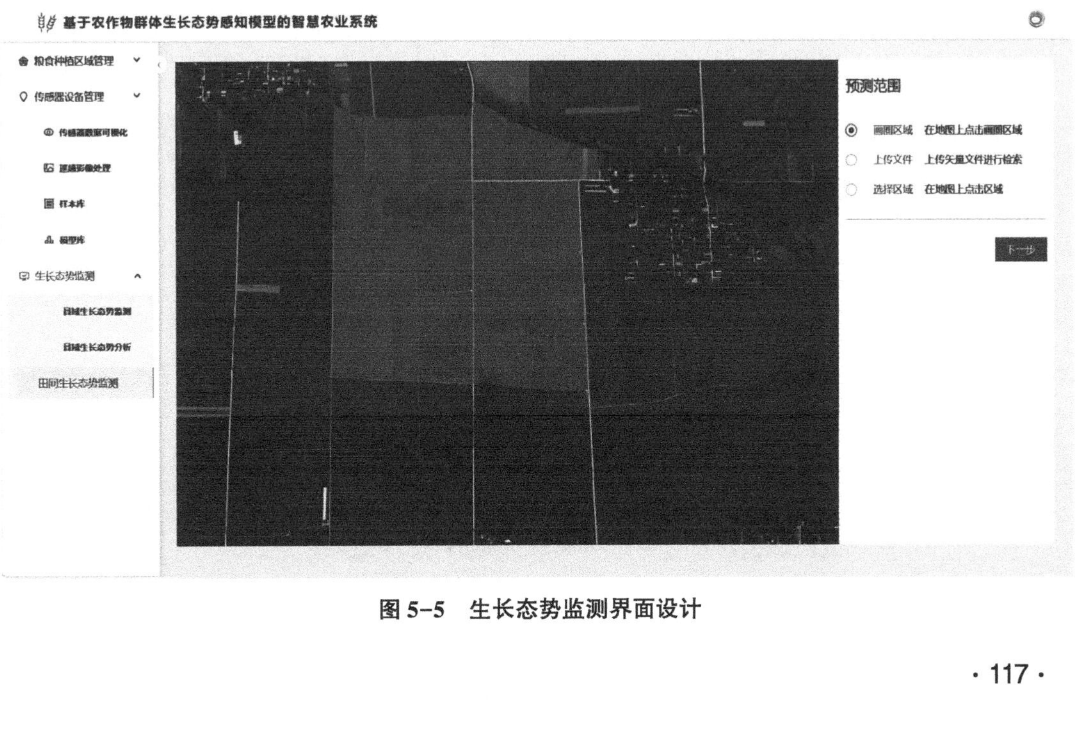

图 5-5　生长态势监测界面设计

三、小结

随着我国基础农业生产向数字化转型的持续推进，智能化农业技术正发挥着日益关键的作用。近年来，计算机技术在农业领域的应用呈现出显著的深化趋势，具体体现在农业信息采集与处理、农业试验模拟以及自动化作业控制等多个关键环节。本书构建了一个基于 SpringBoot+React 框架的智能化农业系统，该系统不仅实现了对农作物生长环境的动态监测与数据解析，还创新性地整合了深度学习算法对遥感影像的处理，从而有效提升了农作物产量预测的精度，这一研究进展与当前遥感农业智能化的发展方向高度契合。

第六章　现代智能化农业的科技人才队伍建设

作为国民经济的基础性支柱产业，农业的发展状况直接关乎社会和谐稳定、民生福祉改善以及宏观经济平稳运行。在农业现代化进程中，农业科技人才作为科技创新理论与技术实践的关键载体，其重要作用体现在推动农业科技向国际先进水平迈进。构建一支具备创新思维、专业素养和战略眼光的农业科技人才队伍，不仅能够显著提升农产品供给的多样性与质量，满足人民群众日益增长的物质需求，更能有效增强我国农业在国际竞争格局中的话语权。基于此，亟须强化农业科技人才队伍的系统性建设，充分发挥其在创新驱动发展战略中的核心引领功能。

第一节　农业科技人才队伍建设概述

一、我国农业科技人才队伍建设研究现状

现有研究针对我国不同行政区域的农业科技人才发展状况开展了系统性考察，通过文献梳理与整合分析可见，相关学者已从多元地理尺度对农业科技人力资源配置问题展开了多维度探讨。

（一）关于农业科技人才队伍建设重要意义的研究

学界研究表明，农业科技人才队伍的构建与完善不仅直接关系到国家国际竞争力的提升，更对可持续发展战略的推进、乡村振兴战略的落地实施以及“三农”领域重点工作的有效开展产生深远影响。

多位学者从不同维度论证了农业科技人才队伍建设的战略价值：江飞指出，该举措不仅能通过提升国家综合实力增强国际影响力，更能促进农业产业结构优化以应对全球性挑战，从而有效落实科教兴国与可持续发展战略①；孟洪与李仕宝强调，农业科技人才规模扩张对提升自主创新能力具有关键作用，其在为农业经济高质量发展提供支撑的同时，也构成了国民经济稳健发展的基础性条件②；朱俊杰等则从乡村振兴视角出发，将科研队伍

① 江飞．农业科技人才培养的问题与建议［J］．中国高校科技，2016（10）：56-57.

② 孟洪，李仕宝．我国农业科技人才发展现状及对策建议［J］．江苏农业科学，2020，48（11）：308-312.

建设定位为实现农民增收、农村发展和农业经济转型的核心路径①；孙月等进一步阐释，此类人才培育既是农业农村现代化进程的重要保障机制，也是推动农业生产方式变革的主导力量②。

基于多元研究视角的学术探讨表明，农业科技人才队伍的系统性建设不仅显著提升了中国在国际舞台上的战略地位，同时为农业经济的高质量发展和产业结构优化升级提供了关键驱动力，这凸显了深化对农业科技人才培育机制战略价值认知的必要性与紧迫性。

（二）关于农业科技人才概念及分类的研究

在我国农业生产模式转型、农业经济蓬勃发展以及农业技术创新不断推进的背景下，经过长期演进形成的农业科技人才队伍体系，其内涵界定呈现出多元化特征。学术界基于不同研究视角对农业科技人才概念进行了多维阐释，其中主流分类方法将其划分为农业科研人才、农业技术推广人才和农业实用技术人才三个主要类别。

通过对农村科技人才概念的多维度解析，王树平等构建了包含理论研究、技术应用、成果转化及服务管理四个维度的分类体系，具体将农村科技人才划分为从事基础研究的科研型人才、掌握实用技术的应用型人才、负责技术扩散的推广型人才以及承担服务管理职能的管理型人才③。基于对山西省农业科技人才队伍的实证研究，白育铭等通过实地调研与文献分析相结合的方法，提出了包含研发型、推广管理型和生产应用型的三元分类框架④。针对荣县农业发展的区域特征，郝静从知识与技能的双重维度界定了农业科技人才的内涵，将其划分为具备专业技术的研发人才和从事技术推广的实践人才两类⑤。张帅则从生产力转化视角出发，强调农业科技人才的核心特征在于其既具有将科学技术转化为实际生产力的能力，又能通过专业素养与实践经验推动乡村经济发展⑥。

针对农业科技人才的概念界定与分类体系，国内学术界已形成若干具有差异性的理论观点，然而现有研究多局限于宏观层面的探讨，尚未实现对农业科技人才队伍建设的系统性深入研究。

（三）关于农业科技人才队伍建设中存在的问题研究

现有研究针对农业科技人才队伍建设的探讨呈现出明显的层级化特征，学者们分别从国家、省、市三级行政维度展开分析，其研究视角虽各有侧重，但普遍指出当前我国农业

① 朱俊杰，祝文涛，何南君．乡村振兴视角下农业科技发展的战略路径与实施对策［J］．农业经济，2019（02）：80-82.

② 孙月，周旭，刘志斌．新常态下农业科技人才队伍建设的思考［J］．农业科技管理，2021，40（03）：89-92.

③ 王树平，史杏芬，许海英，等．农业科技人才培养模式研究［J］．农家参谋，2019（17）：28+46.

④ 白育铭，缑建芳，张玉娥，等．新时代山西省农业科技人才队伍建设的瓶颈及对策研究［J］．山西农经，2021（14）：5-8.

⑤ 郝静．荣县农业科技人才队伍建设现状、问题及对策研究［D］．成都：四川农业大学，2018.

⑥ 张帅．基于乡村振兴战略的农业科技人才开发研究［D］．长沙：湖南农业大学，2019.

科技人才队伍建设存在若干共性问题，主要包括人才供需失衡、区域分布不均、整体素质亟待提高以及体制机制尚不健全等关键性制约因素。

现有研究表明，我国农业科研人才队伍建设仍面临诸多挑战。杨芸等指出，当前人才队伍在规模、专业结构和整体素质等方面均存在显著不足①；卢良恕等则强调人才培养模式单一化问题突出，认为构建规模适度、素质优良的农业科技人才队伍已成为教育机构、政府部门及相关科研单位亟待解决的重要课题②。基于河南省的实证分析，许保疆等揭示了双重困境：既存在高层次复合型人才短缺现象，又面临人才评价激励机制不完善的问题，后者尤其体现在科研成果奖励的滞后性对科研人员积极性的负面影响③。欧阳伸明等通过对北京市农林科学院的案例研究，发现国际顶尖人才引进困难与团队协作效能低下等问题，这些因素制约着创新型农业科研机构的建设进程④。高香兰的对比研究进一步表明，辽宁省农业科技人才不仅在总量上与发达地区存在显著差距，其结构性问题更为突出：既缺乏具备跨学科背景的创新人才，又存在人才区域分布失衡现象，特别是经济欠发达乡村地区面临严重的人才匮乏困境⑤。

现有研究从多维视角系统梳理了农业科技人才队伍建设面临的突出问题，学界共识集中体现为高层次创新型农业科技人才储备不足以及人才队伍整体素质有待提升等关键性短板，然而既有研究尚未针对农业科技人才群体展开深入细致的专题性探讨。

（四）关于农业科技人才队伍建设中问题存在的成因研究

现有研究针对农业科技人才队伍建设问题的成因开展了多维度探讨，主要可归纳为客观环境制约与主观认知局限两个层面。就客观层面而言，政策执行效力不足、区域经济发展不均衡以及制度体系尚不健全构成了主要制约因素；而主观层面则表现为相关主体在思想认识层面存在的认知偏差问题。

通过对云南省农业科技人才队伍建设问题的多维度分析，李萌萌指出其成因具有复合型特征：在法律层面，我国尚缺乏专门针对农业科技人才的政策法规；在观念层面，地方政府存在重经济效益轻人才培养的倾向，加之家庭因素导致农业院校生源不足；从历史维度考察，省内人才培养主体分散且协同不足；在教育体系方面，表现为农民文化素质与现代农业生产要求存在显著差距⑥。孟洪与李仕宝的研究则揭示了体制机制缺陷带来的双重困境：不完善的人才管理机制既阻碍外部人才引进，又加剧本地人才流失⑦，而区域经济

① 杨芸，聂亚锋，柏宗春．农业科技人才队伍建设的实践与思考——以江苏省农业科学院为例［J］．农业科研经济管理，2019（03）：34-37.

② 卢良恕，甘晓松，信乃诠，等．农学基础科学现状与对策［M］．北京：中国农业科技出版社，1998.

③ 许保疆，赵博，游一，等．河南省农业科技人才队伍建设现状及发展对策研究［J］．农业技术与装备，2021（07）：27-29.

④ 欧阳伸明，吴彦澎．农业科技人才队伍建设的实践与思考——以北京市农林科学院为例［J］．人才资源开发，2021（04）：10-11.

⑤ 高香兰．辽宁省农业科技人才队伍建设现状与对策分析［J］．辽宁农业科学，2020（05）：66-68.

⑥ 李萌萌．云南省现代农业科技人才培养路径探究［J］．南方农业，2017，11（05）：84-86.

⑦ 孟洪，李仕宝．我国农业科技人才发展现状及对策建议［J］．江苏农业科学，2020，48（11）：308-312.

发展差异进一步导致人才分布失衡。沈璋的研究聚焦政府投入不足问题，指出资金短缺直接导致科技人才待遇低下、工作条件恶劣，同时管理体制缺陷使激励保障机制失效，影响人才工作积极性①。左宁通过对平山县的个案研究，强调资金投入不足对科技人才创新能动性的抑制作用，印证了经济支持在人才队伍建设中的关键作用②。

现有文献显示，国内学术界针对农业科技人才队伍建设问题的成因分析已形成较为系统的研究成果，学者们从多元理论视角对该问题的产生机制进行了深入探讨，研究深度和广度均达到较高水平。然而值得注意的是，现有研究对农业科研机构、农业职业院校以及农业技术推广部门等关键主体的关注度相对不足，相关实证研究仍显匮乏。

（五）关于加强农业科技人才队伍建设的对策有关研究

基于多元研究视角，学界针对农业科技人才队伍建设的优化路径提出了系统性解决方案，其核心举措涵盖五个关键维度：通过规模扩张实现人才总量提升，着力强化人才综合素质培养，完善人才发展环境建设，注重队伍结构动态调整，构建科学规范的人才管理机制体系。

1. 关于提高农业科技人才队伍素质的研究

多位学者从不同维度探讨了农业科技人才培养的优化路径：戚莹等指出，农业科技团队的整体素质水平直接影响科研效能，强调高等农业教育体系与农业农村科研示范基地建设是实现理论与实践有机融合、持续提升人才综合素质的关键举措③；苏学军等则主张构建多元协同机制，通过整合社会资源建立农业科技人才终身学习体系，以此促进专业能力的可持续发展④；杨芳锡等针对县域层面提出具体实施方案，建议县级以上农业主管部门及技术推广机构应系统开展科技培训，同时在县乡两级增设专业技术岗位，从知识更新与职业保障双重维度完善人才培养支持体系⑤。

2. 关于优化农业科技人才队伍环境研究

多位学者从不同维度探讨了农业科技人才队伍建设的优化路径：王珏珏与史琼强调应着力完善人才管理体系，重点推进农业科技人才整体发展，构建自由宽松且风清气正的科研生态⑥；张力提出需确立科学人才观，在全社会培育尊重人才、珍视人才的文化氛围，同时打造团结进取、勇于创新、艰苦奋斗的工作环境，并为人才自我发展与价值实现搭建

① 沈璋．湖南省农业科技人才培育研究［D］．长沙：湖南农业大学，2016.

② 左宁．平山县农业科技人才建设研究［D］．长沙：中南林业科技大学，2019.

③ 戚莹，赵甜甜，陈路斯．乡村振兴中农业科技人才现状分析与对策［J］．江苏科技信息，2019，36（15）：38-40.

④ 苏学军，宗春燕，黎明．泰州市农业科技人才队伍建设现状与发展对策［J］．黑龙江农业科学，2018（07）：140-143+154.

⑤ 杨芳锡，石龙．浅析从江县农业科技人才队伍建设存在问题及对策［J］．中国农业文摘-农业工程，2016，28（06）：35.

⑥ 王珏珏，史琼．农业科技人才助力农业产业振兴［J］．当代贵州，2021（20）：50-51.

优质平台①；王爱琴和金永吉主张综合利用多媒体渠道宣传农业科技人才的突出贡献，树立学习典范以营造崇学氛围，同时强调需改善农村基础设施与生活条件，为人才提供宜居的休憩与生活环境②；庞万兵、郭荣及王克春则建议通过组建专业化农业科技服务公司，构建高效舒适的人才发展支持体系③。

3. 关于改善农业科技人才队伍结构研究

多位学者针对农业科技人才建设问题提出了系统性建议：钟智利等强调需构建科学的人才引进与培养顶层设计体系，通过社会协同机制重点培育创新型与推广型农业技术人才④；李楠等则聚焦区域人才结构优化，主张阜新市应着力改善农业科技人才的年龄分布，强化青年人才培养投入，同时完善学历与职称评定体系以提升科研人员工作动力⑤；陈海生等基于河南省实践提出差异化人才政策，通过实施特殊人才工程来缓解农业科技人才在区域分布与专业结构上的失衡问题⑥。

现有研究在农业科技人才队伍建设的对策探讨方面呈现出多维度特征，主要涵盖环境优化、素质提升及结构调整等关键领域。然而，这些研究在宏观视角层面存在明显不足，特别是未能系统性地从国家战略、政府职能、社会协同以及个体发展等不同维度，提出具有可操作性的农业科技人才队伍发展策略。

4. 关于健全农业科技人才队伍各项体制机制研究

基于乡村振兴战略背景，袁丽伟与闫平的研究指出河北省应充分发挥区域发展优势以吸引农业科技人才，在人才配置环节需实现专业能力与岗位需求的精准匹配，同时建立动态考核机制，实施优胜劣汰的选拔标准，并通过完善福利保障体系提升人才留存率⑦。孙月等强调我国农业科技人才队伍建设需创新国际化高端人才遴选机制，强化财政资金对人才培养的支撑作用，构建科学合理的绩效评估与激励体系以充分释放科研人员创新潜能⑧。宁云等通过实证调研方法，对国家级农业科研机构开展问卷调查分析，其研究建议青年科技人才队伍建设应重点优化引进政策并创新培养管理模式⑨。杨芸等则提出应构建“高精

① 张力．农业科研单位人才队伍建设的几点思考［J］．农业科技通讯，2019（06）：30-33.

② 王爱琴，金永吉．乡村振兴战略背景下山东省农业科技人才队伍建设研究［J］．铜陵职业技术学院学报，2020，19（04）：18-22.

③ 庞万兵，郭荣，王克春．积极加强农业人才队伍建设［J］．江苏农村经济，2021（01）：58.

④ 钟智利，王志丹，王沛．加快农业科技人才队伍建设助力辽宁乡村振兴发展［J］．辽宁经济，2020（06）：62-63.

⑤ 李楠，孙英华，张建春．阜新市农业科技人才队伍建设现状、问题及发展对策探讨［J］．农业开发与装备，2017（11）：57+77.

⑥ 陈海生，陈天鹏．河南省农业科技人才队伍建设探析［J］．河南农业，2016（12）：19-20.

⑦ 袁丽伟，闫平．乡村振兴战略下河北省农业科技人才队伍建设探究［J］．南方农业，2021，15（20）：187-188.

⑧ 孙月，周旭，刘志斌．新常态下农业科技人才队伍建设的思考［J］．农业科技管理，2021，40（03）：89-92.

⑨ 宁云，刘博，郭建英．当前国家级农业科研机构青年科技人才队伍建设思考［J］．农业科技管理，2020，39（04）：76-79.

尖”导向的人才引进机制与“以人为本”的培养体系，实现农业科技人才供给与产业需求的协同发展①。

综合现有研究成果可见，国内学术界已对农业科技人才队伍建设的理论框架及发展现状展开了较为全面的探讨。然而需要指出的是，现有研究多集中于宏观层面的国家、省市级分析，在微观层面的县域及以下区域研究相对匮乏，同时针对国际先进经验的比较研究也亟待加强。

二、相关概念界定

（一）农业科技人才

准确把握核心概念是开展学术研究的逻辑起点，唯有通过系统梳理概念内涵与外延，方能深入把握研究对象的本质特征。基于此，首先对农业科技人才这一核心概念进行学理剖析，并对其相关研究范畴进行系统归纳，从而为后续研究构建清晰的理论框架。

根据2011年12月11日颁布的《农村实用人才和农业科技人才队伍建设中长期规划（2010—2020）》之界定，农业科技人才特指在农业领域内接受过系统化、专业化理论知识与实践技能培训，并专职从事农业科技研究、推广与应用工作的专业技术人员②。2021年10月26日发布的《统筹做好有效衔接强力推进乡村全面振兴》进一步强调，需重点加强农业科技人才、农业技能人才、农村实用人才及新型职业农民的引进与培养工作，同时建立健全覆盖各年龄层致富带头人的培训体系③。

笔者将农业科技人才界定为致力于农业科技创新研究、教育推广及实践应用，具备持续探索精神与创新创造能力，并为推动农业农村经济发展作出实质性贡献的专业群体。根据职能分工与专业特征，该群体可划分为三大类别：农业科技研究人才、农业科技推广人才以及农业科技实用人才。其中，农业科技研究人才主要分布于农业科研院所及高等院校，其核心特征在于具备扎实的理论基础与专业技能，同时拥有深厚的科研素养与系统的教育背景，其主要职能是围绕农业生产需求开展创新性研究，为农业现代化发展提供科技支撑。农业科技推广人才则主要服务于各级农业技术推广机构，包括国家至乡镇层级的推广站与技术服务中心，其核心使命在于将前沿农业科技成果转化为实际生产力，通过技术推广实现农产品产量提升、品质优化与能耗降低，从而适应国内外市场对农产品多元化与国际化的需求。农业科技实用人才则普遍缺乏系统的农业科技理论培训，其文化水平与专业技能相对有限，但作为农业科技发展的直接受益群体，该类型人才在广大农村地区占据

① 杨芸，聂亚锋，柏宗春．农业科技人才队伍建设的实践与思考——以江苏省农业科学院为例［J］．农业科研经济管理，2019（03）：34-37.

② 农村实用人才和农业科技人才队伍建设中长期规划（2010—2020）［EB/OL］．（2011-10-17）［2024-11-15］．http：//www. moa. gov. cn/gk/zcfg/nybgz/201110/t20111018_ 2364086. htm.

③ 统筹做好有效衔接强力推进乡村全面振兴［EB/OL］．（2021-10-26）［2024-11-15］．http：//www. moa. gov. cn/xw/qg/202110/t20211026_ 6380517. htm.

主体地位①。

（二）农业科技人才队伍建设

农业科技人才体系的构建是国家通过多元化政策工具持续扩充农业科研人才、技术推广人才及农村实用人才储备，从而推动中国农业经济高质量发展的战略举措。具体而言，各级地方政府需采取强有力的支持措施，重点强化对涉农高等院校及农业科研机构的政策扶持与资源投入，以系统化培育农业科技领域的专业化人才；同时应深化基层农技推广体系改革，通过创新教育培训模式提升农技人员的科学素养与综合能力；此外，还应充分发挥农业职业院校和涉农企业的协同作用，整合社会优质资源，加速培养兼具农业理论素养与实践技能的复合型人才，包括农业技术服务人员及乡村治理人才等。

三、农业科技人才队伍建设的主要机制

现代农业发展的核心要素在于构建高素质的农业科技人才队伍。为实现这一目标，政府部门亟须制定专项政策以规范人才发展路径。通过完善农业科技人才体制机制建设，可为人才队伍的可持续发展奠定制度基础。具体而言，应当系统优化政府推动人才队伍建设的政策框架，重点健全包括人才引进、培育、激励和评价等在内的协同运作机制体系。

（一）农业科技人才引进机制

人才引进机制作为以人力资源优化配置为导向的系统工程，其本质在于通过专门的组织机构实施人才引进行为，动态调节人才供需关系，最终达成组织战略目标。该机制的运行效能取决于政策体系与制度设计的协同作用，唯有通过持续改革创新方能实现机制效能最大化，其中构建具有竞争力的激励机制与完善的保障体系尤为关键。从系统论视角来看，农业科技人才引进机制呈现明显的层级结构特征：基础层包含生活保障、福利待遇、培养体系及激励措施等配套支持系统；中间层聚焦人才引进的核心政策体系；顶层则体现为战略性的人才引进规划。通过系统实施开放性、稳定性和高效性相统一的人才引进机制，不仅能够扩充农业科技人才规模，更能为农业现代化发展提供持续动能，其关键在于营造有利于农业科技人才发展的生态环境，从而提升人才集聚效应。

（二）农业科技人才培育机制

人才培育机制作为实现特定培养目标的系统性方法，其本质在于通过科学化的培育手段揭示组织内部运作规律与经营管理特征②。该机制涵盖人才发展全周期管理，包括培养选拔、岗位配置及流动优化等关键环节③，对人才资源的识别、开发与效能转化具有重要

---

① 武忠远．关于农业科技人才分类的探讨［J］．农业经济，2006（6）：7-8.

② 陈富平，孙苏阳．淮安市农业科技人才队伍建设现状及对策［J］．现代农业科技，2017（18）：262-264.

③ 李萌萌．云南省现代农业科技人才培养路径探究．［J］．南方农业，2017，11（05）：84-86.

作用。在农业可持续发展领域，人才培育机制的构建与完善构成政府人才管理体系的核心内容。具体而言，农业科技人才培育机制体现为政府部门通过政策工具与方法创新，系统推进科技人才的发掘与培养工作。该机制的运行逻辑包含四个递进式要素：人才资质认定体系构建、专业化培养方案实施、人才价值最大化实现以及人才稳定性保障。实践表明，科学运用人才培育机制能够显著提升农业科技人才的综合素质，不仅夯实其专业理论基础，更能有效增强科研创新能力，从而充分释放人才创新潜能，实现人才价值最大化，最终为现代农业发展提供强有力的智力支撑。

（三）农业科技人才激励机制

人才激励作为组织行为学的重要范畴，其本质是通过心理引导和行为干预激发个体内在驱动力①，促使人才为实现既定目标而持续努力。现代激励机制作为系统性管理工具，通过制度设计与政策实施构建了涵盖物质报酬、职业发展等多维度的激励体系，其中物质激励体现为基于岗位价值评估和绩效贡献的差异化薪酬分配机制，而精神激励则侧重于满足人才的情感归属与自我实现需求。在农业科技创新领域，科技人才激励机制作为专业化管理实践，需依据该群体的特殊需求特征，构建包含政策支持、资源保障和发展通道在内的综合性激励方案。研究表明，科学完善的激励机制不仅能够显著提升农业科技人才的工作效能，更是决定人才队伍建设成效的关键变量，其通过优化报酬体系与强化政策保障，为农业科技人才提供了必要的物质支持与精神动力，从而有效促进农业科技创新能力的持续提升。

（四）农业科技人才评价机制

萧鸣政教授将人才评价机制界定为“由各评价要素构成并持续联动的运行系统，其功能在于实现人才评价目标、推进人才战略实施以及发挥人才价值”②。作为人才队伍建设的关键变量，该机制在人才开发、培养、选拔任用及激励等方面发挥着基础性作用。2004年《中共中央 国务院关于进一步加强人才工作的决定》明确要求构建科学化、社会化的农业科技人才评价体系，强调应以岗位职业需求为基准，以能力素质、道德品质和工作实绩为核心评价维度。具体而言，农业科技人才评价机制是通过系统化的指标体系，对其科研产出与价值创造进行周期性评估与验证，并基于评价结果优化人才结构的制度安排。在评价体系构建过程中，需兼顾普遍性与特殊性原则，实现科学性与合理性的统一。若评价机制存在缺陷，将抑制人才积极性并制约创新潜能释放。因此，农业科技人才队伍建设亟须健全评价标准体系，通过细化分类指标、完善职称评定标准、创新评价方法、构建科学的考核评估体系以及强化监督机制等途径，全面提升评价机制的有效性。

---

① 黄跃东．探析医院人才激励机制及存在的问题和具体应对措施［J］．就业与保障，2022，297（07）：151-153.

② 萧鸣政．人才评价机制问题探析［J］．北京大学学报（哲学社会科学版），2009，46（03）：31-36.

四、基础理论

（一）胜任力理论

美国心理学家麦克里兰在胜任力理论研究中取得重要突破，其创新性地将该理论引入人力资源管理领域。基于对传统智力测验局限性的批判性分析，麦克里兰指出此类测验仅能有效预测学业表现，而无法全面评估个体职业发展潜力。为此，他提出应以多维度的“胜任力”概念作为人才培养的核心标准，这一概念体系涵盖动机特质、态度倾向、专业能力、自我认知、价值观念、职业素养以及行为技能等关键要素。随着理论发展，胜任力模型在人力资源管理实践中得到广泛应用，特别是在人才甄选、员工发展及绩效评估等关键环节展现出显著价值。研究证实，将胜任力理论融入组织人力资源管理体系，能够显著提升人力资源管理的科学性和有效性。

胜任力作为农业科技人才评价体系的核心要素，为农业科技人才队伍建设的科学化评估提供了理论基础，基于胜任力模型构建的二级指标体系可作为政府部门人才选拔与任用的重要决策依据。通过将胜任力模型与培训体系有机结合，不仅能够有效提升农业科技人才的专业胜任能力，还能促进人才队伍结构的优化升级，从而推动高素质农业科技人才队伍的系统性建设。

（二）激励理论

作为管理学核心理论体系的重要组成部分，激励理论旨在通过系统化的方法与策略激发个体的工作积极性与主观能动性，从而有效提升组织绩效。在过程型激励理论范畴内，期望理论强调个体行为选择与其预期报酬之间的因果关系，主张基于组织成员差异化需求实施针对性激励方案。内容型激励理论的典型代表马斯洛需求层次论将人类需求划分为递进的五个层级：基础层面包含生理需求与安全需求；高级层面则涵盖社交需求、尊重需求以及自我实现需求。值得注意的是，前两层次需求的满足主要依赖外部资源供给，而后三层次则更强调个体内在心理机制的驱动作用。

在农业科技人才队伍建设过程中，激励理论发挥着重要的指导作用，其核心价值在于能够有效激发农业科技工作者的内在驱动力。为充分发挥激励理论的实践效能，地方政府需深入调研农业科技人才群体的差异化需求特征，并据此制定具有针对性的激励策略，唯有如此方能显著提升农业科技人才服务现代农业发展的主动性与创造性。

（三）政府职能理论

行政职能作为国家治理体系的核心组成部分，特指行政主体依照法定权限在实施国家政治、经济及社会公共事务管理过程中所履行的职责与发挥的效能。从职能范畴来看，其涵盖政治领域的国防安全维护、经济领域的社会经济活动调控、社会领域的收入分配调节与社会保障体系建设，以及公共服务领域的社会化服务系统构建等多维度的管理功能。

作为农业科技人才引进、激励、培养及评价体系的主要责任主体，政府部门应当充分发挥其行政职能，通过制定科学合理的政策措施，有效扩大农业科技人才队伍规模，从而推动农业生产效率与质量的全面提升。

第二节　农业科技人才队伍建设经验借鉴与启示

一、发达国家农业科技人才队伍建设经验

（一）美国科研、教育、推广“三位一体”体制

作为全球领先的农业大国，美国农业的高速发展得益于其完善的农业科技创新体系与健全的人才培养机制。在制度保障层面，美国通过颁布《帕金斯职业与应用技术教育法案》（*Perkins Vocational and Applied Technology Education Act*，后更新为《帕金斯职业与技术教育法案》）及《学校—工作的多路径法案》（*School-to-Work Opportunities Act*）等专项法律，为农业科技人才培养提供了坚实的政策支持。其农业科技推广体系采用三级组织架构，包括联邦农业科技推广局、州级推广中心以及基层乡镇推广站，形成覆盖全国的科技服务网络。值得注意的是，各州农业学院在人才培养中发挥着核心作用，依托农业研究站与示范基地等科研平台，系统开展农业科技人才的教育培训、科学研究与技术推广工作。

美国农业科技人才培养体系呈现出多元化的资金支持格局，除政府财政投入外，企事业单位及社会各界亦提供重要资助。该体系不仅注重本土人才培养的质量提升，同时将人才引进战略置于关键地位。为吸引国内外顶尖科研人才，美国构建了包含充裕科研经费、先进实验设备、优厚薪酬福利及完善职业发展通道在内的综合引才机制，这些优势条件有效促进了国际科技人才为美国现代农业发展贡献力量。

（二）德国“双元制”农业科技人才培育模式

作为德国职业教育的典型范式，“双元制”培养体系采用理论学习与实践训练相结合的培养路径，其具体实施过程表现为：农业科技人才首先在农业职业院校完成专业理论课程的系统学习，随后进入校外涉农企业的实训基地开展实践操作训练。该培养模式的核心理念在于通过产教融合的实践教学环节，确保农业科技人才能够切实掌握现代农业所需的专业技术能力。从系统论视角来看，德国双元制培养模式构建了多元主体协同参与的育人机制，其参与主体不仅包含高等职业院校，还整合了政府部门、行业协会以及涉农企业等多方资源，共同构成一个完整的农业科技人才培养生态系统。

德国“双元制”教育体系的核心特征在于其独特的双系统培养模式，该模式通过将农

业企业自建的教学基地作为实践平台，实现了理论知识与实践技能的系统性融合，不仅显著提升了农业生产效率，同时有效促进了农业科技人才专业素养的全面提升。

（三）日本优化职业教育农业科技人才培育模式

日本当局将农业科技人才培养置于战略发展高度，系统性地构建了覆盖各层次的农业职业教育体系，旨在通过专业化教育模式提升农业从业者的技术水平，使农民群体与农业科技专业人员能够在生产实践中持续积累专业知识，从而有效推动该国农业现代化进程。

日本农业科技人才培养体系最突出的特征在于其对实践环节的高度重视，具体表现为农业院校采用理论与实践并重的教育模式，要求学生在掌握农业科学技术、经营管理和生产技能的同时，必须参与实际的农业生产劳动。这些院校的教学内容设计紧密结合区域农业经济发展特点，且师资队伍主要由来自各农业科研机构的专业人士构成，他们具备扎实的实践教学经验。正是这种以实践为导向的培养模式，构成了日本政府在农业科技人才队伍建设方面取得显著成效的核心要素。

二、国内农业科技人才队伍建设经验

（一）广东省实施“N+人才”培养路径

广东省通过构建“产才融合”机制与农业科技创新双轮驱动，系统性地建立了“N+人才”多维度农业科技人才培育体系。在党建引领下实施“党建+农业人才”培养工程，为现代农业发展提供智力支撑。该省创新性地打造了“农业产业+人才”协同发展模式，成功培育了一批产业与人才深度融合的示范区域。在农业现代化进程中，采取“农业科学技术+人才”联动策略，由省级政府部门牵头组建多个农村科技专项工作组，并派遣专业科技服务团队，有效促进了农业科技成果的转化应用与产业化发展。

为进一步加强农业科技人才队伍建设，广东省创新性地实施了定向培养机制，要求受资助学生在完成学业后必须按照协议前往指定基层单位服务。在具体实践层面，该省科技部门于连山、连南及连州三地设立了四个综合性农业科技服务平台，通过整合高等职业院校的专家资源，为农户提供涵盖种养殖技术、生产经营管理及市场销售等环节的全链条科技支持服务。与此同时，教育主管部门积极构建职业教育衔接体系，通过与高职院校开展深度合作，在少数民族聚居区的中职学校推行“贯通培养”模式，有效促进了农业产业链各环节科技成果的转化应用。

（二）浙江省“1+X”人才培育和引进模式

浙江省在农业科技人才培养方面实施创新驱动发展战略，重点构建“1+X”复合型人才体系，该体系既包含具备“知农、爱农、务农”素质的“三农”工作核心团队，又涵盖多元化农业科技支撑人才。通过系统推进乡村人才振兴工程，重点培育包括新型职业农民和现代农业科技骨干在内的农村实用人才队伍。创新性地完善了职业农民培育体系、产业带头人培养机制以及高素质农民教育模式，并专门设立省级农业特聘专家工作站，为农业科技人才成长搭建专业化服务平台。

为强化农业科技人才队伍建设，浙江省通过实施专项引才计划，重点引进农业科技创新、农业企业管理和农业技术研发等领域的领军人才，并将其精准配置至基层农业生产一线。在人才培养方面，该省着力推进农业农村科技创新人才培育工程，重点针对新型农业经营主体管理者和农业技术推广人员进行系统培养。在教育资源配置方面，通过在浙江大学、浙江农林大学等高等院校增设涉农专业，并强化职业院校相关学科建设，重点培养面向基层的农业科技服务人才，以有效解决农村地区专业技术人才短缺问题。

（三）山东省“1+3+N”农业科技人才政策体系

山东省创新性地构建了“政策引导—培训支撑—服务保障”三位一体的农业科技人才发展体系，通过人力资源社会保障部门与乡村振兴相关部门的协同联动，对农业科技人才的引进机制、培养模式和利用途径进行了系统性优化。该省重点打造了“1+3+N”政策框架体系，具体实施包括高素质农民技能提升工程、区域特色人才培养示范基地建设以及乡村人才定向选培计划等三大重点工程，并配套推出“百万计划”系列举措，有效促进了各类农业科技人才向乡村流动。

为提升农业科技人才的专业素养，山东省通过构建多层次培训体系、创新教育培训模式等举措积极推进农业人才队伍建设，具体表现为设立“田野大学”与“乡村学院”等新型培训平台，并重点强化农业从业者的科技创新能力培养，从而为农业现代化发展提供坚实的人才支撑。

为促进乡村人才振兴，山东省相继颁布了多项政策性文件，通过实施返乡创业激励计划、构建农业科技人才服务支撑体系等举措，为基层农业科技人才的引进建立了高效便捷的通道。

三、国内外农业科技人才队伍建设的启示

（一）通过完善立法和资金支持保障农业科技人才队伍建设

美国农业科技人才培养体系的显著特征在于其健全的法律保障机制，美国政府通过制定专项优惠政策为农业科技人才的开发、培训以及教育、科研与技术推广等环节提供制度性支持。在资金保障层面，美日两国政府通过持续性的财政投入确保农业科技人才队伍建设获得充分资源，这不仅有效促进了农业科技成果的转化效率，同时显著提升了农业科技从业者的工作积极性。研究结果表明，构建系统化的法律法规体系对农业科技人才培养及其队伍建设具有决定性作用，完善的法治环境能够有力推动人才队伍建设的可持续发展，因此建议政府部门应当从立法完善和资金支持两个维度着手，建立更加完备的农业科技人

才培养保障机制。

（二）农业科技人才教育注重理论与实践相结合

日本政府在农业科技人才培养方面尤为强调实践导向，不仅要求学员系统掌握农业科学技术、经营管理和产业运作等专业知识，更注重通过实际参与农业生产劳动来强化技能应用。相较而言，广东省采取的培养模式则呈现出理论教学与实践训练并重的特点，要求学员在完成规定课程学习后，必须依据培养计划前往指定乡镇或职能部门开展岗位实践。这种将理论知识与实践操作有机结合的培养范式，对于其他地区提升农业科技人才实践能力具有重要参考价值，值得结合本地实际进行适应性调整与借鉴。

（三）加快建设农业科技人才服务平台

山东省政府着力构建的农业科技人才服务平台，为区域农业科技创新提供了系统性的人才保障与智力支持。该平台通过整合农业科技人才的年龄结构、职称分布等基础数据，实现了人才信息的动态监测与精准管理，为后续人才培养计划的制订奠定了数据基础。在功能设计上，平台不仅支持学术交流与科研协作，还兼具科普推广等多元化服务功能，显著提升了农业科技人才的工作效能。值得注意的是，平台创新性地开发了线上人才评价体系，包含技能测评与申报评审两大子系统，通过标准化的评价流程实现了从专业能力测试到综合评审的全流程数字化管理，确保了人才评价工作的科学性、系统性与客观性。此外，平台还具备促进农业项目合作和人才就业对接的衍生功能。建议各地区应加速推进此类综合性服务平台建设，构建涵盖人才识别、评价、培养与推荐全链条的服务体系。

第三节　农业科技人才队伍建设的发展建议

在中国现代化进程中，乡村全面振兴战略的实施具有不可替代的重要意义，既是应对社会转型期复杂挑战的关键举措，也是实现人民群众对高品质生活向往的必然路径。要确保各项振兴政策有效落地，必须持续强化科技创新支撑与高素质人才保障。现阶段乡村发展面临着技术要素、资金投入和人力资源等多维度的需求，其中人才资源作为核心生产要素具有决定性作用。然而，农业科技人才队伍的结构性短缺已成为乡村全面振兴的主要瓶颈，这就要求我们必须构建完善的人才引进、培养、使用和保留机制，从而为乡村振兴战略的加速推进提供持续动力。

一、提高对农业科技人才队伍建设重要性的认识

为确保农业经济的可持续发展，关键在于构建一支高素质的农业科技人才队伍，这需要科研机构、高等院校及相关企业从战略层面协同推进农业高端人才培养工作，从而在农

业科技领域占据竞争优势地位。

（一）各级政府加大对农业科技人才的开发力度

当前制约农业科技人才工作效能提升的关键因素在于资金供给不足，为此亟须构建以政府财政支持为主导、社会资本广泛参与、农户群体积极响应为补充的多元化融资机制，通过优化资源配置效率，不仅能够有效缓解农业科技领域资金匮乏的困境，更能为强化农业科技人才队伍建设提供坚实的物质保障。

为推进农业科技人才队伍建设，建议从以下三方面实施系统性举措：首先，财政部门应建立预算保障机制，将农业科技人才培养经费纳入常规财政预算体系，并建立与区域经济发展水平相挂钩的动态增长机制；同时建议设立包括科技创新奖励基金、创业扶持基金在内的专项基金体系，重点资助在农业科研攻关、技术推广及成果转化等领域表现卓越的专业人才。其次，应充分发挥农业产业化龙头企业的市场主体作用，鉴于其在农业现代化进程中的引领地位，建议税务部门针对发展态势良好的大中型龙头企业制定差异化税收激励政策，引导其利用自有资本优势参与人才投资项目建设。最后，需重视农民群体在人才体系建设中的基础性作用，作为农业科技创新的直接受益者，基层政府应通过多元化宣传渠道提升农民对科技人才工作的认知水平，激发其参与人才建设的积极性。

（二）乡村干部提升对农业科技人才重视度

农业科技创新实践的有效开展亟须以思想解放为先导，通过持续更新人才观念为农业科技人才支撑体系构建内生动力机制。具体而言，基层行政人员应当确立符合科学发展规律的人才观，深刻认识到高素质人才队伍既是推动社会经济发展的核心要素，更是破解当前农村地区人口结构失衡困境的关键支撑。在此基础上，乡村干部不仅需要深化对农业科技创新内涵的认知，更应充分发挥其组织动员优势，大力宣传农业科技人才在实现农业农村现代化进程中的战略价值。

乡村干部需在意识形态层面确立对农业科技人才培育与管理工作的认同与重视，并在实践层面采取切实有效的推进措施。从人才队伍建设维度来看，这一系统工程具有显著的复杂性、艰巨性与挑战性特征。鉴于涉农科技人员群体规模庞大，必须实施专业化、精准化与精细化的培养管理模式。具体而言，应针对农业生产领域的种养大户、乡土专家等不同群体开展定制化的实操培训与个性化指导服务；对已具备特定农业专长的人员实施巩固提升计划，持续强化其理论素养与实践能力；同时依据农业科技人才培养规划，重点加强紧缺领域人才的定向培养。更为关键的是，需要与时俱进地更新农业科技人才观念，深刻认识到人才要素在实现乡村生态宜居、农业产业兴旺和农民生活富裕等战略目标中的核心支撑作用。在管理机制方面，应建立科学规范的农业科技人才评价体系，对具备较高科学文化素养、过硬思想政治素质和突出专业技能的人才实施系统化培养方案。对于符合既定标准的优秀人才，可采取双重激励措施：一方面通过吸纳其加入党组织并选拔进入村级干部序列，既优化了基层干部队伍结构，又为带动村民共同富裕提供了人才保障；另一方面建立荣誉激励机制，通过开展评优表彰活动、颁发荣誉证书等方式，既有效激发现有人才的积极性，又能在更广范围内形成示范效应，吸引更多优秀人才投身于乡村振兴事业。

（三）青年人提升对农业科技人才的认知度

在认知层面，农业科技工作者与传统农民对“耕作”这一概念存在显著差异。当代青年群体普遍将农业科技人员形象固化为头戴草帽、脚踩泥土、汗流浃背的体力劳动者形象，然而实际工作中，这类专业人员主要从事仪器检测、样本分析、生长数据记录等系统性工作，其研究范畴涵盖土壤学、气象学、农业信息技术、生物化学、植物生理学及分子生物学等多个学科领域。这类复合型人才既掌握宏观生态规律，又精通微观生物机理，充分体现了现代农业科技工作者的专业素养。农作物生长发育遵循特定的生物学规律，唯有深入理解这些规律，方能培育出优质的农业产品。现代农业科技的持续创新为农业研究领域注入了新的发展动力。

随着无土栽培技术的持续创新，未来农业生产或将突破传统土地限制，实现立体化空间利用，单栋建筑的生产效能即可媲美大规模农田，这一革命性变革将重塑人类对农业生产的认知。借助智能终端设备与物联网技术，远程精准管控大面积农田的构想正逐步从技术愿景转化为现实应用场景，其普及化进程有望在可预见的未来得以实现。在传承传统农耕文明精髓的同时，融合现代科技智慧推动农业现代化转型，将成为实现乡村全面振兴战略的重要技术支撑。这一宏伟蓝图的最终达成，既依赖于农业科研工作者持之以恒的探索精神，更需要社会各界的协同参与和持续投入。

二、改善农业科技人才结构和分布区域

我国农业科技人才呈现出明显的空间分布失衡现象，具体表现为经济发达地区人才集聚效应显著，而欠发达地区则面临人才匮乏的困境，这种结构性矛盾严重制约了农业经济的协调发展。为此，亟须通过完善人才引进、培育与激励机制等政策手段，构建科学合理的人才资源配置体系，从而为农业经济的可持续发展提供坚实的人力资源保障。

（一）优化人才政策，吸引农业科技人才

为提升我国农业产业竞争力，亟须加强高层次农业科技领军人才的引进工作。笔者建议基于当前农业产业发展现状、市场需求特征以及农业院校学科建设的人才缺口，重点实施国内外及跨区域高端农业科技人才的引进计划。应建立健全农业人才就业创业服务体系，完善其学习、工作和生活保障机制，通过营造良好的人才发展环境，增强本土与引进人才对我国人才政策的认同感和归属感。这一系列措施旨在持续提升我国人才集聚效应，确保引进人才能够顺利融入并长期发挥作用，从而为农业经济高质量发展提供坚实的人才支撑。

人才培养作为一项系统性工程，需要遵循循序渐进的原则，既要注重理论知识的传

授，更要强调实践能力的培养，二者不可偏废。在具体实施层面，通过系统的理论课程教学来全面提升农业科技人才的科学文化素养和思想政治水平；积极开展高层次的学术交流活动，以拓宽其专业视野和知识面；组织专业技能培训，促进理论知识与实践能力的有机融合；鼓励科技人才深入基层一线参与新技术推广工作，将所学理论应用于农业生产实践；为农业科技人才搭建既能实现个人价值又能服务社会的职业发展平台。

（二）搭建返乡平台，留住农业科技人才

在当前工业化与城市化进程不断深化的背景下，农村地区大量青壮年劳动力选择外出就业，这一现象直接导致了乡村人才资源的持续性流失。值得注意的是，乡村人才振兴作为实现乡村全面振兴战略的核心环节，其重要性不容忽视。针对这一现状，如何采取有效措施遏制人才外流趋势已成为当前乡村发展亟待解决的关键问题。建议可通过多维度策略对人才流失现象进行系统性调控。

首先，推动农业生产模式的转型升级，通过深化一、二、三产业间的协同发展机制，充分发挥第二产业与第三产业对第一产业的辐射带动效应。具体而言，各级农业经济主管部门可借助网络媒介、平面媒体等多元化宣传渠道，着力提升农村地区的吸引力，引导外来就业群体在乡村环境中实现个人价值与社会价值的有机统一。其次，应着力构建人才培养体系，为返乡就业人员及本土人才搭建持续学习平台，通过定期开展专业技能培训等方式，实现技术反哺效应，从而为农业产业的高质量发展注入持久动能。

三、加强农业科技人才培养体系建设

为贯彻落实乡村全面振兴战略的人才需求，农业科研院所、技术推广机构及高等农业院校等主体亟须构建多层次人才培养体系。一方面，应强化涉农部门人员的“三农”情怀培育，重点培养具备现代农业发展理念的专业技术人才；另一方面，需着力培育具有国际视野、能够引领农业科技创新的高端人才，以满足农业全球化发展的战略需求。

（一）加强农业科技人才培训平台建设

通过构建现代农业产业学院、乡村振兴学院等具备多元协同特征的现代化教育平台，能够有效引导利益相关方全面参与新型农业人才培养体系的各个环节，实现人才培养体系、科技创新链条与产业升级路径的有机衔接。在此过程中，需要紧密结合农业产业链现代化转型与乡村产业振兴的实际需求，动态优化人才培养方案，持续完善专业课程体系，不断加强师资队伍建设，并积极促进农业创新创业成果转化，从而构建起“以人才促发展、以发展育人才”的良性循环机制。

为推进农业科技创新体系建设，亟须强化农业基础研究领域的重大科技基础设施布局，重点加强国家级农业科学研究中心、重点实验室以及核心研究团队与学术期刊平台的建设，以此构建高效协同的农业科技创新攻关机制。在乡村高层次科技人才培养方面，应

在着力提升原始创新能力的同时，注重科技成果转化应用环节的突破，确保科技创新成果与乡村振兴战略需求实现精准对接，切实推动科研成果转化为现实生产力。

（二）优化农业学科，增强宣传效果

通过系统性地培育学生“农为邦本、本固邦宁”的核心理念，显著提升了其思想道德修养水平，同时应持续深化知农爱农惜农的情感教育，以激发青年学子投身强农惠农兴农事业的责任担当。在实践教学环节中，学生不仅实现了理论知识与实际操作的有效融合，更达到了知行合一的能力境界，这种教育模式既充分彰显了当代大学生知农爱农惜农的自觉意识，又通过调动其主观能动性为强农兴农战略目标的实现提供了人才支撑。

基于农业科技发展的现实需求与学生知识体系的动态演进特征，亟须对农业学科设置进行系统性优化与创新性重构，通过教学内容的持续丰富化来提升学生对农业科技领域的学习内驱力。具体实施路径可划分为两个维度：其一，着力构建融合多学科要素的农业特色综合课程体系，重点推进“大国三农”系列教材的编撰工作与专题学术平台建设，同时强化农业科技理论教学与实践基地的协同发展，促进学生实现理论知识向实践能力的有效转化；其二，顺应国家战略需求与科技迭代规律，运用高新技术对传统优势学科实施现代化改造，重点培育人工智能与智慧农业等新兴交叉学科。唯有通过强化农业理论与实践的深度融合，并依托特色学科建设的示范效应与宣传推广，方能有效提升社会对农业专业的认知度，进而构建更加完善的农业科技人才培养机制，为农业科技人才队伍建设提供可持续的发展动力。

（三）更新人才培养模式，增强农户参与度

为提升农村实用技术人才培育效能，应系统整合多元化培训资源，重点构建具备示范引领效应和广泛带动能力的农业科技人才团队。在具体培训实施环节，可综合运用集中授课、实地示范、研讨互动及多媒体教学等多样化培训方式，以增强培训效果。

首先，讲授式培训模式通过集中组织学员于特定场所，由专业讲师进行统一授课，其优势体现在组织便捷性、受众广泛性以及面对面教学的互动性；然而该模式存在个性化指导不足、资源消耗较大等局限性。其次，现场指导式培训模式强调理论知识与实践应用的结合，讲师依托实地教学资源开展个性化指导，尤其在农业生产领域通过田野示范与现场答疑实现针对性教学，具有实效性强、易于理解等特点，但面临学员分布分散导致的指导效率低下等问题。最后，互动交流式培训模式构建了“教学相长”的动态机制，通过师生双向互动激发学习主动性，既促进个体智慧发展，又通过思维碰撞拓展认知边界，从而有效提升整体培训效能。

四、完善农业科技人才建设体制机制

为有效推进农业科技人才队伍建设，亟须构建系统化的人才体制机制，这一目标的实

现依赖于多元主体的协同努力。政府部门应强化在人才发展中的统筹协调职能，通过优化培训管理体系、构建科学的人才评价标准以及健全激励保障制度等举措，全面提升人才培养质量。唯有实施多维度的培养策略，方能切实扩大农业科技人才规模，为现代农业发展提供坚实的人才支撑。

（一）完善农业科技人才培训管理机制

构建完善的农业科技人才发展体系，必须建立涵盖培训管理、评价使用及激励保障等环节的系统化制度安排。在农业科技人才培养过程中，培训管理工作呈现出显著的跨部门特征，这要求相关职能部门建立高效的协同机制。各级地方政府应当明确指定农业科技人才培训工作的责任主体，以确保人才培养工作的有序开展。

在我国部分地区的农业科技人才培训体系中，农业农村厅、人力资源和社会保障局、教育厅以及科技厅等多个职能部门共同参与其中。尽管各部门基于其职能定位建立了相对独立的培训管理体系，但为确保培训资源的优化配置与高效整合，亟须构建一套兼具统一性、指导性与协调性的农业科技人才培训管理机制。这种机制不仅有助于实现培训资金与优质资源的快速集聚，更能为打造结构合理、素质优良的农业科技人才队伍提供制度保障。

（二）健全农业科技人才评价使用机制

随着中国农业经济格局的快速演变，必须基于市场动态规律重构农业科技人才的评价与使用机制，摒弃传统滞后的农业人才观。通过对区域农业经济发展现状的系统分析，亟须识别制约农业科技人才培育与发展的关键性障碍因素，进而构建并推行科学的人才评价体系。唯有建立公正合理的人才评价机制与高效的人才配置体系，方能充分激发农业科技人才的专业潜能，这不仅有助于推动其在各自领域发挥最大效能，更能为实施乡村振兴战略、促进农业高质量发展以及建设农业强省提供坚实的人才保障与智力支持。

在经济全球化、贸易全球化与金融全球化深入发展的背景下，为适应农业经济市场的动态变革需求，亟须建立以农业科技人才专业能力、工作绩效及实际贡献为评价核心的科学化、规范化人才评估机制。基于农业经济发展的内在规律与区域特色，应当构建由国家主导、用人单位协同、社会中介机构参与的三位一体人才评价体系，从而形成客观公正且具有可操作性的评价标准与制度框架。

（三）创新农业科技人才激励保障机制

首先，构建完善的政治激励机制，应当从政治信任、思想认同以及平等待遇三个维度着手，对农业科技人才实施全方位的激励措施。针对政治素养突出、爱岗敬业且贡献显著的农业科技工作者，需建立梯度化的奖励体系；而对于履职不力、消极怠工者，则需采取警示谈话乃至职务免除等惩戒措施，以此形成有效的正向激励与负向约束机制。其次，健全荣誉激励机制体系，要求县级以上政府部门及主管领导依据农业科技人才的实际贡献，采取分级表彰制度，对乡村涌现的各类乡土人才实施包括口头表扬、荣誉证书授予等多元化激励方式，此举既能激发核心人才的工作热情，也可产生示范引领效应。最后，着力完善待遇保障机制，政府部门应当将改善农业科技人才的薪资水平、工作环境及家庭生活条件纳入重要议事日程，通过设立专项激励基金、优化农村基础设施、提升福利待遇等系统性措施，切实增强从业人员的职业获得感和生活幸福感，从而为农业科技创新提供坚实的后勤保障。

为有效扩充农业科技人才规模，首要任务在于确立科学的科技人才发展理念，同时需通过增设农业相关高等院校的途径，并持续优化人才队伍建设的制度体系。通过采取多元化的培养策略，方能切实推进农业科技人才队伍的高质量发展。

第七章　现代智能化农业的发展对策

基于当前智能化农业发展面临的现实挑战，笔者从政策供给与金融支持维度提出系统性解决方案，具体涵盖四个关键路径：首先，通过构建新型职业农民培育体系提升农业从业者专业素养；其次，优化现行涉农税收政策框架以形成制度性激励；再次，建立政策供需动态调节机制实现精准施策；最后，依托数字金融技术创新为产业升级提供资本支持，旨在通过多措并举破解发展瓶颈，最终实现现代农业体系的可持续转型升级。

第一节　培育高素质农民

随着农业智能化成为产业转型升级的必然方向，这一趋势将显著促进我国从传统农业大国向现代化农业强国的跨越式发展。实现农业智能化的核心驱动力在于科技创新，而人才资源则构成其关键要素，这就要求必须培育具备专业素养的新型职业农民群体作为重要支撑。这类新型职业农民不仅具备系统的理论知识和实践技能，更能有效应对农业智能化转型带来的技术变革，因而成为落实智能农业战略和解决农业农村发展问题的中坚力量。自“新型职业农民”概念提出以来，学术界对其展开了持续深入的研究探讨。尽管相关研究成果数量呈现稳定增长态势，但针对农业智能化进程对新型职业农民产生的多维影响机制研究仍显不足。在我国加快推进传统农业现代化改造、探索中国特色农业现代化发展路径的重要阶段，强化新型职业农民培养体系建设，既是实现农民职业化发展和农业智能化转型的基础保障，更是突破乡村振兴人才瓶颈的战略性举措。

一、政策视野中的农民角色变迁

党和国家始终将农民教育培训工作置于重要战略地位，通过持续颁布多项政策文件为农民职业教育发展提供制度保障与资源支持。随着实践探索的深化，我国对农村人才培养理念经历了从职业农民到新型农民，继而发展为新型职业农民，最终确立高素质农民培养目标的演进过程，反映出对农村实用人才内涵认知的逐步深化与完善。

（一）职业农民

从职业属性来看，农民作为从事农业生产的主体，其社会分工属性与教师、医生等专业职业具有同等地位。值得注意的是，西方学界在指称中国农民群体时普遍采用

“Peasant”而非“Farmer”这一术语。从社会学视角分析①，“Peasant”概念实质上体现的是一种基于社会等级秩序的身份认同。历史地看，传统农业生产方式往往与特定民族的文化特征紧密关联，其经营模式主要植根于长期积淀的社会习俗与文化传统。这种历史语境导致我国农民群体在传统认知框架下，更多地被理解为具有特定社会等级属性、生存状态特征、社会组织形式以及文化心理结构的复合体②，而非现代经济学理论所界定的理性经济主体。

在工业化与城镇化快速推进的背景下，农村地区面临劳动力持续外流的挑战，导致农业从业者呈现老龄化趋势，村庄空心化现象日益凸显，农户兼业化特征显著，这一系列问题引发了学界对农村发展路径的深入思考。作为阶段性解决方案，亦工亦农模式在实践层面展现出其过渡性价值，但随着工业化进程的深化，工农分离将成为必然趋势，专业化分工将推动农业现代化转型。在此过程中，城乡一体化发展战略对农民职业化转型提出了明确要求。2005 年 12 月，原农业部颁布的《关于实施农村实用人才培养“百万中专生计划”的意见》首次从政策层面确立了职业农民的培养目标。这一概念的提出标志着农民身份由传统社会属性向现代职业属性的转变，其本质是农业生产专业化分工深化的产物。从职业特征分析，职业农民具有显著的自主性特征，将农业生产视为终身事业并保持高度热忱；在现代化维度上，其表现出突出的专业素养，包括成熟的职业理念、敏锐的市场意识和明确的经济诉求，展现出较强的市场适应能力；就社会认同而言，职业农民通过专业化实践获得社会尊重，其职业荣誉感和社会地位均得到显著提升。

（二）新型农民

党的十六届五中全会于 2005 年明确提出要遵循“生产发展、生活富裕、乡村文明、村容整洁、管理民主”的基本原则，全面推进社会主义新农村建设。随后在 2006 年，《中共中央 国务院关于推进社会主义新农村建设的若干意见》强调，提升农民综合素质，培养具备文化知识、技术能力和经营意识的新型农民群体，已成为新农村建设过程中的关键任务。2007 年党的十七大报告进一步确立了新型农民的概念，要求重点培育这类具备现代素质的农民群体，充分发挥其在农村建设中的主体作用。从内涵特征来看，新型农民与职业农民在农业生产技术运用、经营管理模式等方面存在诸多共性，二者均倾向于采用现代农业技术手段提升生产效率，实施市场化导向的生产组织方式，并通过科学规划和精细化管理确保农业经营的适应性与稳定性③。然而，新型农民的概念范畴较职业农民更为广泛：职业农民主要强调农业经营的专业化特征，以农业作为主要职业活动，追求经济效益最大化；而新型农民则更注重农民群体在现代农业发展中展现出的文化素养、技术应用能力以及创新管理方法，其不仅关注农业生产效益，更重视生态环境保护和农业可持续发展理念的实践。

---

① 庄西真．从农民到新型职业农民［J］．职教论坛，2015（10）：23-28.

② 欧阳忠明．新型职业农民职业化学习研究［M］．北京：人民出版社，2019.

③ 李谷成．高素质农民新概念与农村双层经营体制新内涵［J］．理论探索，2021（1）：5-11.

（三）新型职业农民

随着农业现代化进程的不断推进，传统小农经济模式已难以适应当前农业发展的现实需求，为此我国积极推动新型农业经营主体的培育工作，旨在建立现代化的农业生产与经营体系。2012年《关于加快推进农业科技创新持续增强农产品供给保障能力的若干意见》这一重要政策文件的出台，首次以“新型职业农民”这一概念取代了原有的“新型农民”表述，标志着我国农民培育政策的重要转向，此后历年中央一号文件均对该政策进行了深化与拓展。从概念内涵来看，新型职业农民既区别于传统意义上的农民，也不同于兼业农民，而是融合了新型农民与职业农民双重特征的复合型农业从业主体①。相较于单纯的职业农民或新型农民，新型职业农民具有更为丰富的内涵特征：一方面继承了职业农民的基本属性，另一方面更加强调在当代社会环境下职业农民所面临的新形势与新挑战。这一群体需要主动适应政策法规调整、现代农业技术革新以及市场需求的动态变化，持续学习现代农业发展所需的新知识与新理念，通过不断创新推动农业产业链的价值提升，进而促进农村经济转型升级和农民生活品质改善。特别值得注意的是，新型职业农民概念特别突出了“职业化”特征，其内涵界定更具专业性和针对性。该概念的提出具有双重意义：既致力于推动农民群体摆脱传统社会身份的束缚，实现与其他行业从业者的社会地位平等；又通过设置行业准入门槛，要求农业从业者必须具备专业的知识储备、技术能力和实践经验，以满足现代农业发展的专业化需求。

（四）高素质农民

在农业规模化与产业化发展的背景下，传统农业劳动力需求呈现递减趋势，而现代农业的集约化与科技化转型则对从业者素质提出了更高要求。2019年8月，《中国共产党农村工作条例》的颁布首次从政策层面确立了“培养有文化、懂技术、善经营、会管理的高素质农民队伍”的战略目标。次年中央一号文件《关于抓好“三农”领域重点工作确保如期实现全面小康的意见》进一步提出整合农业教育资源、构建培训体系的实施方案，标志着“高素质农民”这一创新概念的正式确立。该概念不仅凸显了农民在农业农村现代化建设中的主体地位与创新价值②，更精准契合了当代农业发展的现实需求。从实践层面来看，高素质农民群体主要涵盖乡村发展带头人、农业创业创新者、产业扶贫骨干、农村实用技术人才以及新型经营主体负责人等多元类型③。这类群体通过有效整合现代生产要素与人力资本优势，不仅能够适应现代农业标准化、专业化与规模化的发展特征，更能为乡村社会经济可持续发展提供核心驱动力。

---

① 郭小建，齐芳．高职教育在新型职业农民培育中的优势、问题与改进策略［J］．黑龙江高教研究，2021（5）：108-113.

② 彭超．高素质农民培育政策的演变、效果与完善思路［J］．理论探索，2021（1）：22-30.

③ 农业农村部科技教育司．2019年全国高素质农民发展报告［M］．北京：中国农业出版社，2019.

二、智能化农业发展背景下高素质农民的特征

随着农业智能化进程的深入推进，传统农民作为世袭身份象征的社会属性正逐渐消解，取而代之的是对农民群体综合素质的更高要求。相较于传统农业生产者，具备较高素质的新型职业农民在知识结构、技能水平和经营理念等维度均展现出明显的差异化特征。

（一）崭新的职业理念

首先，高素质农民强调主体意识的重要性。人类作为社会存在物兼具受动性与能动性的辩证统一，其中能动性构成人的本质特征①。在智能化农业这一复杂系统工程的推进过程中，农民群体的主体性实践尤为关键，其主动学习与应用能力直接决定农业生产效益的提升水平。作为现代农业发展的核心驱动力，高素质农民群体展现出鲜明的主体自觉意识，这种意识促使他们在市场机制的双重作用下——既面临竞争压力又受到利益激励——主动适应市场经济环境，通过掌握经济运行规律实现收入增长与生活品质的同步提升。

其次，高素质农民具备显著的创新开拓特质。作为现代农业发展的核心主体，高素质农民凭借其专业化的知识储备与技术能力，展现出卓越的学习适应性与创新实践能力，能够有效整合传统农耕经验与现代智能技术，推动农业生产方式向智能化方向转型，从而显著提升农业经济效益。这类群体还善于把握市场动态，通过精准分析市场需求变化，不断优化农业生产结构与经营模式，灵活调整生产规模，在保障农产品市场竞争力的同时实现农业收益最大化。更为重要的是，高素质农民对农业多功能性具有深刻认知，不仅重视其基础性的粮食供给功能，更能充分发掘农业在社会保障、生态维护、文化传承及休闲体验等多元维度的价值体现。

最后，高素质农民群体展现出显著的专业认同特征，其职业角色呈现多元化发展趋势，既承担农业生产者的基础职能，又兼具经营者、投资者及管理者等多重身份。相较于传统农民与兼业农民，该群体在产业发展中具有更广阔的职业前景，社会认可度持续提升，进而推动其社会地位的实质性提高。更为重要的是，高素质农民在职业发展过程中能够获得充分的自我实现空间，通过价值创造提升职业满意度与幸福感，这种正向反馈机制促使他们将现代农业发展作为终身职业选择与事业追求。

（二）良好的职业素养

首先，在于高素质农民文化素养的培育质量，该维度主要通过农民群体的教育水平得以体现。较高层次的文化知识储备不仅能够显著提升个体对现代农业技术的接纳意愿与掌握能力，更能有效促进劳动生产效能的优化与收入结构的改善。具备优良文化素质的农业从业者凭借其系统的知识架构与扎实的专业基础，能够高效整合市场信息资源，精准把握

① 中央编译局．马克思恩格斯全集：第 3 卷［M］．北京：人民出版社，2022.

农产品生产、加工、流通等环节的市场需求，从而在农业产业升级与市场竞争中占据优势地位。此类群体还展现出对现代农业科技体系的主动学习倾向，能够系统掌握包括农业文化理论、现代农业科技原理在内的知识体系，充分满足智慧农业发展对从业者文化素质提出的专业化要求。

其次，高素质农民的科技素养具有全面性特征，其不仅表现为对科学知识的广泛掌握和科学方法的熟练运用，更体现在科学精神的实践能力以及运用科技手段解决实际问题的综合素质。作为学习型与可持续发展型的现代农业从业者，高素质农民对物联网、云计算、大数据、人工智能、边缘计算、区块链及5G等智能化农业核心技术具备深入认知与运用能力，这种技术优势将有效推动我国传统农业向智能化农业的转型升级进程。

最后，高素质农民群体展现出显著的道德品质特征，其道德体系以社会主义核心价值观为根基，融合爱国主义与集体主义思想精髓，并与中华优秀传统文化相承接，同时注入新时代内涵，从而为乡村振兴战略实施构筑了坚实的思想保障和精神支撑。该群体在实践层面表现出鲜明的集体主义取向，能够统筹兼顾个人与集体利益关系，发扬团结协作的优良传统，主动承担社会责任，热心参与社区公共服务活动。在职业发展方面，他们不仅具备高度的专业精神与职业操守，更展现出对农业可持续发展的深刻认识，通过推行生态友好型农业生产模式，致力于绿色优质农产品的产业化经营。

（三）出色的职业能力

高素质农民群体展现出卓越的经营管理能力，其显著特征在于对市场机制与规则的深刻理解以及丰富的实践经验。这类农业从业者不仅具备敏锐的市场洞察力，能够及时识别市场风险并把握商业机遇，更展现出对市场动态的快速响应能力，从而在农业市场竞争中始终保持主动态势。从农业智慧化经营管理的视角来看，该过程始于品种选育与市场需求分析，借助数字化技术和大数据分析手段，有效促进农产品供需市场的动态平衡。值得注意的是，高素质农民群体普遍具有强烈的信息获取意识和市场竞争意识，他们能够在继承传统农业生产模式的基础上，积极整合现代信息技术资源，通过市场化运作机制开展高效的经营管理实践。

高素质农民群体在农业现代化进程中展现出显著的引领示范效应，其核心优势体现在三个方面：首先，作为农业领域的先进生产力代表，他们不仅具备超越传统农民的前瞻性思维和开阔视野，更能准确把握农业生产规律与政策导向，有效运用现代农业技术组织规模化生产；其次，该群体在乡村发展中发挥着“雁阵效应”，通过示范推广智能化农业技术和特色农业模式，带动农户群体实现产业升级，进而推动乡村工业化进程和农民收入增长；最后，高素质农民的职业化发展有助于重塑农业从业者的社会形象，通过提升职业社会认同度形成人才集聚效应，为现代农业发展注入持续动力。

高素质农民展现出卓越的学习效能，这一核心能力体现为知识获取与内化的综合素养。在农业智能化快速发展的背景下，该群体能够有效适应技术迭代，具体表现为：应对农业传感器技术持续升级、数据处理与质量控制方法不断创新、智能农业装备推陈出新以及分子育种技术突飞猛进等挑战。作为现代农业发展的引领者、新兴业态的实践先锋和产业转型升级的推动力量，高素质农民不仅具备突出的学习效率，更形成了持续学习的自觉意识，从而确保其发展理念与实践始终与时代脉搏保持同步。

三、智能化农业发展背景下高素质农民培育的价值意蕴

作为推动农业农村现代化发展的关键人才资源，高素质农民在乡村振兴战略中具有不可替代的重要作用，因此必须从战略高度充分认识加强新型职业农民培养工作的紧迫性与必要性，并采取切实有效措施予以推进落实。

（一）高素质农民培育是发展智能化农业的时代要求

随着信息技术的迅猛发展，以互联网、物联网、大数据、云计算和人工智能为代表的现代科技正深刻重塑着传统农业的生产范式，催生出以智能化为核心特征的现代农业新形态。这种新型农业生产模式通过深度融合先进信息技术与农业生产全流程，构建起集环境感知、智能分析、精准调控和个性化服务于一体的智慧农业体系。研究表明，智能化农业不仅能够显著提升农业生产效率，优化资源配置，还能有效改善农业生态环境，同时推动农业生产组织结构和产业形态的转型升级，这标志着现代农业发展的重要趋势和方向。

在我国农业由传统模式向智能化转型的关键阶段，农业发展正面临着多重挑战，这些挑战既受到全球宏观经济环境的制约，也源于现代农业发展的内在规律。具体表现为农业供给侧结构性矛盾日益凸显、农民收入增长乏力、资源环境压力持续加大、科技创新能力不足、产业组织化程度偏低以及农业劳动力结构性短缺等问题①。在此背景下，具备较高综合素质的新型职业农民群体展现出显著优势，他们不仅能够适应基于物联网的现代农业服务模式，更能有效应对市场挑战，推动形成集生产、加工、销售于一体的农业产业化体系，从而成为破解当前农业发展困境、推进农业智能化转型的中坚力量。实现农业智能化需要综合运用信息感知、数据传输、智能处理及自动化控制等现代技术手段，通过精准农业管理提升生产效率与生态效益，同时对农业生产、加工②、流通等全产业链环节实施智能化管控，以确保农产品质量安全、增强产业竞争力并实现可持续发展。高素质农民群体能够及时掌握前沿农业科技动态，将先进技术应用于实际生产，推动产业升级转型，进而在激烈的市场竞争中维护自身权益。当前正值农业智能化发展的战略机遇期，亟须加大新型职业农民培育力度，通过引导其树立现代职业观念、培育科学发展意识、提升专业技术能力，培养造就一支具备文化素养、技术专长、经营能力和管理水平的新型职业农民队伍，这将有力推动农业生产向规模化、集约化、工厂化方向发展，最终实现农业产业化水平的整体跃升。

---

① 杨祖义．现代农业发展战略研究［M］．北京：经济日报出版社，2017.

② 侯秀芳，王栋．乡村振兴战略下“智慧农业”的发展路径［M］．青岛：中国海洋大学出版社，2019.

（二）高素质农民培育是开发乡村人力资本的关键举措

作为人类社会最古老的定居型生产活动，农业在其传统形态下主要依赖农民世代沿用的生产要素体系，这种生产模式长期处于低水平均衡状态，难以对经济增长产生显著贡献。随着农业现代化进程的推进，人力资本作为核心生产要素的重要性日益凸显，其质量提升能够有效推动农业向经济增长源泉转型。值得注意的是，农民群体作为乡村发展的主体力量，其人力资本质量直接影响着农业经济发展水平。然而，在社会经济转型背景下，农村劳动力流动的意愿增强、能力提升以及外部环境改善，导致大量农业人口向非农领域转移。虽然这种人口流动现象是农业发展的必要条件，但实证研究表明，过度的人口外流可能引发农村地区的衰退危机。现阶段，我国农村正面临资源短缺、人口空心化和老龄化等多重挑战，其中农民群体的文化素质、科技素养和经营管理能力普遍偏低，市场意识和风险意识较为薄弱，对现代农业技术的接受能力不足，这些问题严重制约了农村的可持续发展。在此背景下，加强高素质农民培育工作具有重要战略意义，通过系统提升农民群体的文化知识水平、专业技能和综合素质，不仅能够有效开发乡村人力资本、缓解农业人才短缺问题，更能显著提升农村劳动生产率和发展活力。此外，高素质农民的培养还能增强农业从业者的信息素养和经营管理能力，使其在市场竞争中占据优势地位，实现增产增收，从而加速农业现代化进程。

（三）高素质农民培育是助力乡村发展的根本保证

高素质农民培育工程对乡村治理现代化具有显著的推动作用，其核心价值在于通过组织振兴路径促进乡村治理体系创新。从国家治理体系现代化的宏观视角来看，乡村组织振兴是实现基层治理能力提升的关键环节，具体表现为农村基层党组织建设、村民自治组织完善以及各类农民合作组织的协同发展，这些组织形态的优化共同构成了中国特色乡村治理体系的基础架构。在微观层面，高素质农民培育通过双重机制发挥作用：一方面培养农民群体的创新意识和自我管理能力，为深化农村综合改革提供人才支撑；另一方面激发农民利用其社会资本和组织能力，通过建立专业合作组织整合分散资源，有效解决农业生产效率低下等传统问题，从而为乡村治理创新注入持续动力。

高素质农民培育工程通过促进新兴业态发展对乡村产业振兴具有显著推动作用，其核心价值体现在构建现代化乡村产业体系这一关键环节。作为现代化经济体系的基础组成部分，现代乡村产业体系的建设既是实现产业振兴的核心目标，也是推动农业现代化进程的战略支点。该培育工程不仅加速了农业资源向经济优势的转化进程，更在提升农产品品质、推行可持续生产方式以及强化品牌战略等方面发挥重要的示范效应。依托区域特色资源和区位优势，高素质农民群体能够高效配置市场要素，与各类经营主体形成协同发展机制，从而推动传统产业优化升级并促进乡村产业体系的深度融合发展。

通过系统化的高素质农民培育工程，能够有效重构乡村文化认同机制，进而推动乡村文化生态的振兴发展。作为社会共同经验的载体，文化体系依托象征性符号系统与集体记忆得以延续传承。从社会治理维度审视，文化要素发挥着不可替代的精神引领作用，其中乡村文化体系不仅构成了乡村社会秩序的重要基石，更集中体现了农耕文明特有的交往范式与实践智慧。实证研究表明，高素质农民培育项目能够显著提升参与者的文化认知水平与主体意识，这不仅有利于传统乡村文化的保护传承与创新发展，更能通过重塑乡村文化秩序激发内生发展动力，最终实现乡村社会文明程度的整体跃升。

高素质农民培育对乡村自然生态系统的重构具有显著促进作用，进而推动乡村生态振兴战略的有效实施。作为美丽中国建设的关键环节，生态文明建设不仅关乎国家可持续发展大局，更是实现中华民族永续发展的重要保障。美丽乡村建设作为美丽中国的核心基础，其生态宜居程度的提升直接决定了人与自然和谐共生的实现水平。生态振兴的实质在于构建兼具生态效益与经济效益的现代化乡村，最终达成民生改善与环境保护的协同发展。通过系统化培育高素质农民群体，能够显著提升其生态环境保护意识，促使其主动参与乡村生态系统的维护工作，同时推动绿色农业生产模式的广泛应用，为社会提供优质生态产品与服务，从而实现经济发展与生态保护的良性互动机制。

四、智能化农业发展背景下高素质农民培育的实践路径

研究表明，培育具备较高专业素养的新型职业农民对于优化农村人力资本结构具有显著促进作用，此类人才不仅能够有效提升农业生产经营的科技化水平，还能加速推进智慧农业的发展进程，进而为国家粮食安全战略和现代农业可持续发展提供坚实保障。基于这一现实需求，系统构建高素质农民培养体系，着力培养一支专业化、现代化的乡村人才队伍，已成为当前乡村振兴战略实施过程中亟待解决的关键课题。

（一）融合式共治：协同多元培育主体

1. 政府作为培育的责任主体，需要发挥主导作用

首先，在政策支持层面，政府部门应当构建完善的土地流转制度体系。鉴于农业规模化经营是实现农业机械化和现代化的基础条件，而当前我国土地流转主要呈现自发性和无序性特征，多以口头协议为主，易产生权属纠纷①，因此亟须建立规范化的土地流转机制。在保障农民自主选择权的基础上，通过政策引导促进土地集约化经营，从而增强农业产业对人才的吸引力。其次，应着力实施产业扶持政策，引导高素质农民转变传统生产模式，适应智能化、集约化、精细化的现代农业发展要求，推动产业转型升级以提升市场竞争力。政府部门需重点培育特色产业和战略性产业，为高素质农民发展提供明确导向。此外，建立有效的激励机制也至关重要，通过对积极参与乡村振兴的优秀人才给予物质奖励和荣誉表彰，充分发挥其示范引领作用，吸引更多人才投身农村建设。在经费保障方面，地方政府需将高素质农民培育经费纳入财政预算体系，重点投入师资队伍建设、实训基地

① 孔韬．乡村振兴战略背景下新型职业农民培育的困境与出路［J］．中国职业技术教育，2019（6）：80-85.

建设、教学设备更新、农村信息化建设等关键领域，同时提高农业财政支出比重，完善农业补贴政策，持续增加农业领域资金投入。最后，在培育方案设计上，应当整合优化各类教育资源，根据区域经济发展特点和产业布局需求进行差异化配置，优先向欠发达地区和重点扶持领域倾斜，确保农民获得均等的职业发展机会。同时要立足当地农村实际，制订具有针对性的培育计划，培养适应区域发展需求的高素质农业人才。

2. 培训机构作为培育的实践主体，需要凸显基础作用

在农业社会化服务体系构建过程中，农业广播学校发挥着不可替代的作用，其通过开展绿色证书教育、科技知识普及、劳动力转移技能培训、创业指导及实用技术传授等多元化培训项目，显著提升了农民教育的专业性与针对性。为适应农民群体在知识体系与技术能力方面的差异化需求，必须充分挖掘农业广播学校的教育潜力。作为农民培育的核心机构，涉农院校体系涵盖中等职业教育和高等农业教育两个层次：一个是中等职业院校通过设置涵盖农业生产、农业工程及农业经济管理等专业方向，着力培养兼具自主发展能力与现代农业经营服务能力的复合型农民；另一个是高等农业院校则凭借其科研教育优势，为高素质农民培养工作提供理论支撑与技术创新平台。农业科研院所则聚焦农业与农村经济发展中的重大科技问题，通过资源整合与技术推广等途径参与农民素质提升工程。此外，还需积极拓展社会培训组织类型，推动农民培训机构向专业化、多元化方向发展。

3. 行业企业作为培育的支持主体，需要强化支撑作用

首先，构建由行业企业主导的高标准农民实训基地与创业孵化平台，通过整合农业园区及涉农企业在产业链各环节的资源优势，形成集产教融合、资源共享于一体的协同育人机制，此举不仅能够系统传授现代农业企业的生产运营、市场开发及资本运作等核心知识体系，更有助于推动智能化农业技术在新型职业农民群体中的普及应用。其次，基于产业集群的发展需求，应建立产教协同的专业建设机制，通过校企联合开展人才需求调研与预测，统筹技术、资本及人力资源等要素，完善涉农专业教学资源库建设，从而为农业院校专业结构调整提供多维支撑。在此过程中，必须强化行业企业在人才培养体系中的主体作用，通过制度设计赋予其决策参与权，以有效激发企业参与高素质农民培育的内生动力。

（二）系统化供给：构建精准育人模式

1. 精准遴选培育对象

基于对农民主体意愿的充分尊重，在遴选培育对象时应当着重考虑具备科学文化素养和现代农业技术基础的青年群体，具体包括返乡创业者、农业经营能手、农业企业核心人员、合作社负责人以及职业院校毕业生等。这类群体不仅展现出较强的知识接受能力和创新意识，能够快速掌握现代农业发展的新理念与技术，同时具有明确的主体意识和较高的参与积极性。此外，在培育对象选择过程中，应重点考察其对“三农”事业的情感认同和发展意愿，将那些怀有深厚乡土情怀且立志长期投身农业农村发展的群体纳入优先培育范围。鉴于高素质农民培养需要投入大量资源，这种基于发展意愿和情感认同的双重筛选机

制，能够有效提升人才培养的针对性和实效性。

2. 科学设置培育内容

基于职业功能导向的差异化分类，现代高素质农民群体可划分为生产经营型、专业技能型和社会服务型三大类别。针对生产经营型农民的培养，应当聚焦区域主导产业需求，系统开展涵盖农业标准化生产体系构建、农产品物流与供应链管理、市场预测分析以及现代企业经营策略等核心内容的培训，同时注重培育其市场化思维与创新实践能力。对于专业技能型农民的培育，培训重点应置于特色种养业技术体系优化、现代农业机械装备操作维护以及新型农业技术成果转化应用等关键领域。社会服务型农民的培养则需强化其农业科技服务能力、涉农政策法规理解运用水平、职业化服务技能体系、现代管理能力以及农业信息化应用能力，从而有效降低农业生产与流通环节的运营成本，实现农业综合效益提升。从地理空间维度分析，我国农村区域可划分为平原、丘陵及山区林区三大类型区：平原区域因其土地集中连片特征，适宜开展规模化、机械化农业生产技术培训；丘陵地区凭借其复杂地形与多元气候条件，亟须发展特色农作物种植技术体系与精细化管理能力培训；而山区林区则应重点加强特色种养技术、林果种苗繁育、精准饲料配方、生物病虫害综合防治等专业技术培育。

3. 合理选择培育方式

笔者提出二元维度的新型职业农民培育路径。其一，实施空间便利化培育策略，通过送教下乡等在地化服务模式，为农民提供规范化、体系化的职业教育资源；同时基于农业生产的季节性特征，采用弹性学制设计，整合双休日与农闲时段，创新性开展半农半读、混合式教学等多元化培训形式，确保农民参与的可及性与持续性。其二，构建理论与实践深度融合的教学体系，综合运用集中授课、个性化指导、数字化学习、田间案例教学、典型农场主经验分享及实践基地考察等复合型教学方法，通过知识可视化与情境化呈现手段，将核心技能以契合农民认知特点的方式融入生产场景，从而有效提升参训主体的学习效能与内生动力。

4. 协调建设师资队伍

通过整合政府部门、职业培训机构、农业龙头企业及农业广播学校等多方资源，构建由高校学者、科研专家、技术骨干、农机推广人员、乡土人才和涉农企业家组成的跨领域师资团队，形成开放型共享式培育师资体系。在此基础上，需强化师资培训机制建设，通过与新型农业经营主体的战略合作，建立教师实践实训与轮岗培训双基地，并实施企业挂职锻炼与科研机构访学等多元化培养方案，从而全面提升教师队伍的理论素养与实践指导能力。

（三）全面性支持：完善多维保障体系

1. 改善农村基础条件

为构建现代化农业体系，首要举措在于强化农业基础设施投资力度，通过实施中低产田土壤改良工程、推进高标准农田设施建设、完善水利基础设施网络，同时加强农村道路、桥梁及交通枢纽等配套设施的修缮与新建，从而为农业智能化转型奠定物质基础。在数字经济背景下，亟须加速数字乡村发展进程，通过优化信息基础设施布局、提升通信基站覆盖密度、弥补信息化服务短板，建立健全乡村数字化服务体系，有效缓解城乡数字发展不均衡问题。从可持续发展视角出发，需系统推进农村能源供应体系现代化改造，重点实施污水处理和垃圾处置等环境治理项目，配套建设文化娱乐设施，全面提升农村人居环境质量。此外，应着力提升乡村教育医疗水平、健全社会保障体系，通过深化城乡融合发展机制，促进农村三次产业协同发展，为培育新型职业农民营造有利的政策环境和产业生态。

2. 深化跟踪服务

笔者从制度设计与技术手段两个维度构建高素质农民培育的跟踪服务体系。在制度层面，首先，建立以需求为导向的个性化服务机制，通过组建跨部门协作的跟踪服务团队，实施定期下乡服务制度，并推行"一对一"导师负责制，确保为每位培育对象配备专业指导人员。其次，建立动态化成长档案系统，详细记录培育对象的发展需求与成长轨迹，为农技人员与科技特派员提供精准服务依据。在技术应用层面，着力打造"互联网+跟踪服务"模式：搭建实时互动平台，促进培育对象与技术专家的常态化交流；整合农信通、网络书屋等数字化资源，构建农业技术推广矩阵；开发服务评价反馈系统，实现服务质量的全过程监测。这种制度与技术相融合的服务体系，既满足了培育对象的即时性技术需求，又为其长期发展提供了持续性支持。

3. 加强监督与反馈

在实施培育计划之前，应当通过公开招标机制遴选综合实力突出的优质培训机构，从而为高素质农民提供具备专业资质的师资团队和优质的实践教学条件。为确保培育工作的规范性与透明度，需全面公示培训机构的资质认证、培育方案及具体教学内容，并对未达标的机构实施整改措施以符合既定标准。在培育实施阶段，需构建包含组织管理、师资配置、课程设置、教学方法及实训条件等多维度的综合评价体系，并组建专职督导团队实施全程跟班监督，实时评估培训质量与成效，及时处理培育过程中出现的问题。督导工作应着重考察授课教师的综合素质，持续强化其职业素养、专业能力与实践经验。培育周期结束后，需建立基于区域特色和培育对象差异化的分类评价机制，对高素质农民培育成效进行科学评估，以充分体现评价体系的针对性和适用性。

第二节　完善涉农税收政策

在经济学与税收理论框架指导下，政府基于经济社会发展需求所确立的税收立法与征管工作的指导性原则构成税收政策的核心内涵。作为国家宏观政策体系的重要组成部分，税收政策不仅直接关系到政府职能的实施效能，其调节功能更对经济社会发展产生深远影响。鉴于农业在国民经济中的基础性地位，涉农税收政策的制定与实施对推动农业现代化转型具有关键作用。本节通过系统梳理国内现行涉农税收政策体系，并参考国际先进经验，针对智能化农业发展过程中的税收政策瓶颈提出优化方案，旨在构建更加科学合理的涉农税收政策体系，使其既符合智能化农业发展的现实需求，又能有效发挥税收的宏观调控作用，从而为我国农业智能化转型提供制度保障。

一、促进智能化农业发展的税收政策理论分析

（一）税收调控传导机制

作为国家实施经济调控的重要政策工具，税收调节机制主要针对市场在资源配置过程中出现的失灵现象进行干预，旨在弥补市场调节功能的不足，确保国民经济体系的稳定运行。从公共经济学视角分析，农业部门因其固有特性呈现出显著的公共产品属性，具体可划分为纯公共产品和准公共产品两种类型。纯公共产品具有消费的非竞争性、受益的非排他性以及效用的不可分割性等特征，能够实现社会成员的共同消费；而准公共产品则表现为部分非竞争性或有限非排他性。实证研究表明，农业更符合准公共产品的界定标准，以粮食这一典型农产品为例，其作为维系人类生存的基础性物资，不仅关系到国家战略安全与社会稳定，更具备明显的非排他性特征——政府必须通过价格管制和供给保障等干预措施，防止市场自发调节可能引发的囤积居奇和价格垄断行为。同时，粮食消费在多数情况下呈现非竞争性特征，即任何个体都无法排斥他人对粮食的合法获取权利，尽管部分稀缺粮食品种可能表现出一定程度的竞争性，这正印证了粮食作为准公共产品的本质属性。

基于农业领域固有的高风险性、资本密集性、产业脆弱性及准公共产品属性等特征，政府有必要通过宏观调控手段确保该产业的可持续发展。在此过程中，作为国家经济调控核心工具之一的税收政策能够充分发挥其多重调节功能，具体表现为对收入分配的再调节、资源要素的优化配置以及宏观经济总量的调控等三个维度的作用机制。

现有经济理论表明，市场机制在资源配置过程中存在固有缺陷，特别是在不完全竞争市场条件下，信息不对称可能导致超额利润的产生，加之外部性等问题的普遍存在，致使资源配置难以达到帕累托最优状态，此时政府干预便成为必要选择。作为重要的经济调控工具，税收政策在优化产业布局和协调区域经济发展方面展现出独特的制度优势。就我国智能化农业发展现状而言，虽然该产业尚处于起步阶段，但由于其具有全产业链覆盖、资本密集度高、投资回收期长以及风险系数大等典型特征，难以完全依靠市场机制自发吸引理性经济主体的资源投入。因此，通过税收杠杆实施精准调控显得尤为重要，具体表现为：现行税制对农业从业者实施所得税减免等优惠政策，有效引导社会资本和人力资源向智能化农业领域集聚，从而加速该产业的现代化发展进程。

税收政策作为资源配置的重要调节手段，其对智能化农业发展的促进作用亦构成巩固

脱贫攻坚成果、防范返贫风险的关键政策路径。2020 年我国脱贫攻坚战取得全面胜利后，防范规模性返贫现象成为后续工作的核心任务，其中“三农”问题既是脱贫攻坚的主战场，也是返贫风险防控的重点领域。农民收入水平作为衡量贫困状况的核心指标，其稳定增长有赖于智能化农业在农村地区的推广实施，该模式通过提升农业生产效益保障农民持续增收，从而构建起脱贫成果长效巩固机制。

作为财政政策的重要工具，税收制度在收入再分配领域发挥着关键性调节作用，其核心机制体现为对高收入群体实施累进征税而对低收入者采取减免优惠。在市场经济条件下，要素报酬分配遵循边际贡献原则，这种分配模式虽然具有效率优势，但可能因初始要素禀赋差异而产生非均衡的收入分配格局，这种由先天条件不平等导致的收入分化与社会公平价值理念存在显著冲突。因此，政府有必要通过税收杠杆对初次分配结果进行适度干预，以缓解收入差距扩大可能引发的社会矛盾与经济失衡。

实证研究表明，我国城乡居民在人均可支配收入层面存在显著差异，其中城镇居民收入水平约为农村居民的 3 倍。为缓解这一结构性失衡，现行税收制度对农民销售初级农产品所得实施个人所得税豁免政策，这一举措有效提升了农村居民的可支配收入水平。收入增长促使农民能够增加农业生产投入，进而推动智能化农业技术的应用与普及。税收政策的导向作用有助于优化市场资源配置，引导生产要素向智慧农业领域集聚，这不仅能够创新传统农业发展模式，构建现代化乡村经济体系，还能拓展农民增收途径。由此可见，智能化农业的发展对缩小城乡收入差距具有重要的促进作用。

作为宏观经济调控的重要工具，税收在调节社会总供给与总需求方面发挥着关键作用。智能化农业作为现代农业转型升级的重要方向，其发展不仅能够有效提升我国农产品供给能力，更能推动农业生产方式的根本性变革。值得注意的是，智能化农业的推进需要多维度要素支撑，包括资金投入、人才储备、技术创新以及农业资源的高效配置。从税收政策的作用机制来看，其对生产要素配置具有显著影响，具体体现在资源开发效率、劳动力供给结构、资本积累水平以及技术进步速率等方面。基于此，通过科学设计税收政策这一经济杠杆，能够为智能化农业发展提供有力的制度保障和政策支持。

（二）税收优惠政策的外溢效应

税收优惠作为国家调节经济的重要政策工具，通过主动让渡部分税收利益来实现特定的政策目标。从短期来看，这种政策确实会造成政府财政收入的暂时性减少，但其经济效应并非局限于单一环节或特定时点，而是呈现出显著的持续性和广泛性特征。具体而言，税收优惠通过建立类似减税效应的“自偿”机制，能够在降低税收收入的同时促进经济良性循环。以商品税优惠为例，在保持其他条件不变的情况下，税负的降低直接减少了生产经营者的成本负担，提升了其营利能力，进而激励企业扩大再生产规模，最终增加社会总供给。就所得税优惠而言，其实质是通过税收让渡将部分财政资源转移给纳税人，这种财富再分配效应能够显著提升纳税人的可支配收入水平，进而刺激投资和消费需求，通过需求侧的扩张效应来推动经济增长，这种经济增长带来的财政收入增长可以在相当程度上弥补税收优惠造成的直接损失。值得注意的是，在智能化农业领域，税收优惠政策通过减轻企业和个人的税负压力，为其提供了更多可用于生产经营的资本积累，这种资金支持对于促进农业现代化转型和创造更大经济价值具有重要的推动作用。

税收优惠政策不仅具有“自偿”效应，更在促进产业结构优化升级方面发挥着关键作用。从税收宏观调控视角分析，通过实施税收优惠措施提升企业税后利润水平，能够有效引导生产要素向国家战略重点产业集聚，从而实现产业结构调整与优化的政策目标。国际经验表明，税收优惠政策因其在调节资本回报率、引导投资流向方面的独特功能，已被各国政府广泛运用于扶持重点产业发展，如对高新技术、农业及能源等战略性产业实施税收减免以促进其发展。在当前我国农业发展进程中，智能化农业作为推动欠发达地区经济增长的重要抓手，亟须通过税收优惠政策提升行业营利水平，吸引社会资本向该领域配置，进而加速智能化农业的转型升级进程。

（三）税收纠正农业的正负外部效应

农业生产活动兼具显著的正外部性与负外部性特征。从正外部性视角考察，我国工业化进程中农业部门通过资源转移机制为工业和服务业发展提供了重要支撑，然而农业生产者的经济收益往往难以覆盖其生产成本，形成了典型的收益外溢现象。面对自然条件波动与市场不确定性带来的双重风险挑战，传统农业生产模式表现出明显的风险抵御能力不足问题。相较而言，智能化农业生产体系通过整合农业专业技术显著降低了自然环境依赖性，在提升生产效率和产品质量的同时，借助农产品深加工环节有效实现了价值增值。基于大数据与物联网技术的精准种植与营销模式进一步实现了对自然风险和市场风险的双重管控。在此背景下，税收政策可通过资源引导机制促进社会资本向智能农业领域集聚，从而推动传统农业生产方式转型升级，最终构建起具备较强风险抵御能力的现代农业经营管理体系。

农业领域的外部性效应问题同样不容忽视，其负面外部性主要表现为农业生产活动对生态环境的破坏及资源利用效率低下等现实问题。由于市场机制在调节此类问题时存在显著的滞后性特征，这就要求政府部门必须及时采取干预措施，以防止环境恶化达到不可逆转的程度。针对农业负外部性问题，税收政策可以作为一种有效的调控工具，通过实施差异化的税收优惠政策和激励措施，促进农业生产技术创新和经营模式转型，进而推动传统农业向智能化方向升级发展，最终实现降低环境污染和提升资源利用效率的双重目标。

通过对税收政策理论的深入剖析可知，税收制度在推动智能化农业发展进程中扮演着关键性角色。税收调控机制能够通过优化资源配置实现对智能化农业发展的有效引导，其特有的税收优惠“自偿”特性可为该领域提供减免税支持，从而促进农业生产方式的转型升级，有效矫正农业发展过程中的外部负效应，并加速智能化农业技术在全国范围内的推广应用。

鉴于农业部门兼具公共产品特征与显著的正外部性特征，其在国民经济中的基础性战略地位不容忽视，特别是随着其公共部门属性的持续凸显，亟须构建与之相匹配的税收激励体系。相较于具备较强营利能力的第二、第三产业，农业作为典型的弱质性产业，其经济脆弱性决定了必须实施更具力度的税收扶持政策。在推进农业智能化转型的进程中，应系统性拓展税收政策的覆盖广度，既要重点支持农业经营主体，也要充分考虑农村居民的福利改善，通过税收优惠政策的精准实施，有效提升农户的专业素质、创新水平及经济收入。

二、税收政策对智能化农业发展影响分析

（一）增强农业竞争力

作为国民经济的基础性产业，农业的发展水平直接关系到国家经济安全与社会稳定。国际比较研究表明，发达国家在现代农业领域的科技投入强度显著高于我国，其农业劳动力规模虽相对较小，却在全球农产品贸易中建立了显著的竞争优势，这种优势不仅体现在农产品供给总量的稳定性上，更反映在产品质量标准的严格把控方面。为提升我国农产品的国际市场份额与质量水平，亟须通过优化税收政策体系来推动农业智能化转型，具体措施应包括：加大农业科技研发投入、引进先进生产设备、构建专业化人才队伍以及完善投融资机制，从而为农业智能化发展构建完善的物质技术基础，最终实现我国农业核心竞争力的实质性提升。

（二）促进资源合理配置

基于市场资源配置的约束性特征，政府部门需依据国家战略发展导向，通过税收杠杆实施差异化调控：首先，在智能化农业的初始培育期，可采取税收减免等优惠措施引导社会资本向农业农村领域集聚，从而为该产业的规模化发展奠定资源基础；其次，针对智能化农业推进过程中暴露的阶段性矛盾，应及时制定动态化的税收调节机制，以此加速我国农业智能化转型的进程。

（三）减轻农业高科技企业税收负担

智能化农业的快速发展本质上依赖于农业科技水平的持续提升，这需要农业高科技企业和研发机构的技术创新作为支撑。税收优惠政策在此过程中发挥着重要的促进作用，其作用机制主要体现在两个方面：首先，通过研发费用加计扣除等税收激励措施，能够有效降低农业高科技企业的所得税负担，从而将节省的财政资源转化为研发投入，为技术创新提供资金保障；其次，资本性损失抵免、亏损结转以及专项投资税收优惠等政策工具可以显著增强企业的风险抵御能力，通过减轻研发失败带来的经济损失，激励企业持续投入关键核心技术的攻关，进而推动智能化农业实现规模化发展。

三、国外智能化农业税收政策

（一）美国智能化农业税收政策

1. 智能化农业前期准备阶段

为促进金融机构加大对农业领域的信贷支持力度，美国联邦政府实施了有针对性的税收激励政策，具体表现为：向农场主提供专项融资服务的联邦土地银行及合作社银行等金融机构可享受联邦所得税豁免待遇，同时其贷款业务所产生的债券利息收入亦免征州及地方所得税。

2. 智能化农业与传统农业衔接阶段

美国税收政策体系对农业劳动组织及农业协作工会的利息股息所得实施免税优惠，这一制度安排与我国农业专业合作社的发展支持模式具有相似性，均体现了通过税收调节手段促进农业组织发展的政策导向。

3. 智能化农业生产阶段

根据现行税收政策规定，农业生产主体在经营活动中产生的固定资产购置支出，包括农业机械设备和生产性建筑设施的采购成本，均可享受企业所得税税前扣除优惠；同时，为支持农业现代化建设，用于农业生产经营的专用设备、信息化设备及其配套软件等资产购置行为，均被纳入增值税免税政策适用范围。

为促进农业高新技术企业的研发投入，现行税收优惠政策规定：研发专用仪器设备可享受为期三年的加速折旧政策；针对委托高等院校或科研机构开展的基础研究项目，允许企业按合同研发费用的65%比例进行应纳税所得额抵减，并豁免其中试阶段新产品的所得税；此外，若企业当年研发投入超过前三年均值，其超额部分可享受25%的所得税加计扣除优惠。

美国政府为促进农民生产积极性，在税收政策层面实施了一系列遗产税优惠措施：首先，在计税依据的确定上，允许农业用地按照实际农业用途价值而非市场价值进行评估，这一估值方式可使税基降低30%~70%，显著减轻农场继承者的税务负担；其次，针对遗产税缴纳时限制定了特殊政策，允许继承者在财产所有人去世后享有5年宽限期，并可在后续2~10年以4%的年利率分期缴纳税款，这种递延缴纳机制不仅缓解了纳税人的现金流压力，更确保农场经营者能够将更多资金持续投入农业生产运营，从而有效维护农业生产的稳定性与可持续性。

美国政府通过《联邦农作物保险法》实施了一系列针对农业保险企业的税收优惠政策，其中明确规定对联邦农作物保险公司及其分支机构的所有财产实施全额免税，同时豁免由该公司承保的保险合同以及参与再保险业务的保险企业的全部税负。

4. 智能化农业加工阶段

美国政府通过实施加速折旧政策，显著降低了农产品加工企业的所得税负担，这一制度安排有效激励了农产品加工业的资本投入与技术升级，从而为该国农产品加工业的快速发展提供了重要的财税政策支持。

5. 智能化农业销售阶段

美国政府依据农场年销售额实施差异化所得税政策，将农场划分为不同规模等级并适用相应的税率标准。具体而言，年销售额低于 10 万美元的资源有限农场可享受所得税豁免待遇，此类免税农场约占全美农场总量的四分之一；对于年销售额介于 10 万至 25 万美元区间的小型农场，则适用 15%的最低优惠税率。值得注意的是，年销售额不超过 25 万美元的小型农场占比高达 94%，而仅占农场总数 5%左右的大型农场虽适用较高税率，却贡献了全国农场所得税总收入的 50%。

为了缓解农业生产者的税收负担，现行税收优惠政策允许对当年度未实现销售的农产品实施纳税递延政策，将相应应纳税款延至后续年度缴纳；同时赋予农业经营主体会计核算方法的选择权，特别准许采用“现金收付制”进行个人所得税的计税基础核算，此举既实现了税负的合理递延，又确保了成本费用的及时确认与申报。

（二）德国智能化农业税收政策

1. 智能化农业生产阶段

根据德国现行财税政策，农业企业在生产过程中若年度电力消耗超过法定限额，其能源税征收标准为实际用电量的 20%，但通过采购可再生能源，发电站电力可享受能源税豁免待遇。针对农业生产领域的能源消耗，当年用量达到特定标准时，可申请减免 80%的矿物油税。此外，为农业经营主体提供专业技术咨询及农业机械租赁服务的合作组织，依法享有法人税免征资格。

为促进农业生产经营活动，德国政府实施了一系列税收激励措施，其中包括对农林业从业者采取特殊计税方式，即按照事业年度核算其纯收益并调整为征税年度所得，以此降低应纳税额；此外，基于家庭抚养人数，部分农业生产者还可获得额外免税额度。在金融支持方面，通过给予金融机构税收优惠，促使其为高校毕业生提供低息贷款，用于购置耕地或租赁土地以创办农场及农业企业，且新设立的农业经营实体在初创期可享受税收减免政策。

为降低涉农企业的所得税税负并促进农业技术创新，德国政府实施了针对农业企业的税收优惠措施，具体表现为允许对用于研发活动及购置高科技生产设备的固定资产实施加速折旧政策。根据该政策规定，企业在资产购置年度起五年期限内，除常规折旧外，每年可额外计提资产账面价值 40%的折旧额度，这一制度安排显著提升了农业企业对技术装备升级和研发投入的积极性。

2. 智能化农业销售阶段

在增值税政策方面，德国采取统一征收原则，不对农产品进行特殊分类，但实施差异化优惠税率制度。具体而言，农产品销售环节适用11%的销项税率，而进项税额抵扣则采用8%的优惠税率，由此形成的税负差额无须补缴，实质上构成政府对农业企业的财政补贴机制，从而有效缓解了增值税体系中的“高征低扣”矛盾。为保障农产品市场流通，德国建立了由联邦政府、州政府及行业协会共同参与的农业及食品行业销售促进基金组织，该机构承担着统筹全国农产品营销体系的重要职能，具体包括：实施品牌推广战略、开拓国内外销售渠道、组织经营管理培训、提供市场咨询服务，以及定期发布市场分析报告和行业预测数据。值得注意的是，此类农业合作组织在法人税方面享有免税待遇。

现有研究表明，国际社会普遍将税收政策作为推动农业现代化进程的关键经济调控工具，各国政府通过制定差异化的税收优惠措施，显著降低了农业产业及其经营主体的税负水平。尽管不同国家在政策侧重点上存在差异，但其税收制度设计均体现出对农业发展的战略性支持。反观我国现行涉农税收体系，不仅缺乏针对智能化农业的专项税收激励措施，且现有优惠政策呈现碎片化分布特征，政策力度与现代农业发展需求存在明显差距。基于此，建议系统梳理发达国家现代农业税收支持政策的实践经验，结合我国智能化农业发展的阶段性特征，构建具有中国特色的农业税收政策体系，从而为农业智能化转型提供制度保障。

四、我国可以借鉴的税收政策

（一）增强对农业企业的税收优惠

现代农业发展呈现出规模化、智能化和集约化的显著特征，其可持续发展需要依托充足的资金投入、先进的设备配置以及专业的人才支撑，而企业组织在资源整合方面具有明显优势。基于此，美国和德国等发达国家通过实施税收优惠政策有效引导企业参与现代农业建设。我国现行农业税收政策体系尚不完善，特别是在促进智能化农业发展方面的专项税收激励措施明显不足，亟须借鉴国际经验进行政策优化。具体而言，可参考德国模式实施差异化企业所得税优惠，包括对农业企业适用优惠税率、允许高科技农业企业在常规折旧基础上五年内追加计提固定资产折旧，以及对农业服务企业实施法人税减免等优惠政策。在研发激励方面，建议采纳美国研发费用加计扣除政策，将优惠门槛调整为研发支出超过前三年平均水平即可享受加计扣除。此外，针对农业专业合作社这一特殊经营主体，可借鉴美国税收实践，对其取得的利息股息等投资性收益免征企业所得税。

（二）丰富涉农税收优惠政策形式

国际经验表明，现代农业税收扶持政策体系呈现出多元化特征，其减免形式可划分为直接与间接两种类型：前者涵盖税收豁免、优惠税率及退税等措施，后者则包含税收扣除、加速折旧、投资抵免以及准备金制度等多样化手段。就我国农产品增值税“高征低扣”现象而言，可参考德国实践方案，通过免除销项税额与进项税额差额的补缴义务，实质上形成差额免税机制，从而有效降低农业经营主体的税负水平。

各类税收优惠政策的实施效果存在显著差异，其中直接减免方式具有操作简便、执行便利的特点，而间接减免政策虽然设计复杂但能为纳税人带来实质性利益，可更有效地降低税负水平。当前我国农业税收优惠仍以直接减免为主要形式，政策工具相对单一，未能充分发挥间接优惠在促进农业投资和技术升级方面的积极作用。建议对我国农业企业实施退税优惠、税收抵扣及加速折旧等间接优惠措施，从而直接降低企业税负压力并减少资金占用，为企业设备更新和人才引进提供资金支持，进而加速农业企业向智能化转型。在农业保险领域，可借鉴美国做法，通过减免农业保险机构的企业所得税和个人所得税来降低其税负成本，以此激励农业保险市场发展，为智能化农业生产提供风险保障。

（三）加强对农业从业人员的税收优惠

在推动农业现代化进程中，发达国家普遍通过税收政策调控手段，特别是在遗产税、企业所得税及个人所得税等税制设计中实施涉农优惠措施，以激励劳动力尤其是青年群体投身农业生产经营。当前我国农业从业者中青年劳动者占比不足两成，而这一群体恰恰具备较强的学习能力和新技术适应能力，在农业智能化转型过程中发挥着关键作用。针对这一现状，建议重点构建面向青年农业创业者的个人所得税优惠政策体系：一方面可通过金融机构税收减免政策，为高校毕业生提供低息农业创业贷款，用于购置耕地或租赁土地建立农业经营实体；另一方面可对新设立的农业企业实施为期六年的税收减免政策，以此降低青年从业者的创业门槛和运营成本。

五、促进智能化农业发展的税收政策建议

合理的税收制度设计对于促进农村地区智能化农业转型与乡村振兴具有关键性作用。通过构建完善的涉农税收优惠体系、优化乡村税收征管机制以及强化税收政策的激励导向功能，能够有效引导各类生产要素向农村地区集聚，从而探索出具有中国特色的税收助力乡村振兴路径，为农业智能化发展提供制度保障。

（一）促进智能化农业发展的税收政策目标

1. 保证粮食安全

作为国家稳定与经济发展的基础性保障，粮食安全在维护国家主权和应对国际局势变化方面具有战略性意义。当前国际格局呈现高度复杂性与不确定性特征，唯有实现粮食自给自足，方能有效保障国家发展的自主性与稳定性，在此背景下，具备高产高效特性的智能化农业生产模式对于应对国际关系波动具有重要实践价值。与此同时，全球气候变化引发的极端气象事件及生态环境退化导致的病虫害问题正持续恶化农业生产环境，对粮食产

量构成严峻挑战。智能化农业技术通过减少对自然条件的依赖性，结合人工智能驱动的科学种植方案，不仅实现了农产品产量与品质的双重提升，更为国家粮食安全体系的构建提供了可靠的技术支撑。

2. 提高农业国际竞争力

从发展范式来看，传统农业侧重于产量提升，而智能化农业则更注重品质优化。纵观全球农业发展态势，众多发达国家已成功实现从传统农业生产模式向现代化农业体系的转型，这一过程中科技要素在农业生产经营中的占比显著提升，而自然资源和劳动力投入比例则持续下降，由此形成的优质优价农产品在国际市场上建立了显著的竞争优势。相关统计数据显示，2020 年我国农业科技进步贡献率仅为 60%，与现代农业发达国家约 80% 的贡献率水平相比仍存在明显差距。造成这一差距的主要原因在于我国农业生产过程中科技投入不足，对自然资源和劳动力的依赖程度较高，这种状况直接导致我国农产品在国际市场竞争中处于相对劣势。因此，亟须加快推进我国农业从传统模式向智能化方向的转型升级，以有效提升我国农业的国际竞争力水平。

3. 保障农业可持续发展

在农业生产实践中，过度垦殖与农药滥用等传统耕作方式已导致严重的生态环境退化与耕地质量下降，这种种植环境的持续恶化对农业现代化进程产生了显著的制约效应。为实现农业的可持续发展目标，亟须构建更为优化的种植环境系统，其中通过税收政策杠杆引导农业向智能化转型具有重要战略意义。智能化农业技术的推广应用能够有效缓解传统农业生产对自然生态系统的负面影响，借助现代科技手段与信息技术可显著降低农业生产对自然条件的依赖性。在此过程中，应当系统性地实施生态环境保护措施与资源循环利用策略，重点发展生态农业与有机农业等环境友好型生产模式，从而推动农业系统实现环境效益与经济效益的协调发展。

（二）促进智能化农业发展的税收政策指导原则

税收原则作为规范政府税收征管与经济调控行为的基本准则，其核心在于协调财政收入需求与经济社会发展之间的辩证关系。这些原则不仅构成税收制度设计的理论基础，更是评估税收政策合理性的重要依据。基于此，在制定促进我国智能化农业发展的税收政策时，必须严格遵循税收原则的指导作用，以确保政策方案的科学性与可操作性。

1. 坚持税收法定原则

当前我国各级政府部门相继颁布多项政策文件，旨在通过推进智能化农业发展助力乡村振兴战略实施，其中不乏将政策制定权限下放至地方政府以强化地方支持力度。然而，在此政策环境下，部分企业通过与地方政府合谋制定表面促进产业发展、实则牟取非法利益的利己性政策。为确保国家税收权益不受侵害，必须构建公开透明、依法依规的智能化农业税收政策体系，通过制度设计有效防范政策执行过程中的权力寻租与逐利行为，从而保障政府各部门政策实施的高效性与廉洁性。

2. 坚持税收效率原则

基于税收效率原则的理论内涵，其核心要义在于通过发挥税收的经济调控功能实现经济发展效益的最大化，同时需最小化税收对市场机制运行的负面效应，在确保税收中性的基础上，当市场出现失灵现象时适时发挥税收的调节杠杆作用。鉴于此，智能化农业税收政策的制定应当遵循适度性原则，既要有效推动我国智能化农业的健康发展，又要避免过度行政干预，实现与市场机制的协同配合。在市场经济框架下，资源配置的主导权应归属于市场机制本身，而智能化农业税收政策仅作为政府矫正市场失灵的特殊调控工具。考虑到智能化农业作为新兴产业在我国尚处于发展初期阶段，若实施过激的税收激励政策，不仅会扰乱其他产业的经济生态，更可能对智能化农业的可持续发展造成损害。因此，在政策优化过程中，必须严格遵循市场在资源配置中的决定性作用原则，切忌以政府干预取代市场调节机制，而应着重发挥其适度的引导与调节功能。

3. 坚持税收管理原则

税收管理体系的构建需遵循确定性、简便性及成本最小化三大核心原则。首先，确定性原则要求税收政策表述精准，这源于智能化农业生产周期长、产业链覆盖广的特性所导致的经济业务复杂性提升。其次，简便性原则强调政策设计应避免过度复杂化，鉴于智能化农业涵盖产供销全流程且涉及主体多元、业务类型繁杂，政策制定需便于理解与核算。最后，成本最小化原则体现为简化政策设计，可有效降低因政策复杂性而产生的专业咨询费用支出。

（三）促进智能化农业发展税收政策具体建议

1. 智能化农业前期准备阶段税收政策建议

在智能化农业的初期推进过程中，资金要素具有决定性作用，为确保该领域的技术研发、高端人才引进以及智能装备配置等关键环节得以顺利实施，必须构建完善的资金保障体系，其中通过实施税收优惠政策来拓宽资金来源渠道显得尤为重要。

为促进企业参与智能化农业领域的投资活动，亟须构建更具针对性的税收激励体系。本书建议在现行税收政策框架下实施差异化优惠措施：其一，应突破传统创投企业的限制，将税收优惠适用范围扩展至所有投资智能化农业的市场主体；其二，通过优化亏损弥补机制，允许投资者将投资亏损进行税前扣除，并建立动态调整的前转年限制度，即投资期限越长，可享受的亏损弥补年限相应延长，以此匹配农业高科技企业研发周期长、资金需求大的特点；其三，实施阶梯式税收减免政策，对达到特定投资规模和期限的企业，自被投资企业盈利年度起给予“三免三减半”的企业所得税优惠；其四，针对互联网企业投资智能化农业的特殊性，可在普适性优惠政策基础上叠加专项激励，包括实施亏损加计扣除、延长亏损弥补期限以及部分投资所得减免等配套措施，从而形成多维度、分层次的税收支持体系。

针对智能化农业领域的金融支持问题，建议实施差异化的税收优惠政策体系。首先，对于政策性金融机构发放的智能化农业专项贷款，应建立基于贷款金额和期限的双重税收减免机制，不仅免除贷款利息的增值税，还应全额免征相应企业所得税，而非仅采取现行的减计收入计税方式；同时，通过设置最低贷款期限要求，有效缓解农业生产经营周期与金融产品期限错配的矛盾。其次，对农业现代化和科技创新专项贷款实施更大力度的政策倾斜，允许贷款损失实行加计扣除并延长亏损弥补期限，同时对利息收入给予部分所得税减免。最后，将税收优惠范围扩展至非政策性金融机构，对其发放的智能化农业贷款利息免征增值税并实施阶梯式企业所得税减免；针对涉农高科技企业的贷款，可进一步适用贷款损失加计扣除政策以降低金融机构风险敞口。这种多层次、广覆盖的税收激励措施，将显著提升各类金融机构支持智能化农业发展的积极性，有效引导社会资本向该领域集聚。

在税收优惠政策层面，应当重点强化对农业基础设施建设的支持力度。首先，重新界定税收政策中基础设施的范畴，特别需要将信息网络纳入其中，鉴于智能化农业发展高度依赖网络基础设施，信号塔等通信设施应被明确认定为农业生产的基础性设施；其次，建议对在农村地区投资建设信息网络设施的企业实施“三免三减半”的税收激励政策；最后，考虑到智能化农业在供应链各环节对物流运输的特殊需求，有必要进一步扩大企业在农村交通基础设施建设方面所能享受的税收优惠幅度。

2. 智能化农业与传统农业衔接阶段税收政策建议

为充分发挥农业专业合作社在传统农业向智能化农业转型过程中的桥梁作用，建议从税收政策层面加大扶持力度：首先，对合作社为农业生产经营者提供的知识培训、技能指导等农业服务所得，应实施企业所得税减免政策；其次，无论合作社从业人员是否直接参与农业生产，其从合作社获取的收益均应享受个人所得税豁免待遇；再次，为激励农户持续投入，建议对农民从合作社取得的投资分红免征个人所得税；复次，针对政府补助、社会捐赠等支持合作社发展的非经营性收入，应纳入免税范畴；最后，为促进农业智能化转型，允许合作社将智能化设备购置等资本性支出在企业所得税税前予以全额扣除。

3. 智能化农业生产阶段税收政策建议

为促进农业生产资料购置的税收激励效应，本书提出以下政策优化建议：在所得税层面，允许涉农主体购置农业专用设备时按购置价款的10%比例抵减当期应纳税所得额；针对农业设备制造业实施增值税全环节免征政策，通过消除生产环节税负有效降低设备终端售价，避免税负转嫁现象，从而提升先进农机具的市场渗透率。特别地，建议实施进项税额差异化加计扣除制度，对采购优质种子及先进农机的经营主体给予税收优惠，其中个体农户可享受退税形式的进项税补偿机制。这一揽子税收激励措施旨在通过降低农业生产要素获取成本，加速农业装备智能化升级进程，最终实现农业生产方式的现代化转型。

在税收优惠政策层面，应进一步拓宽智能化农业企业的覆盖范围，同时加大对传统农业企业的扶持力度。具体而言，可通过调整固定资产加速折旧政策的适用标准，取消或降低对资产金额的限制性规定，允许农业企业在常规折旧基础上，于五年期限内追加计提折旧费用；针对研发费用加计扣除政策，建议放宽适用条件，使所有开展研发活动的企业均可享受该项优惠，仅需满足当期研发投入超过前三年均值的基本要求；此外，应扩大研发费用的认定范畴，将与研发活动直接相关的各项支出均纳入加计扣除计算基数，以此激励农业企业加大研发投入，切实降低税收优惠的准入门槛。

根据现行企业所得税政策规定，农业企业在开展技术创新活动或实施技术改良过程中所产生的研发支出，可依法享受企业所得税税前加计扣除的税收优惠待遇；同时，企业通过技术成果转化所取得的相应收入，亦可依据相关规定享受免征企业所得税的优惠政策。

在智能化农业发展的进程中，农业服务企业正日益凸显其关键作用，该类企业通过提供大型生产设备租赁、专业设备维护、前沿技术指导及农业咨询服务等多元化业务，为现代农业发展提供重要支撑。为促进此类企业发展，我国实施了增值税先征后退政策，并对企业所得实施减计收入比例征收企业所得税的优惠措施，旨在激励农业服务企业持续提升专业化服务水平，从而为智能化农业的高效推进创造有利条件。

为促进智能化农业的可持续发展，有必要针对农业高科技企业实施更具针对性的企业所得税优惠政策。作为推动农业智能化发展的核心力量，农业高科技企业的核心竞争力主要体现在其科技创新能力上，而这种能力又直接取决于企业的研发投入水平。鉴于农业科技设备研发具有周期长、投入大、回报慢等显著特征，加之企业固有的逐利属性，过高的研发成本将不可避免地削弱其营利能力。为此，建议从以下两方面优化税收政策：一方面，应适当扩大研发费用的税前扣除范围，并对农业高科技企业实施高于其他行业的加计扣除比例，以此激励企业增加科技创新投入；另一方面，需进一步完善科学研究与技术开发领域的税收优惠措施，为突破智能化农业领域的关键核心技术提供有力的政策保障。

本书建议对研发费用加计扣除政策实施门槛下调措施，允许企业在盈利与亏损状态下均可享受税收优惠，其中亏损企业可采取向前或向后结转的扣除方式，未扣除完毕的研发费用可延续至后续年度继续抵扣。鉴于现行税法规定研发费用加计扣除期限最长不得超过五年，而新兴高科技农业企业在初创阶段普遍面临营收不足或持续亏损的经营困境，往往需要更长的扭亏周期，因此建议针对该类尚未实现营利的农业科技企业适当延长研发费用向后结转的扣除年限。此外，本书还提出应对农业高科技企业实施差异化所得税政策，通过设置低于其他行业的优惠税率来进一步减轻其税收负担。

为优化农业高科技企业的税收政策环境并减轻其税负负担，现行政策允许该类企业在常规固定资产折旧计提之外，于五年期限内额外进行补充计提。

为促进智能化农业企业在乡村地区的投资布局，建议对企业在农村建设农业特色园区及产业化基地所获得的投资收益实施税收减免政策，同时可考虑允许企业与科研机构合作开展农业技术研发的相关支出，以及新技术在农业生产基地推广应用所产生的费用，在计算企业所得税时予以加计扣除，从而有效激励企业在农村地区设立生产基地并开展技术创新活动。

为防止税收优惠政策被部分企业不当利用，建议建立配套的效益评估机制，对申请税收优惠的企业实施动态考核；若评估结果显示企业未达预期效益目标，则应当依法追缴其因享受税收优惠而减免的税款。

针对农业智能化领域专业人才匮乏的现状，建议实施更具针对性的税收优惠政策体系。当前我国农业从业者整体学历水平偏低，特别是农业高科技设备研发人才严重不足，亟须通过税收杠杆与其他配套政策协同发力，构建农村地区政策优势，引导人才向农业领域集聚。值得注意的是，农业农村部于2020年9月颁布的《高素质农民培育工作通知》明确提出要创新农民学历教育模式，重点实施包含百万乡村带头人培养计划和百所优质院校建设的“双百工程”，积极探索涉农人才培养新机制。必须强调的是，唯有建立稳定的人才供给体系，才能有效推动农业智能化实现规模化发展，进而全面促进现代农业向智慧化方向转型升级。

现行我国涉农个人所得税政策仅针对农民直接销售初级农产品实施免税优惠，而未能覆盖农业相关其他领域的税收激励。为此，建议对从事农业高科技设备研发、智慧云平台构建、农业农村信息化建设等工作的专业人员及其技术操作人员实施个人所得税免征政策。此外，对于参与下乡支农并开展智能化农业生产的专业人员，不仅应予以个人所得税减免，还可根据其支农服务年限，参照既往年度已交纳个人所得税额度实施相应比例的税收返还政策。

现行我国针对农业从业者实施的税收优惠政策主要体现为对从事“四业”的个人暂免征收个人所得税，然而该政策覆盖范围相对有限，建议将其扩展至整个涉农产业链的相关人员。具体而言，可对农业高科技企业的研发人员、技术人员以及支农人员实施个人所得税减免政策，以此激励农业科技人才深入基层；同时，对于跨界转入农业领域的专业人才，建议实施个人所得税返还政策；此外，针对离岗从事智能农业创业的科研人员，可考虑实施“三免三减半”的企业所得税优惠政策，从而为农村地区智能农业发展培育专业人才队伍。

为充分发挥农业保险企业在促进农业智能化转型中的关键作用，建议实施以下税收优惠政策调整：首先，将现行按保费收入90%计征企业所得税的规定调整为全额免征，同时实施个人所得税减免政策，以此激励专业人才投身农业保险领域，推动市场扩容与服务升级；其次，应建立基于区域特征和作物类别的差异化保险产品体系，通过全面覆盖各类农作物保险业务来有效规避市场逆向选择风险；最后，需扩大税收优惠政策的适用主体范围，将所有农业保险经营机构纳入优惠体系，并细化巨灾风险准备金税前扣除的具体实施细则，确保政策实施的持续性和稳定性，避免因政策时效性不足而影响企业实际受益程度。

4. 智能化农业加工阶段税收政策建议

为缓解农产品行业存在的“高征抵扣”现象，减轻农产品加工环节的税负压力并提升其市场竞争力，建议对农产品加工企业实施增值税低税率政策。具体而言，可通过调整进项抵扣税率来优化现行税收机制：针对经营免税农产品的一般纳税人，以及以免税农产品为原料从事初加工和深加工生产的一般纳税人企业，统一适用6%的优惠税率；而小规模纳税人则维持3%的征收率不变。这一政策设计既能确保增值税抵扣链条的完整性，又可推动农产品深加工产业发展，同时为智能化农业等集生产、供应、销售于一体的新型农业经营主体提供税收支持。需要强调的是，在实施低税率政策时，必须对初级农产品与深加工农产品进行明确界定，尤其是在同时适用低税率的情况下，若采用费用加计扣除政策以鼓励农产品深加工企业发展，则这种界定将直接影响企业所得税的核算准确性。

在税收优惠形式多元化方面，建议对农产品加工企业实施直接优惠与间接优惠并重的政策组合。现行税收体系对初级农产品加工主要采取直接减免方式，虽具有短期政策效果显著的优势，但从产业可持续发展视角分析，间接优惠措施更能促进企业长期竞争力提升。基于国际经验借鉴，可采取三项具体措施：其一，对农业加工专用设备实施加速折旧政策；其二，将农产品加工领域的研发支出及技术创新投入纳入税前全额扣除范围；其三，通过延长亏损结转年限并引入亏损前转机制，赋予纳税人自主选择权，从而优化企业现金流管理并加速资本周转效率。

针对农产品深加工环节实施差异化税收激励政策：首先，对采用自产农产品进行深加工的企业，其进项税额计算可参照市场平均价格作为计税依据，并基于投入产出比确定抵扣数量；其次，对于购置先进仪器设备用于农产品深加工的企业，可享受与专业设备同等的税收优惠待遇，即按设备购置成本的10%抵减应纳税所得额；此外，企业在深加工过程中产生的技术创新与工艺改良相关研发支出，允许在企业所得税申报时享受加计扣除优惠政策。

5. 智能化农业销售阶段税收政策建议

为适应数字经济时代农产品新型销售模式的发展需求，亟须对现行税收政策体系进行系统性优化。在互联网销售领域，建议实施差异化税收优惠措施：针对自建平台销售初级农产品的经营者，鉴于其不存在平台费用且无须缴纳销项税额，可维持现行免税政策；对于依托第三方平台的农产品销售行为，为消除因进项税额无法抵扣造成的税负不公，建议对农产品销售平台实施增值税免征政策，此举既能解决进项抵扣难题，又可有效激励平台经济发展。在物流与仓储环节，应配套出台针对性税收激励政策：对从事农产品冷链运输的企业实施增值税和企业所得税优惠税率，以降低农产品流通成本；针对农产品仓储用地需求，建议减免城镇土地使用税；同时允许企业将因保鲜技术限制导致的农产品损耗纳入企业所得税税前扣除范围，从而构建起覆盖生产、流通、销售全链条的税收优惠政策体系。

针对农机先进设备销售环节的税收政策优化，建议从以下三方面进行制度调整：首先，应重构税法对农机范畴的界定方式，将现行列举式规定调整为概括式定义，将农业生产经营管理过程中应用的各类机械设备与技术装备均纳入农机范畴，以确保农业生产资料销售企业能够充分享受税收优惠政策，避免因政策调整滞后或变动频繁导致企业权益受损；其次，需将增值税免税政策适用范围从外购农机扩展至自产农机，实现销售环节税收优惠的全覆盖；最后，建议对销售自产先进农机的企业实施所得税优惠政策，通过采取减计收入等计税方式降低企业税负，从而有效促进农机生产企业的可持续发展。

第三节　平衡智能化农业政策供需关系

当前我国智能化农业发展呈现出积极态势，在国家政策层面，政府通过持续出台扶持政策和强化引导机制，有效推动了农业技术应用；在社会资本方面，资金流向农业领域的规模扩大显著促进了技术革新，且参与智能化农业建设的企业数量持续增长，为行业发展注入了新动力。然而必须认识到，我国智能化农业仍面临诸多挑战：一方面，由于发展历程较短，尚未建立完善的标准化体系；另一方面，在政策执行环节存在落实困难、推进缓慢等问题，部分政策仅停留在文件层面。从研发投入来看，尽管农业科研经费逐年递增，但与发达国家相比，无论是绝对数额还是相对占比均存在显著差距。就企业参与度而言，农业生产关键环节的企业参与数量不足，且存在区域分布不均、技术水平滞后等结构性矛盾。更深层次的问题还包括信息化基础设施薄弱、技术标准不统一、企业区域分布失衡以及从业人员专业素质亟待提升等。通过深入分析发现，这些问题的根源在于政策供给与需求之间的失衡：政府在政策制定过程中未能充分掌握基层诉求，而政策需求方也缺乏有效的诉求表达渠道，这种双向信息不对称导致政策难以精准解决实际问题。因此，深入研究智能化农业政策供需关系，识别供需矛盾，建立平衡机制，对于制定科学有效的发展对策具有重要意义。

一、智能化农业政策相关概念界定

（一）农业支持政策

关于“农业支持政策”的定义，学者们莫衷一是。

学术界存在一种观点认为农业支持政策与保护政策在本质上存在显著差异。根据世界贸易组织《农业协议》的规范分类框架，农业政策可划分为“绿箱”“黄箱”“蓝箱”三种类型。其中，“绿箱”政策特指由政府通过公共财政资金实施且基本不产生贸易扭曲效应的农业支持措施，这类政策在实施过程中不包含任何形式的价格支持机制。与之相对，“黄箱”政策则被定义为对农产品生产和国际贸易具有明显扭曲作用的政策措施，且相关成员需承担相应的减让义务。作为“黄箱”政策的补充形式，“蓝箱”政策主要涉及与生产限制计划相挂钩的特定支持措施。简而言之，“绿箱”政策属于促进农业发展的正向激励措施，“黄箱”政策属于具有约束性的限制措施，而“蓝箱”政策则是在特定条件下实施的“黄箱”政策变体。

根据世界贸易组织对农业政策的分类标准，学术界普遍倾向于区分农业支持与农业保护这两个概念。从我国农业现代化与智能化发展的实践来看，农业支持政策可进一步划分为广义与狭义两个层面。广义层面的农业支持政策实质上涵盖了农业保护政策的全部内容，而狭义层面的农业支持政策则特指为促进农业可持续发展、维护生态环境所实施的基础设施建设等一般服务性政策措施。具体而言，广义农业支持政策体系包含三个主要组成部分：一是涉及农产品价格与收入的支持性政策；二是包括金融支持与土地休耕制度在内的调控性政策；三是涵盖一般服务性支持与农产品贸易的配套性政策。其中，农产品价格支持、收入支持及贸易支持政策可归类为农业保护政策范畴，而一般服务性支持、金融支持及土地休耕制度则属于狭义农业支持政策的典型代表。笔者所采用的农业支持政策概念，系指广义层面的政策体系。

（二）智能化农业政策

既有研究表明，智能化农业政策的概念界定尚未达成学术共识。笔者将智能化农业政策定义为涵盖智能化农业发展全领域的综合性政策体系，其内涵包括但不限于农产品供给、土地利用、技术创新、金融支持、价格调控、市场流通及经济补贴等多元政策维度。从历史演进维度考察，我国自农业发展的第四阶段——三级智能信息化阶段——开始，标志着智能化农业时代的正式来临，此后的农业相关政策均可纳入智能化农业政策范畴。在政策分类方面，笔者借鉴张莉莉教授的惠农政策分类框架①，结合智能化农业政策的特征属性，构建了基于政策功能导向的五维分类体系，该分类方法有助于在后续供需分析中更准确地揭示政策供给与实际需求之间的结构性差异。

笔者将相关政策划分为以下五类：①扶持型政策，涵盖金融扶持、财政支持、资金奖励、补贴措施、信贷融资以及资本引导等方面；②基础型政策，主要包括基础设施建设、示范园区与基地建设、产业园开发、节水减排工程实施、传统服务系统改造以及物流体系建设等；③人才型政策，涉及农民创新能力培养、专业技能培训、高层次人才引进、农业创新主体培育、农业学习体系建设以及专题学术讲座等；④技术型政策，包含互联网与物联网应用、电子商务推广、智慧气象服务、现代农业技术研发、信息化建设、科技装备升级以及科普信息化等；⑤保障型政策，着重于农产品质量安全监管、品牌建设、产业融合发展、科技成果转化、土地政策优化、供应链完善、试验工程推进、平台体系构建、农业经营体系改革、供给侧结构性调整、信息服务体系完善、行动计划实施、未来发展规划制订以及运营服务中心建设等综合性保障措施。

二、平衡智能化农业政策供需关系的基础理论

（一）信息非对称理论

1. 信息非对称理论概念

基于香农提出的经典信息理论框架，信息被界定为能够有效降低系统随机不确定性的

① 张莉莉．农民视角下惠农政策的分类探析［J］．内蒙古农业大学学报（社会科学版），2011，13（04）：48-50.

关键要素。然而，由于信息在获取途径与传播机制方面存在显著差异，不同主体对信息的认知程度呈现出明显的异质性特征。从信息持有主体的维度进行划分，可将其系统性地区分为公共信息与私有信息两大类别：前者具有非排他性特征，任何具备接收意愿的主体均可无障碍获取；后者则具有排他性特征，仅限特定群体掌握。正是这种私有信息的存在，直接导致了信息不对称现象的产生。

基于信息非对称理论框架，阿克洛夫通过构建"柠檬市场"模型揭示了二手车交易中因信息不对称引发的市场失灵现象，具体表现为买方难以鉴别商品质量差异，最终导致劣质产品排挤优质产品的逆向选择效应；与此同时，斯蒂格利茨在劳动力市场研究中发现，当雇主面临人才信息缺失时，倾向于采用信号甄别机制进行人才筛选；进一步地，斯蒂格利茨将该理论拓展至保险与信贷领域，为解决逆向选择问题提供了重要的理论支撑和方法论指导。

在市场交易活动中，信息非对称现象表现为参与经济关系的各方所掌握的信息资源存在显著差异，通常而言，信息优势方能够在交易过程中占据主导地位，并据此制定符合自身利益最大化的策略，而信息劣势方则因信息匮乏而处于被动地位，往往不得不接受非最优的决策结果。

2. 农业政策中的信息非对称

农业领域的信息获取机制对于农户及涉农企业具有重要的战略意义。从产业链视角分析，农业政策作为引导产业发展的核心要素，其供给方与需求方之间的信息不对称现象往往导致政策执行效果偏离预期目标。就政策制定主体而言，为确保农业可持续发展，需通过多部门协同调研机制获取包括农户、企业及社会组织在内的多元主体政策诉求，然而样本代表性不足、调研方法欠科学、数据采集周期限制、信息真实性存疑以及政策制定公平性等因素均会显著影响政策制定的精准度。对于政策需求方而言，在中央推行差异化政策背景下，地方政府对上级政策的解读偏差可能导致政策本意失真，而作为信息接收终端的需求方难以有效识别此类信息偏差，最终造成政策供给与需求的结构性矛盾，对农业发展产生负面影响。目前政府部门采取的政策优化路径是通过建立多轮反馈机制，持续完善政策内容，借助信息的多层次传递来缓解供需双方的矛盾关系。

（二）农业可持续发展理论

笔者构建的理论框架主要涵盖四大基础理论体系：环境承载力理论、人地系统理论、生态经济学理论以及农业系统理论。值得注意的是，环境承载力理论与生态经济学理论之间存在显著的辩证关系，这种理论张力不仅具有重要的学术价值，更成为政策制定者进行决策时重点关注的核心议题。通过对国内农业可持续发展研究文献的系统梳理，可以发现当前学界的研究焦点主要集中于四个维度：其一是对国际农业可持续发展经验与教训的归纳总结；其二是关于中国农业可持续发展路径的探索；其三是针对我国农业可持续发展模式选择的探讨；其四则是围绕农业可持续发展问题的实证分析。在全球农业发展语境下，农业可持续发展具有不可替代的战略价值，其理论内涵可界定为：通过协调农业生态系统各要素间的关系，统筹系统内部与外部环境之间的动态平衡，实现系统整体的持续优化与有序演进。该理论的核心要义在于维持农业系统的良性循环与生产力可持续性，确保在满足当代人基本农业需求的同时，不损害后代人获取农业资源的基本权利，从而构建一种兼顾代际公平与长远发展的现代农业发展范式。

（三）供需关系理论

经济学理论体系中的供需关系分析框架由供给理论与需求理论两大核心组成部分构成，其中需求理论主要阐释商品价格变动对消费者购买数量的影响机制，而供给理论则系统地揭示了商品市场价格与其生产者供给量之间的内在关联性。

智能化农业政策供需关系的有效建立，需要供给方与需求方在多重维度上实现协同匹配。从政策供给角度而言，相关部门不仅需要具备推动智能化农业发展的主观意愿，能够积极响应市场需求，更需构建具备可操作性和实施性的政策体系；与此同时，需求方不仅应展现出对智能化农业政策的强烈诉求，还需形成具有规模效应的需求群体，从而确保政策制定的价值回报。只有当政策供给与需求在质与量两个层面均达到动态平衡时，方能构建稳定可持续的供需关系，进而为智能化农业的长期发展提供制度保障。

三、优化我国智能化农业政策供求关系的建议

（一）加强全国智能化农业政策引导，保障政策供需平衡

当前我国智能化农业发展呈现出显著的时空非均衡特征，这种不平衡性不仅体现在区域间和年度间的差异上，更反映在政策供给与实际需求之间的结构性矛盾。究其原因，一方面是我国幅员辽阔、区域异质性显著所导致的农业生产条件复杂性，另一方面是地方政策执行过程中的偏差与时滞效应。为突破这一发展瓶颈，亟须构建区域协调、时序均衡的政策供给体系。具体而言，各级政府应当建立差异化的政策工具箱，通过强化领导干部的示范引领作用，系统掌握智能农业专业知识，深入探索创新发展模式，从而制定精准化的政策框架。在此过程中，需要重点推进三项核心工作：一是加速现代农业发展理念转型，二是完善土地与劳动力要素市场化配置机制，三是构建系统化的智能农业转型路线图。同时应加大农业科技创新投入力度，统筹规划精准农业、数字农业等五大类政策供给体系，最终实现区域协调发展和产业转型升级的良性互动。

（二）平衡不同地区智能化农业政策供需数量与质量

1. 提高北部、西部、中部、西南部智能化农业政策供给数量与供给质量

相较于东部沿海发达区域，我国中部、北部、西部及西南地区在经济发展水平、基础设施建设、人才储备、技术支撑和农业保障等方面存在显著差距，急需中央及地方政府通过优化智能化农业政策体系予以重点扶持。在政策设计层面，应当构建系统化的政策框

架；扶持型政策需建立技术、人才与基础设施的联动机制，设置准入门槛，避免简单化的资金补贴，引导社会资本有序流向智慧农业领域，重点强化金融支持、技术转化和农业人才培养的定向扶持；基础型政策应着力推进新型基础设施建设工程，包括农业示范园区建设、节水减排设施改造及农业信息化平台搭建；人才型政策需聚焦高端农业科技人才培养体系构建，通过产学研协同机制创新，加强农业科研院所与高校的联合培养项目，深化涉农企业与科研机构的人才合作，重点培育农业科技创新主体；技术型政策要夯实智慧农业技术基础，重点突破智慧气象监测、精准灌溉、智能温室、种质创新及农业机械化等关键技术瓶颈；保障型政策则需完善农业品牌培育机制，建设农业大数据中心和综合服务平台，推动产业标准化建设与三产融合发展。

2. 提高东部政策供给质量，打造智能化农业体系示范区

鉴于东部沿海经济发达区域在农业基础设施、人才储备及技术创新等方面具备显著优势，建议通过优化政策供给机制，实施差异化、精准化的智能农业政策调控策略，将该区域建设成为具有示范引领作用的智能农业体系试验区。该地区凭借其雄厚的经济基础、完善的农业保障体系以及丰富的技术资源，完全具备构建全产业链智能农业体系的条件，地方政府亟须转变当前政策“量多质低”的现状，通过系统整合区域优势资源，推动智能农业向技术密集型、人才密集型的高质量发展模式转型。在此过程中，应着力构建标准化、系统化的智能农业发展框架，探索形成具有中国特色的智能农业范式，这不仅能为经济欠发达地区提供可资借鉴的发展路径，更有助于加速我国农业智能化进程，全面提升农业产业国际竞争力，进而为国家粮食安全战略提供坚实保障。

（三）加大各类政策执行力度，修正发展缺陷，保障政策惠农惠民

现有研究表明，我国五类智能化农业政策在制定与实施环节均存在显著缺陷，这些不足严重制约了农业智能化进程的推进。针对这一现状，笔者从政策执行维度提出以下优化建议：在扶持型政策领域，需在政策文本中详细规定实施细则，通过明确操作流程来弥补既有政策缺陷，确保资金扶持与使用效率相匹配、财政补贴申领程序简明易行、信贷支持力度充分到位；就基础型政策而言，应充分考虑区域经济发展差异，重点研究欠发达地区实际情况，避免因资金短缺导致政策内容长期停滞；关于人才型政策，需完善东北、西北及西南地区农业人才引进实施细则，提升政策可及性，同时细化中东部地区人才培养、就业创业等配套措施，强化政策落地实效；在技术型政策方面，应建立健全农业技术标准体系，推进全国统一技术规范建设，并明确各项标准的具体执行机构；对于保障型政策，各级政府须基于区域发展实际，制订分阶段实施计划，构建包含成果评估、效果检验的完整监督体系，为智能化农业可持续发展提供制度保障。

第四节　数字金融赋能智能化农业发展

在数字化转型浪潮中，传统产业正经历着以数字技术为驱动的深刻变革，其中产业数字化作为关键转型路径日益凸显其战略价值。作为数字技术与农业生产深度融合的典型代表，智能化农业不仅为乡村振兴战略提供了重要支撑，更成为推动我国农业现代化进程的核心驱动力。然而，当前智能化农业的发展仍面临诸多挑战，包括技术应用门槛较高、数据要素价值挖掘不足等突出问题。相关研究表明，数字金融与智能化农业在数据要素利用方面具有显著的协同效应，为此亟须完善政策体系、优化数字基础设施布局、创新金融服务模式，以促进二者的深度融合发展。

一、我国智能化农业发展面临的数字金融困境

（一）智能化农业发展存在门槛

1. 普通农户智能化改造资金不足

作为我国农业生产经营的主体力量，普通农户在农业生产体系中占据着核心地位，第三次全国农业普查数据表明，其数量占比超过90%，经营耕地面积占比达70%以上。要实现农业智能化的整体推进，必须充分调动这一庞大群体的参与积极性。然而实证研究表明，当前普通农户对智能化农业的认知水平较低，参与传统农业向智能化转型的主动性不强，导致农村地区实际开展智能化农业转型的农户比例偏低。深入分析发现，这一现象的形成具有双重诱因：其一，由于缺乏显著的示范效应，智能化农业的预期收益难以显现，这使受教育程度有限的普通农户缺乏足够的投资激励；其二，智能化农业转型对资金规模存在刚性需求，农户必须购置数字技术服务及基础硬件设备才能完成传统设施的智能化改造。具体而言，农业生产智能化过程中涉及的数据采集、传输与处理等技术服务，以及智能手机、监控设备、传感器和控制器等硬件设施的更新迭代，均需要农户承担相应的资金成本。由此可见，受制于自有资金匮乏、融资渠道狭窄以及融资额度有限等资金约束，普通农户在农业技术创新和生产力提升方面面临着显著的资源壁垒。

2. 农村地区数字基础设施相对落后

在智能化农业转型过程中，相较于传统小农户，具备规模化生产特征和专业性优势的农业经营主体对数字化技术服务的依存度显著提升。区域数字基础设施的完善程度直接制约着农业企业智能化发展的可行性，然而我国地域发展不均衡导致数字基建水平存在显著区域差异，具体表现为经济发达的华东、华南地区明显优于西北欠发达地区，城镇化区域显著领先于农业企业集聚的农村地区。数字基建的滞后性迫使农业企业不得不追加资本投

入以弥补基础设施缺口，这对本就面临资金约束的农业经营主体构成沉重负担。考虑到农业产业特有的风险属性，金融机构提供的融资渠道相对有限，使农业企业难以通过外部融资完成数字基建的配套建设。这种数字基础设施的缺失不仅阻碍了智能化农业的推广进程，更形成了“数字鸿沟—农业经济滞后—基建投入不足”的恶性循环，最终加剧了区域间农业经济发展水平的分化态势，对实现全国范围内智慧农业协同发展构成了严峻挑战。

（二）智能化农业数据资源利用率低

随着数字经济的深入发展，数字技术的广泛应用正在深刻重塑传统农业的生产经营模式，为参与农业智慧化转型的各类经营主体创造了丰富的数据资产。通过将物联网、云计算和大数据等现代信息技术与传统农业深度融合，农业生产方式正逐步向智能化方向演进。相较于传统农业，智能化农业的显著特征在于实现了农作物全生命周期的数字化监测，在此过程中不仅生成了海量的生产经营数据，还积累了丰富的非生产性交易数据。这些数据资源经过专业机构提供的先进模型和算法分析处理后，能够为农业经营主体的生产决策提供科学依据，从而创造传统生产方式难以实现的经济附加值。值得注意的是，这些数据对涉农政府部门制定产业政策、涉农互联网平台构建供应链体系，以及金融机构设计创新性农业金融产品都具有重要的参考价值。然而，当前智能化农业的数据应用仍主要集中于采集阶段，各相关主体对农业数据的深度挖掘和综合利用水平亟待提升，特别是在跨部门、跨主体的涉农数据协同利用效率方面仍需持续优化。

二、数字金融赋能智能化农业发展的突破路径

（一）传统农业农村融资模式

表 7-1 显示，我国农业农村融资体系主要依托民间借贷与市场融资两大传统模式。就民间借贷而言，其服务对象主要为普通农户群体，在智能化农业转型过程中，数字技术应用带来的额外成本支出往往造成农户临时性资金缺口。鉴于农村不动产抵押品属性不足的市场现实，农户不得不依赖基于熟人信用网络的非正规融资渠道，这种无须抵押担保的借贷方式显著降低了交易成本。然而，民间借贷存在明显的局限性：一方面受制于资金池规模约束，另一方面监管缺位导致的不稳定性，使此类融资普遍呈现金额较小、期限较短的特征。相较而言，市场融资主要发生在农业企业与金融机构之间，其显著特征在于能够提供大额长期资金支持，但需接受严格的信贷审查。在农业智能化升级背景下，企业面临软硬件系统更新带来的巨额投入需求，而传统融资模式下的信息不对称问题尤为突出——金融机构仅能获取企业基础信息，却难以掌握生产数据及非生产性交易信息，这种信息壁垒不仅推高了融资成本，更放大了信贷风险。值得注意的是，信息不对称造成的风险评估困难，既是阻碍农业企业获取市场融资的关键因素，也是制约传统农业向智能化转型的重要瓶颈。

表 7-1　农业农村传统融资模式

融资模式	主体	组织类型	交易成本	贷款特征	监管方式
民间借贷	普通农户	熟人	低	小额，短期	无
市场融资	农业企业	金融机构	高	大额，中长期	监管部门

（二）涉农数字金融的实践模式

涉农数字金融与传统农业信贷体系的本质差异体现为信用评估核心要素从实物资产向数字化信息资源的范式转换。基于智能化农业生产体系，数字技术平台能够系统采集并整合农业经营主体的生产运营数据及非经营性交易信息。通过构建差异化的信用评估模型，数字平台实现了以数据资产替代传统实物担保的创新性融资机制。具体而言，平台整合了农业企业的经营数据与农户群体的生产信息，同时纳入家庭背景、社会网络等非经济因素，分别建立针对企业主体和个体农户的信用评级框架。在此基础之上，数字平台与金融机构形成战略合作，受托开展农业信贷风险评估及授信业务。这种以数字平台为枢纽的新型金融模式，通过将数据要素转化为信用资本，不仅有效缓解了农户抵押物不足与农业企业信息不对称的双重困境，更显著提升了农村金融市场的资源配置效率（见图 7-1）。

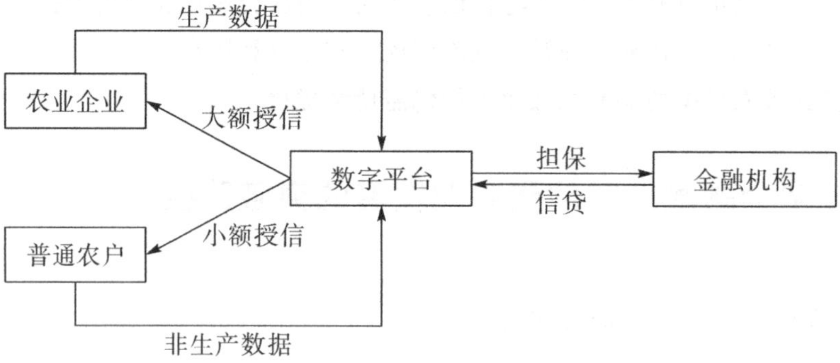

图 7-1　数字平台为核心的数字金融实践模式

三、数字金融赋能智能化农业的对策建议

（一）强化顶层设计，推进数字+农业的有机融合

针对我国区域间数字经济发展与农业现代化进程存在的显著不均衡现象，各级政府部门亟须实施差异化的数字金融与智慧农业协同发展战略。由于地理环境、经济基础及资源分布等要素的区域异质性，我国智慧农业建设呈现出明显的梯度发展特征，这必然要求配套金融服务体系采取分类施策的原则。具体而言，行政主体应基于区域数字金融发展水平和农业智能化程度的动态评估，制定精准化的政策框架，尤其要加大对数字基础设施薄弱地区的政策倾斜，通过构建以智慧农业需求为核心的数字平台供应链网络，实现金融服务资源配置的帕累托改进。此外，应着力完善数字金融法律规制体系，通过标准化金融市场

监管机制、统一农业数据采集指标等措施，有效管控智慧农业数字化转型过程中的数据安全风险，从而为数字金融与现代农业的深度融合提供制度保障。

（二）加强数字建设，提升涉农数据的利用效率

为推进数字金融与智能化农业的深度融合，亟须完善相关基础设施建设并构建统一的农业农村信息数据平台，其中关键在于扩大数字技术在我国智能化农业欠发达地区的应用范围，从而拓展涉农数据采集的维度和精度，为优化农业生产布局提供科学依据，这也是实现全国智能化农业协同发展的必要条件。在提升农民数字素养方面，应采取线上线下相结合的多元化培训模式，通过专题讲座、实操演练等形式普及数字金融知识与应用技能，以增强农村居民对数字金融服务的认知水平和操作能力。政府部门应牵头构建跨部门涉农数据共享平台，运用物联网、云计算等现代信息技术建立多方参与的数据交换机制，促进政府部门、金融机构与农业经营主体之间的数据互联互通，进而提高涉农数据的整合效能。此外，应充分发挥产学研协同优势，引导高等院校优化涉农数字技术人才培养体系，重点培育兼具数字技能与农业知识的复合型专业人才，通过建设高素质人才队伍来确保涉农数据采集与分析工作的质量与效率，最终为数字金融与智能化农业的协同创新提供持续动力。

（三）完善金融模式，提高涉农数字金融的普惠性

通过构建政企协同的涉农信息数据库系统，运用大数据技术对农产品品类、市场价格波动、风险评级及保险理赔等多元数据进行整合分析，可显著优化数字金融与智慧农业的协同发展效能。基于涉农数据的深度挖掘与决策支持，金融机构得以创新性地完善农业融资体系，包括重构信贷审批机制、优化风险共担方案以及扩充金融产品供给，从而有效降低涉农数字金融的准入门槛并扩大农村金融服务的辐射范围。针对传统金融机构服务盲区的偏远地域及低担保能力农户群体，建议通过政策引导吸引优质互联网平台企业参与，建立“政府—数字平台—农户—金融机构”四维联动的普惠金融生态，打造政企农银协同创新的综合金融服务框架，最终实现涉农数字金融服务普惠化的战略目标。

参考文献

[1] 白雪．以科技助推传统农业向现代农业转变［N］．中国改革报，2024-11-08（003）．
[2] 卜丽娅，冯紫琪．绿色农业种植技术推广的重要性及发展对策［J］．种子科技，2024，42（19）：149-151．
[3] 蔡雪．数字普惠金融、农业机械化与农民收入增长［D］．兰州：兰州财经大学，2023．
[4] 常雯媛．乡村振兴背景下智慧农业的发展路径［J］．农村科学实验，2024（21）：178-180．
[5] 常学良，藤美茹，田羽，等．马铃薯全程机械化发展现状及展望［J］．中国农机装备，2023（11）：6-11．
[6] 陈卫星．大豆种植中病虫害绿色防控技术的应用［J］．河北农业，2024（10）：80-81．
[7] 范文平．智慧畜牧在实际生产中的意义与发展前景［J］．中国畜牧业，2024（13）：27-28．
[8] 贡丹慧．基于视觉的智慧农业管理平台的设计与实现［D］．南京：南京林业大学，2023．
[9] 郭美景．农业机械化推动农业可持续发展路径研究［J］．农业技术与装备，2024（10）：65-66+69．
[10] 何嘉玮．山西省农业机械化技术发展分析［D］．太原：山西农业大学，2022．
[11] 胡肄农，仇振升，刘建龙，等．奶牛智慧养殖技术装备及其数字孪生系统构建［J］．农业大数据学报，2024，6（01）：117-126．
[12] 李勃孜．基于“五位一体”的现代智慧农业管理体系建设探究［J］．河南农业，2024（18）：73-75．
[13] 李博轩．吉林省智慧农业实现手段方法的研究［D］．长春：吉林农业大学，2022．
[14] 李法明，刘杰．苹果绿色种植和高产稳产综合技术措施［J］．果农之友，2024（10）：25-27．
[15] 李惠，郭涛，贾凤伶．创新价值链视角下中国智慧农业政策文本分析［J］．农业经济，2023（04）：6-8．
[16] 李磊超．智慧大棚农业管理系统设计与实现［D］．西安：西安石油大学，2023．
[17] 李雯珊，冯雨瑶．极飞科技：智慧农业“飞进”现实［N］．证券日报，2024-10-14（B03）．
[18] 李子君，刘景景，宋光明．数字技术赋能农业绿色发展的技术逻辑与应用场景研究

[J]．农业经济，2024（11）：25-27.
[19] 刘佳．齐齐哈尔市促进智慧农业发展的政策执行研究 [D]．哈尔滨：哈尔滨商业大学，2022.
[20] 刘科利．推进智慧农业发展面临的现实约束及政策建议 [J]．农业经济，2024（06）：6-8.
[21] 刘晓静．马铃薯全程机械化种植技术的推广探讨 [J]．河北农机，2023（16）：69-71.
[22] 罗西尔，卢小龙，刘庆友，等．肉牛智慧养殖技术研究进展 [J]．华南农业大学学报，2024，45（05）：661-671.
[23] 麻蓉．绿色防控技术在水稻种植中的推广应用 [J]．种子科技，2024，42（19）：112-114.
[24] 宁甜甜．新发展阶段我国智慧农业：机遇、挑战与优化路径 [J]．科学管理研究，2022，40（02）：131-138.
[25] 秦小龙，郑俊华．基于“物联网+”的智慧农业控制系统设计 [J]．山西电子技术，2024（04）：50-53.
[26] 孙迎年．农业现代化视角下无锡市智慧农业发展困境及策略研究 [D]．无锡：江南大学，2023.
[27] 唐亮．商丘市智慧农业发展水平评价及提升策略研究 [D]．郑州：河南财经政法大学，2023.
[28] 王成英．绿色防控技术在玉米病虫害防治中的应用研究 [J]．河北农机，2024（05）：109-111.
[29] 王春刚，赵涵野．乡村振兴战略下农村农业人才培养的路径 [J]．知与行，2024（04）：89-96.
[30] 王会强．以人才强国推进农业专项技术人才发展 [J]．经济，2023（12）：70-71.
[31] 王绍阳．数字化助力农业绿色发展的联动效应研究 [J]．农业经济，2024（11）：40-42.
[32] 王艳萍．绿色农业种植技术要点及推广策略 [J]．农村科学实验，2024（20）：91-93.
[33] 王有宁，张天凡，刘华波，等．新农科背景下智慧农业专业人才培养探析 [J]．中国现代教育装备，2024（05）：78-80.
[34] 王泽峰，吉标．智慧农业发展背景下高素质农民培育的价值意蕴与实践路径 [J]．教育与职业，2024（19）：64-72.
[35] 王泽平，应诗家，房银龙，等．生猪智慧养殖物联网系统设计与实现 [J]．中国农机化学报，1-8.
[36] 魏萍．绿色农业种植技术推广的作用及措施 [J]．新农民，2024（29）：64-66.
[37] 魏一曼．房山区智慧农业发展模式问题及对策研究 [D]．荆州：长江大学，2023.
[38] 吴画斌，吴佳璐，陈如意．畜禽养殖数字化模式与对策研究 [J]．畜牧产业，2024

(03)：41-47.
[39] 吴政凤．绿色农业种植技术推广及病虫害防治措施［J］．种子科技，2024，42(19)：115-117+120.
[40] 席攀锋，吕国龙，李培根．智慧系统在农产品信息管理中的设计及应用［J］．山西农经，2021（06）：140-141.
[41] 谢冬梅．农业机械化发展对中国粮食生产的影响研究［D］．成都：西南财经大学，2021.
[42] 邢树芳．马铃薯机械化种植技术推广与转型发展建议［J］．中国农机装备，2024(03)：62-64.
[43] 徐春绵．物联网技术在智慧农业中的应用［J］．南方农机，2024，55（22)：51-54.
[44] 杨杰．马铃薯智能农机装备惊喜亮相［N］．中国农机化导报，2024-07-11(001)．
[45] 叶兴艺，谢闯．乡村振兴战略下我国智慧农业发展问题与策略分析［J］．农业经济，2023（12)：3-6.
[46] 袁钦．农业机械化发展的金融支持路径研究［D］．杭州：浙江大学，2019.
[47] 袁雪峰．玉米种植全程机械化栽培技术及其推广建议［J］．南方农机，2024，55(22)：72-74.
[48] 原永亮．大棚蔬菜病虫害的发生及绿色防控［J］．现代农村科技，2024（10)：50-51.
[49] 张春美，全钊锋，吴树添，等．基于物联网技术的智慧农业环境监测系统设计［J］．电子制作，2024，32（15)：37-40.
[50] 张洪芳．绿色小麦种植田间管理及技术推广［J］．种子科技，2024，42（20)：73-75+96.
[51] 张金金．河北省智慧农业发展研究［D］．秦皇岛：河北科技师范学院，2023.
[52] 张静．农业机械化对粮食种植结构的影响研究［D］．重庆：重庆工商大学，2023.
[53] 张丕洲．农业机械化对农业生态效率的积极影响［J］．南方农机，2024，55（22)：182-184.
[54] 张庆海，武立华，郭海滨，等．乡村振兴背景下智慧农业专业人才培养模式构建研究［J］．绥化学院学报，2024，44（11)：130-133.
[55] 赵春江．智慧农业现状与未来［J］．山东农机化，2024（01)：9-10.
[56] 赵锦，杜彩兰．乡村振兴背景下农业机械化高质量发展的突出问题与因应之策［J］．农业经济，2024（11)：31-33.
[57] 赵婧．以“数”赋能助推智慧农业发展［N］．长治日报，2024-11-08（002)．
[58] 朱康睿，宋成校．智慧农业发展的国际经验及启示［J］．世界农业，2024（03)：43-53.